Monitoring Report of the Collective Forest Tenure Reform

集体林权制度改革监测报告

国家林业局“集体林权制度改革监测”项目组 著

中国林业出版社

图书在版编目（CIP）数据

2016集体林权制度改革监测报告 / 国家林业局“集体林权制度改革监测”项目组著. —北京：中国林业出版社，2017.8

ISBN 978-7-5038-9244-8

Ⅰ. ①2… Ⅱ. ①国… Ⅲ. ①集体经济－林业经济－经济体制改革－研究报告－中国－2016 Ⅳ. ①F326.22

中国版本图书馆CIP数据核字（2017）第199730号

责任编辑　李　敏

出版发行　中国林业出版社（100009　北京市西城区德内大街刘海胡同7号）
E-mail：lmbj@163.com　电话：(010)83143575
http://lycb.forestry.gov.cn

制　　版　北京美光设计制版有限公司
印　　刷　北京中科印刷有限公司
版　　次　2017年8月第1版
印　　次　2017年8月第1次
开　　本　889mm×1194mm　1/16
印　　张　12.25
字　　数　300千字
印　　数　1～1000册
定　　价　118.00元

本书编委会

陕西组

组　长：高建中　马安平

成　员：杨　峰　刘　超　骆耀峰　龚直文　吴普侠　张　如　杨晓坤

甘肃组

组　长：马丁丑　连雪斌

成　员：陈秉谱　赵　霞　赵丹玉　宫业兴　李　恒　甘在福　刘婷婷　武争华

浙江组

组　长：吴伟光

成　员：徐秀英　李兰英　朱　臻　余　康　邱保印　赵夫明

调查员（按姓氏笔画排序）

于长鑫　马小丽　马彦平　马　鏖　王月玲　王光菊　王雨格　王　凯　王晓丽　王培帆　王甜甜
王彩红　王　鑫　方维业　方　琦　尹洪俊　孔延桥　邓坤宇　邓思宇　叶巧智　叶保军　申秋阳
田　青　白　超　兰榕坤　边海英　吕兴哺　吕骁泓　朱金希　朱　烨　乔　科　任晓琨　刘小红
刘文倩　刘　巧　刘　帅　刘　远　刘明伟　刘剑波　刘　亮　刘　娟　刘禄旭　刘潇凌　刘　赟
关　涛　汤　俊　苏　丹　杜重洋　李　凡　李云峰　李文会　李永成　李　达　李京轩　李俊玲
李　洁　李娜娜　李　哲　李家友　李　雪　李富平　李　睿　杨仙艳　杨冬梅　杨华思　杨　青
杨　铭　杨超伟　杨雅婷　连培华　吴文龙　吴佳明　吴金红　吴榕榕　何丹华　何志鹏　余恩德
沈媛萍　张书赫　张旭锐　张念如　张　炯　陆诗苇　陆艳华　陈万丽　陈之宸　陈纹婷　陈国兴
陈征亮　陈金豪　陈荣源　陈奕丹　陈嘉明　陈　露　邵长林　林　洁　林清贵　明英杰　季深深
金　婷　周　宠　周家颖　郑伟腾　郑婉如　赵　芃　赵　馨　郝秋洁　胡叶奇　胡雨梦　胡晓君
柳建宇　饶　盼　姜燕飞　贾　琪　贾辉辉　徐立娟　徐定成　徐郡儡　徐　蕊　卿　龙　郭　玲
郭超艺　黄心铭　黄巧萍　黄　河　黄晨鸣　黄富珍　黄　毅　曹悦丽　盛毅慧　章　琪　梁吉星
韩高辉　景　晓　谢乐辰　谢宇慧　谢利潇　赖白鑫　赖国梅　雷佳榕　雷显凯　简怡菁　解文静
蔡旭伟　蔡荣华　熊　文　薛　宬　薄慧敏　囊恩玉

各样本县监测员（按姓氏笔画排序）

于月东　万　勇　王天禄　王冬玲　王宇奇　王进林　王　法　王荣禄　王晓林　王德银　凤天华
方建军　尹安辉　邓小蓉　甘登明　田中玉　曲　浩　朱传日　向元吉　刘小武　刘向阳　刘爱霞
刘菊芬　江旭标　杜登华　李介茵　李洪波　杨若冰　杨国军　杨　洁　杨　鸿　杨紫涵　杨善荣
杨瑞霞　杨德华　肖　明　吴智辉　邱承洋　邹乐夫　张　华　张　艳　陈红军　陈泽电　邵　俊
岩罕勒　罗　会　罗会潭　周　军　赵卫红　胡伟仁　柳雁飞　钟龙生　洪显勇　徐　剑　高　博
郭载亮　唐全忠　唐丽琼　唐瑞芬　黄小明　黄安华　黄金平　彭丽华　董丽琴　董国华　董　钧
傅桂香　舒向敏　曾纪荣　温昌生　谢志梅　解汪龙　熊俊华　黎江华　黎　鲴

序

集体林地占我国林地面积的半壁江山，是培育保护森林资源的重要基地，在维护国家生态安全和促进农民就业增收等方面发挥着重要作用。自2008年6月中共中央、国务院颁发《关于全面推进集体林权制度改革的意见》以来，集体林权制度改革已经取得明显成效。截至2016年年底，全国共确权集体地林面积27.05亿亩，累计发证面积26.41亿亩，占确权面积的97.63%，共有1亿多农户直接受益。改革初步解决了集体林产权不明晰、经营主体不落实、经营机制不灵活、利益分配不合理等突出问题，充分调动了广大林农经营林业的积极性，释放了集体林业的巨大潜能，集体林业发展质量和效益不断提升。

集体林权制度改革是不断探索和创新的过程，也是改革成效不断显现和增强的过程。为全面监测集体林权制度改革成效，逐步解决改革中遇到的新问题，总结推广改革中积累的新经验，不断完善我国集体林权制度，国家林业局从2009年起组织开展集体林权制度改革监测工作，至今已连续实施8年，监测范围覆盖福建、江西、辽宁等重点改革省份，主要对70个县350个村3500户农户进行改革跟踪调查。

截至2015年年底，样本县流转林地2474.66万亩，占集体林地总面积的11.67%；新型经营主体经营林地面积3239.55万亩，占15.28%；抵押林地面积1736.30万亩，占8.19%，平均每亩贷款1239.94元；投保林地面积1.37亿亩，占64.81%，投保途径以统保为主。2015年，样本县林下经济产值占林业总产值的24.51%，带动当地9.61%的农业人口就业；林业收入占农户家庭总收入的16.69%，经济林收入占林业收入的40.19%。这说明集体林权制度改革红利正在持续释放，逐步显现出巨大的综合效益。

目前，集体林权制度改革已经进入新的阶段，应着力在提高集体林经营水平和效益上下工夫。为进一步巩固和扩大改革成果，充分发挥集体林业在维护生态安全、实施精准脱贫、促进农村经济社会可持续发展中的重要作用，2016年11月国务院办公厅印发《关于完善集体林权制度的意见》（简称《意见》），对深化集体林权制度改革作出全面部署。《意见》明确提出了深化改革的具体措施，主要包括：优化集体林地资源配置，允许承包到户的公益林进行调整完善；实行公益林分级经营管理政策，鼓励非木质利用；放活商品林经营权；减少政府对集体林微观生产经营行为的管制；推进集体林业多种经营，引导集体林适

度规模经营；加大金融支持力度。力争到2020年实现“集体林业良性发展机制基本形成，产权保护更加有力，承包权更加稳定，经营权更加灵活，林权流转和抵押贷款制度更加健全，管理服务体系更加完善，实现集体林区森林资源持续增长、农民林业收入显著增加、国家森林生态安全得到保障”的改革目标。

完善集体林权制度，核心是要建立健全集体林业良性发展机制，在坚持和完善农村基本经营制度的基础上，落实集体所有权，稳定农户承包权，放活林地经营权，推进集体林权规范有序流转，促进集体林业适度规模经营，完善扶持政策和社会化服务体系，广泛调动农民和社会力量发展林业，充分发挥集体林的生态、经济和社会效益。希望各地在完善集体林权制度过程中，积极借鉴监测成果，制定切实可行的改革实施方案，及时总结好经验和好做法，建立健全第三方评估机制，推动集体林权制度改革深入发展。改革监测工作要创新方法、完善指标、拓展范围、丰富内容，坚持严谨细致、求真务实的原则，认真倾听林农心声，精准了解林农需求，科学分析监测数据，客观反映改革的进展、成效及问题，为完善集体林权制度提供客观、真实、科学的决策依据，推动改革目标全面如期实现。

国家林业局局长、党组书记

2017年5月

目录

2016

集体林权制度改革监测报告

监测背景

集体林是培育森林资源的重要基地，是维护国家生态安全的重要基础，也是帮助农村人口脱贫致富的重要资源。自2008年以来，我国集体林权制度改革已经取得了历史性的重大成就，1亿多农户获得生计资料和家庭资产，集体林新型产权关系基本建立，现代经营制度初步形成，服务体系不断探索、创新、深化，管理机制突出分类指导，注重精准施策，提高改革效应，放大制度优势，一些地区集体林发展呈现出自我驱动的特征，为加快农村集体林业现代化奠定了重要的制度基础。

当前，经济社会发展和农村改革对集体林业发展提出了新要求。经济发展新常态，传统产业经济普遍增速下降，需要林业经济以新资源、新业态、新产业、新模式，实现逆势增长，培育地区“新增长极”，增大对地区经济增长贡献；公共产品短缺时代，生态产品和自然环境资源呈现巨大供需缺口，需要通过林业供给侧结构性改革，多做加法，增加生态产品供给；全面建成小康社会建设时期，需要通过提高集体林地生产力，全面提升集体林业发展水平，充分释放27.05亿亩集体林地的巨大潜力，为农民脱贫致富提供新空间、新平台和新资源。完成这些新任务，需要通过继续完善集体林权制度，培育森林生态保护的市场主体，发挥市场在资源配置中的基础性作用，推进现代林业发展。

新形势下，完善集体林权制度，核心是要建立健全集体林业良性发展机制，主线仍然是处理好“人与地”的关系。这包括：在坚持和完善农村基本经营制度的基础上，通过“三权分置”，落实集体所有权，稳定农户承包权，放活林地经营权；积极引导集体林地规范流转，促进适度规模经营；培育壮大林业规模经营主体，大力发展民营林场和林业专业合作组织；完善林权抵押贷款制度，消除金融资本流向林业的障碍；进一步完善林业社会化服务体系，逐步将适合市场化运作的服务事项交由社会化服务组织承担。

因此，2016年11月16日国务院办公厅印发了《关于完善集体林权制度的意见》，在坚持和完善农村基本经营制度，坚持农村林地集体所有，坚持家庭经营基础性地位，坚持稳定林地承包关系的基础上，针对集体林业发展中存在的产权保护不严格、经营自主权实现不充分、扶持政策不完善、服务体系不健全等问题，对构建新型产权关系和经营体系进行政策部署，广泛调动农民和社会力量发展林业，并提出“建立第三方评估机制，不断总结好经验好做法，及时进行交流和推广”。

集体林权制度改革监测是第三方评估机制的重要内容和基本支撑。从2009年至今，监测与集体林权制度改革前后相随。以大学生访村入户调研为主要特征，集体林权制度改革监测长期跟踪进展、分析成效，研究问题，提出建议，并且坚持监测方法不变、固定观测样本点不变、观测内容基本不变、调查队伍基本不变，坚持以事实为依据，以量化分析为特征，尽力回答好社会各界关注的热点和重点问题。

2016年集体林权制度改革监测呈现如下几个特征：一是监测样本有所扩大，在保持原7省监测样本固定不变的基础上，新增浙江样本省，在该省内新增240个样本农户。二是监测内容有所更新，依据集体林权制度改革“转段”的阶段性特征，在适当简化“林地承包”内容的基础上，将关注点更多放在“林地经营”上；在专题研究内容上，突出问题导向，分别从林权流转、新型林业经营主体、农村林业金融发展、森林保险、农村林业经营负担、农民林业就业增收等角度开展纵深研究。

监测结果

一、完善集体林权制度

（一）开展“三权分置”试点

坚持农村土地集体所有，实行所有权、承包权、经营权“三权分置”，是我国农村土地制度改革的基本取向，也是农村经营体制改革的又一重大创新①。集体林地“三权分置”改革试点起步较早。自2013年开始，浙江省丽水市率先探索林地经营权流转证制度，将林地承包权和经营权分离。2015年，国家林业局批复了北京市房山区等18个县级单位开展集体林地“三权分离”改革试点②，把林地承包经营权分为承包权和经营权，保留农民的林地承包权、流转林地的经营权，利用经营权流转引入社会力量经营林业，调动社会资本投资林业的积极性，促进林地适度规模经营和科学经营。从改革措施来看，试点地区都要求承包权和林权证仍由流出方拥有，经营权和经营权流转证由流入方拥有，并享有除林地承包权之外的所有经营权利。从改革效果来看，“三权分置”的改革探索解决了林农离地不失地，承包不经营的问题，既保障了农民的承包权益，又保障了经营者的经营权利，消除了他们的后顾之忧，促进了林业规模经营，调动了社会工商资本投资林业的积极性，提升了林地经营水平。

专栏 1-1　浙江省丽水市创新林地经营权流转证制度

针对林地流转双方的权益得不到确认保障，制约林地流转和规模发展的问题，2013 年丽水市探索林地经营权流转证制度，将林地承包权和经营权分离，解决林地流转后农户不愿过户、政策不能过户、银行不敢贷款等问题。截至 2015 年 4 月底，全市发放《林地经营权流转证》294 本，面积 7.4 万亩，发放流转证抵押贷款 230 笔 11490 万元，贷款余额 117 笔 4179 万元。目前，全市累计颁发《林地经营权流转证》500 余本。《林地经营权流转证》是债权凭证，是林地流转关系和权益的有效凭证，同时也是林权抵押、林木采伐和其他行政审批等事项的权益证明；林地流转出让方（林地承包人）继续持有《林权证》，在流转期限内不再行使经营权。林地承包权与经营权分离机制的建立，促进了林地向林业专业合作社、家庭林场、林业大户集聚，有利于发展多种形式的适度规模经营，有利于增加林农的财产性收入和工资性收入。

① 2014 年中共中央办公厅、国务院办公厅印发的《关于引导农村土地经营权有序流转发展农业适度规模经营的意见》和 2016 年 8 月 30 日中央全面深化改革领导小组第二十七次会议审议通过的《关于完善农村土地所有权承包权经营权分置办法的意见》均提出，深化农村土地制度改革，坚持农村土地集体所有，实行所有权、承包权、经营权“三权分置”，放活土地经营权。

② 国家林业局下发《关于确定集体林业综合改革试验示范区的通知》。

（二）完善林权流转制度

截至2015年年底，全国[①]累计流转集体林地面积28284.77万亩，占已确权林地面积的10.48%，比2014年增加2.07个百分点。全国登记流转林地面积16221.63万亩，占流转面积的57.35%，其中，经营权流转面积7480.03万亩，占登记流转面积的46.11%，占全部流转面积的26.45%。

样本县累计流转林地2474.66万亩，占林地总面积的11.67%，其中，流转登记面积707.68万亩，占流转面积的28.60%。与2014年相比，流转面积增长了23.26%，流转面积比例提高了2.27个百分点（图1-1）。林地流转促进了林地集中经营。2015年，样本农户中，家庭经营林地面积1000亩及以上的专业大户共有28户，占样本农户数量的0.80%，经营林地面积占样本农户家庭林地面积的18.07%；专业大户平均经营林地1907.66亩/户，是样本农户平均林地面积的23倍。从农户的流转意愿来看，有80.57%的农户不想流转林地，比2014年减少了1.57个百分点；17.41%的农户对以前流转林地的行为表示后悔，比2014年减少了8.27个百分点（表1-1）。对于林权流转的评价，有一半左右的农户表示不

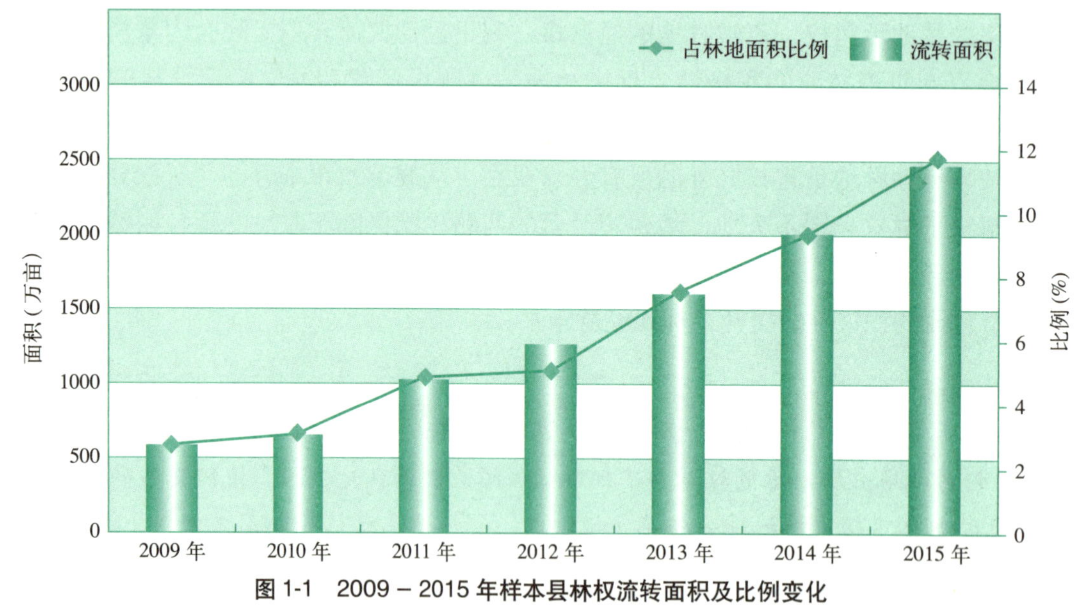

图 1-1　2009－2015 年样本县林权流转面积及比例变化

表 1-1　样本农户流转林地的意愿和态度　　%

年份	流转意向		对流转结果的评价	
	不想流转	想流转	满意	后悔
2010	79.17	12.65	67.54	27.20
2011	79.31	15.86	68.18	12.50
2012	81.78	14.13	52.94	21.27
2013	80.67	16.32	62.20	18.29
2014	82.14	17.31	58.78	25.68
2015	80.57	19.43	43.70	17.41

① 报告中全国数据均来自国家林业局农村林业改革发展司全国集体林改统计数据。

好说，在另一半进行评价的农户中，多数农户对流转总体满意，有六成以上的农户对流转价格、流转费用、流转手续和流转后的资源保护满意（表1-2）。

从林地经营权流转程度来看，分为经营权全部转出和经营权部分转出。林地经营权全部转出包括林地托管经营、一次性租赁等方式。林地经营权部分转出包括“企业＋合作组织＋农户＋基地”、承租倒包等形式。2015年，样本农户家庭林地全部流出的有11户，占样本农户总数的0.31%，流转面积1399.50亩，占流转总面积的3.83%。

从林地经营权流转的林地类型来看，样本农户公益林流转面积9013.31亩，占公益林面积的5.90%，商品林流转面积27552.54亩，占商品林面积的18.69%。

表 1-2　样本农户对林地流转的总体满意度评价 %

评价指标	流转价格	流转费用	流转手续	流转后资源保护
满意	60.39	64.17	69.11	71.10
一般	22.69	30.83	23.98	20.64
不满意	16.92	5.00	6.91	8.26

从林地经营权流转结果来看，分为经营权资本化和非资本化。湖北省襄阳市引导林农将林地入股，成立林地股份合作社，把林权变成了股权，让林农当上了股东。谷城县金山林业科技开发有限公司按照“林权入股、统一经营、按股分红”的模式建立油茶基地，2015年入股的22户农户户均分红2.8万元。江西省赣州市通过林地托管、一次性租赁、承租倒包、“企业＋合作组织＋农户＋基地”等形式流转的林地累计达到605万亩，流转金额23亿元。林地托管的具体做法是组建林业合作社与林业企业进行合作经营，对加入林业合作社的林地，由企业按每亩预付一定的定金，并确定收益期限。届时，企业按每亩产品销售收入的22%～25%支付给合作社作为股份分红，合作社将20%分配给社员，2%～5%留作合作社公积金。

林权流转是工商资本进入林业的有效途径。“十二五”期间，山西省晋中市投入造林绿化的资金共计65.5亿元，其中，社会投资37.8亿元，占57.71%。湖北省共有4000多个不同规模企业、合作组织投资造林绿化，引入社会资金达102.6亿元，占全省造林绿化总投资的2/3以上。工商资本进入林业有利于促进生态建设，有利于促进适度规模经营，有利于促进农民脱贫。截至2015年底，晋中市的513家生态庄园，完成造林25.55万亩，使全市森林覆盖率提高了1个百分点，带动农户就业19840人，平均每个庄园雇佣当地农民39人。内蒙古鄂尔多斯杭锦旗有的企业与农牧民合作造林，由企业负责造林，造林成果70%由企业利用，30%由农户利用。

（三）加强林权纠纷调处

2015年以来，林权纠纷调处呈现以下特点：一是调处专业化。强化仲裁体系建设，仲裁机构的调处作用日益增强。截至2015年年底，全国共发生林地承包经营纠纷63.77万件，已调处58.70万件，调处率为92.05%，其中经过仲裁机构调处的纠纷为3.03万件，占整个调处案件的5.16%，比2014年提高0.22个百分点，仲裁机构调处承包经营纠纷的作用日益增强，与前几年比较有长足的进步与发展，全国林业承包经营纠纷调解仲裁机构已达539个。二是调处法制化。集体林地承包经营纠纷调处考评工作已单设一项列入《2016

年综治工作（平安建设）考核评价实施细则》，纳入考核评价范围，考评对象为地方政府，采取以省(自治区、直辖市)自评自查为主，国家林业局组织复核抽查的方式进行。一些样本地区构建了“乡村调解、县市仲裁、司法保障”的纠纷调解仲裁体系，以专门的机构、专业的人员来专门调处林权纠纷。三是调处组织化。河南商城县开展林权纠纷调处仲裁工作试点，全县所有乡镇和122个集体林地面积5000亩以上的村均已明确1~2名林权管理服务员，成立了商城县林地承包经营纠纷仲裁委员会，乡镇成立了林地承包经营纠纷调解中心。

从调处效果来看，林权纠纷虽然逐年有所增加，但纠纷调处率不断提高。截至2015年底，样本县发生林地权属或经营权纠纷9.47万起，调处9.21万起，纠纷调处率97.25%，多数林权纠纷基本上做到当年发生，当年化解。近几年，因林地价值提升，林权纠纷呈逐年增加态势（图1-2），但纠纷调处力度加大，调处率不断提高。与2009年相比，林权纠纷发生数量增长了30.44%，调处数量增长了34.29%，纠纷调处率提高了2.78个百分点。

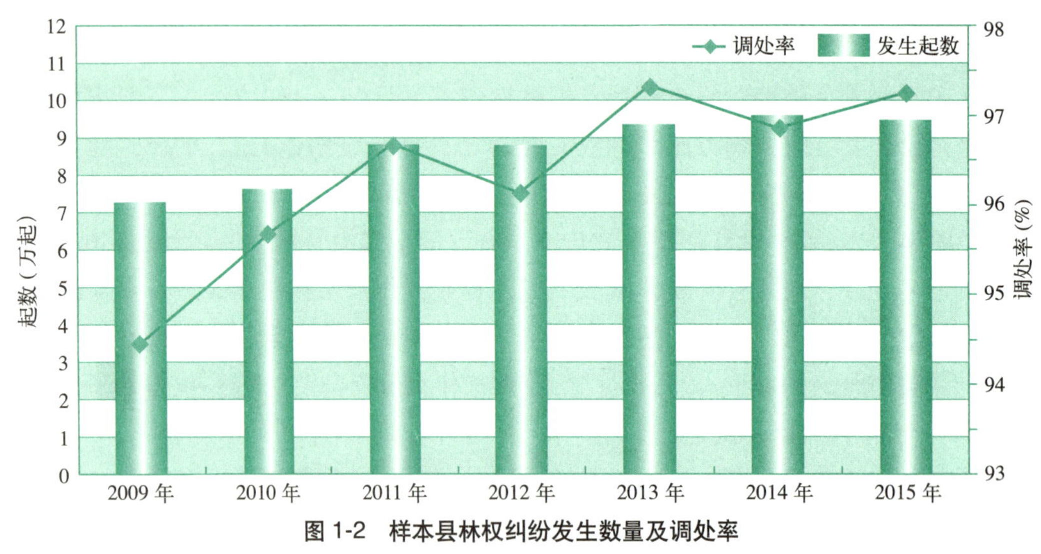

图 1-2　样本县林权纠纷发生数量及调处率

专栏 1-2　地方林权纠纷调处力度加大、效果明显

江西省龙南县切实贯彻“预防为主，教育疏导，依法调处，防止激化”的方针，解决了大量林权纠纷案件。2016 年 1 月至 10 月期间，全县因山林权属纠纷接待来信来访、政策咨询 345 人次，共排查山林纠纷案件 112 起（含立案数），争议涉及 17 个乡（镇、场、管委会），山林面积约计 8 万亩。对排查受理的山林纠纷，每一宗案件，该局都落实包案领导、责任单位、责任人、具体调处期限，截至 9 月中旬，已经书面或口头答复 112 起，回复率 100%，已经立案 34 起，其中结案 25 起。湖北新田村中坝组 2 村民因自然小组队界分界不清，双方均无法提供相关的权属依据，各执一词，引发了长达 30 年之久的纠纷。在村干部多次调解无效的情况下，板桥林业站与新田村干部组建纠纷调解专班到纠纷现场实地勘查，组成调查小组走访、了解情况。通过实地查看和对当事人详细讲解《中华人民共和国森林法》以及相关的法律法规，成功化解了这起长达 30 年的林权界线纠纷。

（四）建立林权管理服务体系

自集体林权制度改革工作开展以来，国家一直重视林权管理服务体系建设，着力解决机构和林权管理标准化、信息化、社会化服务建设滞后，人员不稳定，管理制度不健全，基础设施不完备的实际问题，全面提升各级林权管理和服务水平。

一是林权管理服务机构数量大幅增长。组建专门的林权管理机构是林权管理服务体系建设的核心内容。截至2015年年底，全国共有林权管理服务机构1804个。与2009年相比，林权管理服务机构数量增加了1334个，增长了2.84倍（图1-3）。2015年，国家林业局发布了《全国林权管理服务体系建设规划（2015－2020年）》，对全国林权管理服务体系建设进行了系统规划和总体布局，重点建设1139个县级林权管理服务中心，加快各级林权管理服务机构能力建设、林权管理服务中心建设，全面提升基层林权管理和服务水平。

二是服务体系基本健全。在组织构架上，逐步建立以县级林权服务机构为重点的多级服务机构；在服务内容上，建立了林权管理、流转交易和社会服务“三位一体”的综合服务平台。河南省栾川县构建了“村有服务员、乡有服务窗口、县有服务大厅”的三级联动林权管理服务体系。县林业局投资200万元建设了林权服务大厅，主要开展林权登记、林权流转、林权交易、森林资源评估、抵押贷款、森林保险、森林资源收储、林权纠纷的调处与仲裁、林业产业的发展、林业企业和新型林业经营主体建设、林业信息发布等工作，并依托乡镇农业服务中心建立林权管理服务站，设置乡镇林权管理服务窗口，在各行政村（社区）设立林权管理服务网点，选拔任用乡、村两级林权服务员217名。

三是服务能力逐步提升。加强服务能力建设的制度化、标准化、信息化和专业化。各地积极制定相应的管理办法，提升林权管理服务中心的软硬件建设水平和服务能力；加强岗位人员的业务培训，提高林权管理服务人员的业务素质和服务质量。完善林权管理服务中心的功能，提高服务质量，将相关职能向基层延伸。宁夏启动林权管理信息系统的开发试点，做到权属信息网络化、四至界限矢量化、林地斑块影像化，为实现全区林权信息化管理打好基础。2016年3月，江西省举办了全省林权流转信息系统培训班，系统学习了网络版林权流转管理平台、林权流转服务平台、“惠林绿桥”移动端APP等内容，目前该系列平台正在积极推广试行中。

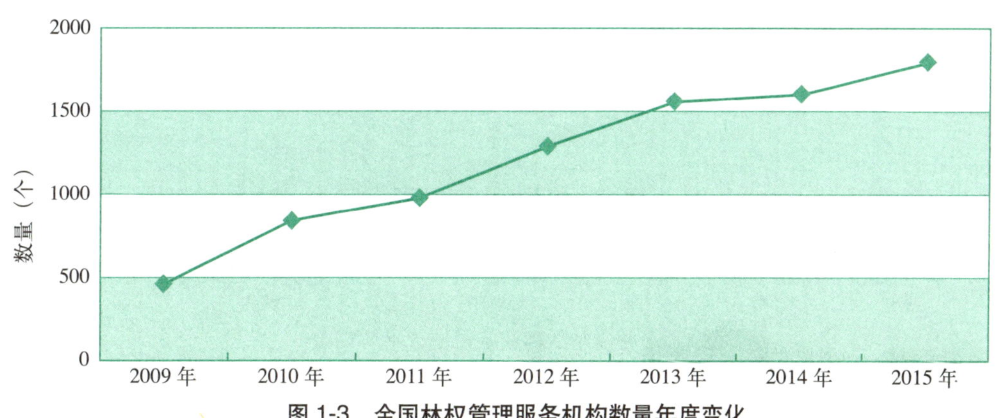

图 1-3　全国林权管理服务机构数量年度变化

二、集体林地经营机制

（一）新型林业经营主体

截至2015年年底，样本县成立的林业大户、家庭林场、农民林业专业合作社和林业企业四大类新型林业经营主体数量共达到1.05万个，与2014年相比，增长了1.94%，共经营林地面积3239.55万亩，占样本县林地面积的15.28%，比2014年提高了3.93个百分点，平均经营面积3080.00亩，是普通农户的36.5倍。从7省情况来看，辽宁、云南两省新型林业经营主体数量最多（图1-4），但云南省的平均经营面积最小，江西省新型林业经营主体虽然数量不多，但平均经营面积最大（图1-5）。

1. 家庭林场

（1）样本县家庭林场发展情况

2015年有39个样本县建立了家庭林场，主要集中在辽宁、福建、甘肃、湖南及江西5省，比2014年增加了9个县。样本县共有家庭林场1152个，比2014年增加了123个，平均经营面积4563.11亩，其中，示范性家庭林场140个，占12.15%，比2014年增加了7个，

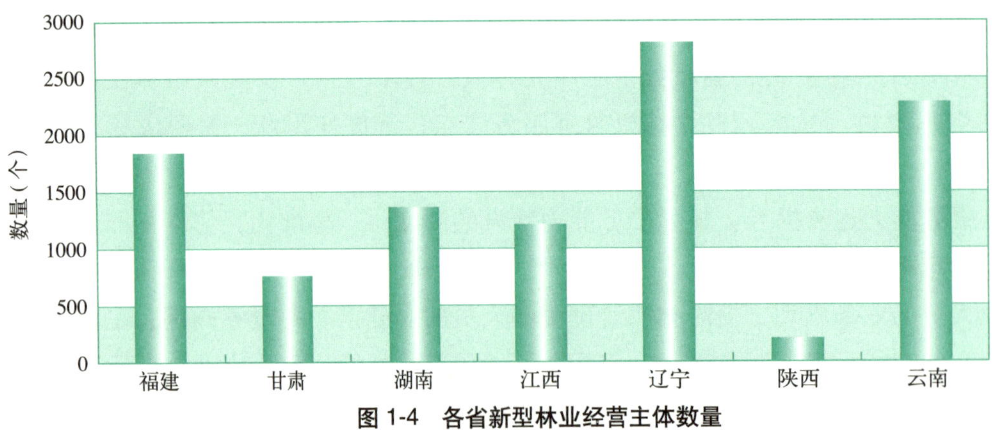

图 1-4　各省新型林业经营主体数量

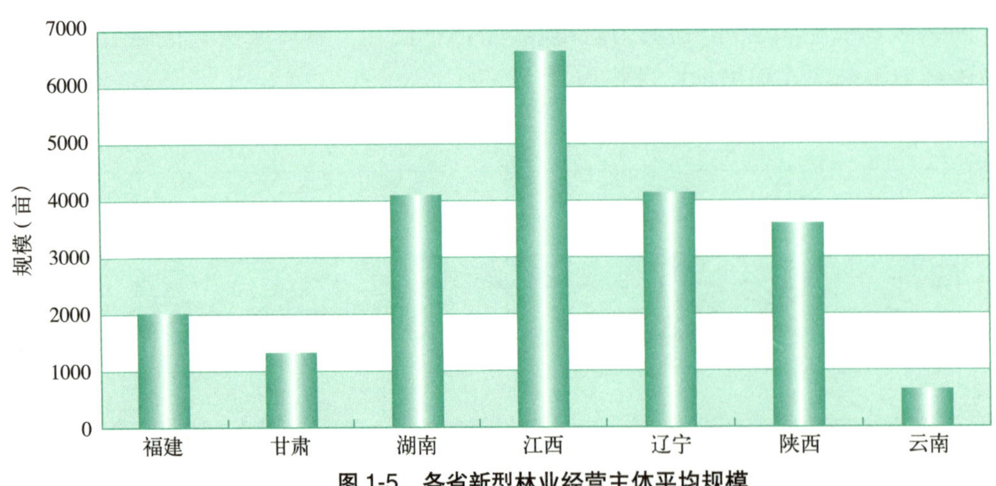

图 1-5　各省新型林业经营主体平均规模

占比轻微下降了0.78个百分点，样本县的家庭林场数和示范性家庭林场数已连续两年增加。样本县中有6个县的示范性家庭林场获取了财政奖补资金，共132.52万元，比2014年增加了27.39万元，平均每个县的家庭林场获得22.09万元奖补资金。各地家庭林场发展较为不均衡，根据监测结果来看，湖南、辽宁、福建及江西4个省的家庭林场发展得最好。家庭林场数量最多的前3个省分别是湖南、辽宁、福建，分别有420个、398个、155个（图1-6），示范性家庭林场数量最多的前3个省分别为湖南、辽宁和江西，分别有72个、33个和15个，分别占当地家庭林场数量的17.14%、8.29%和10.56%，家庭林场平均经营面积最大的前3个省分别是辽宁、江西及福建，分别达8623.29亩、5641.83亩及2516.90亩（图1-7）。而云南省只有罗平县有家庭林场，其余9个县都没有，陕西省所有样本县均没有家庭林场。

（2）样本农户家庭林场发展情况

样本农户中，2015年有48户建立了家庭林场，比2014年增加了8户，其中，24户是

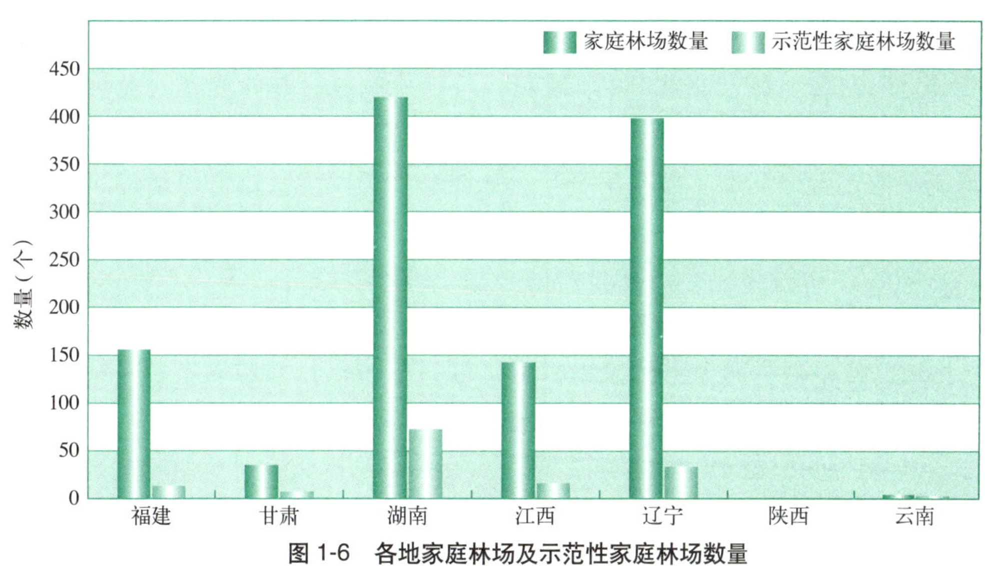

图 1-6　各地家庭林场及示范性家庭林场数量

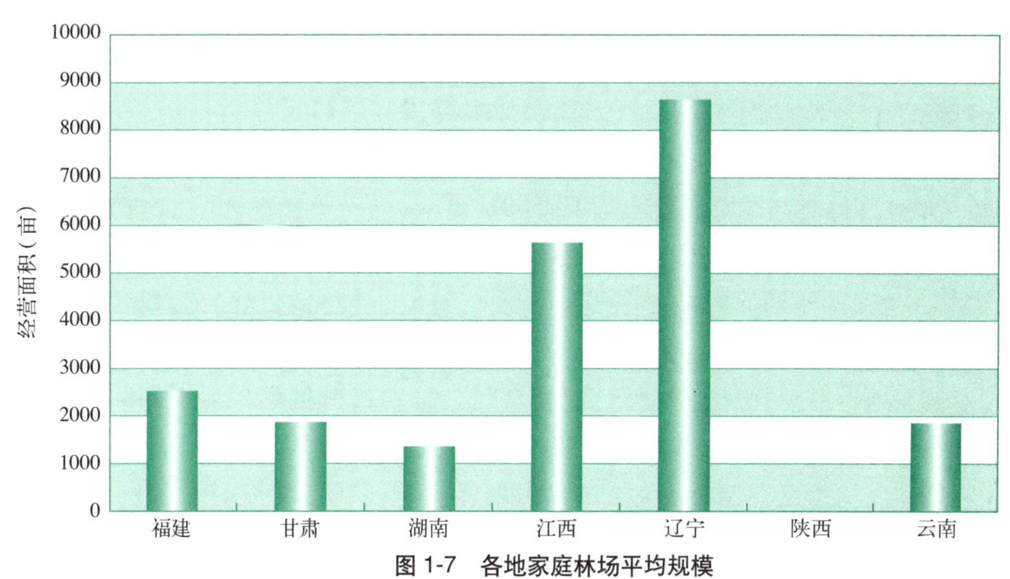

图 1-7　各地家庭林场平均规模

自己家庭成立家庭林场，24户是与其他家庭合伙成立家庭林场。样本农户的家庭林场有13个已在工商部门注册登记，有12个已被林业部门认定；有8个注册了商标，8个有林产品质量认证，有2个被评为示范性家庭林场，有3个家庭林场获得财政资金支持，有13户加入了农民林业专业合作社，合作社对家庭林场提供的服务主要集中在科技和生产。

2015年样本户家庭林场平均林业收入5.65万元，比2014年减少了0.04万元，97.92%的家庭林场收入处于村里中上水平，建立家庭林场的农户中以林业生产作为主要收入来源的有15户，占近三成，比2014年大幅增加了12户，占比也提高了23.75个百分点，表明农户建立的家庭林场已开始进入盈利期；以农业生产和打工为主要收入来源，分别各有13户，均占1/4（图1-8）。24户自己建立家庭林场的农户中，以林业收入为主的有12户，占一半，其次是做生意和农业生产，各有4户，各占16.67%，还有3户以打工收入为主，有1户以固定工资收入为主。而另外24户与其他农户合伙建立家庭林场的，只有3户是以林业收入为主，仅占12.50%，以打工收入为主的农户最多，有10户，占41.67%，其次是农业生产为主有9户，占37.50%。家庭林场平均拥有3.58块林地，平均经营面积199.94亩，是普通农户的2.37倍。有15个家庭林场接受过林业科技服务。2015年家庭林场林业生产经营平均支出6.15万元，比2014年增加了0.36万元，其中化肥农药开支最大达2.77万元，占45.06%，其次是雇佣劳动力支出2.20万元，占35.72%（图1-9）。

建立了家庭林场的农户中，有35户的林地以商品林为主，其余13户以公益林为主，平均每户拥有商品林174.47亩、公益林32.79亩，商品林和公益林面积之比为5.32:1。林地以种植用材林为主的家庭林场最多，有19个，其后依次是经营竹林、经济林和其他，分别是13个、10个和7个，但户均拥有用材林面积却并不高，仅有34.49亩，低于经济林的96.55亩和竹林的44.27亩。有19户林地以天然林为主，其余29户以人工林为主，平均每户拥有天然林66.13亩、人工林122.31亩，天然林和人工林面积之比为1:1.85。

2015年家庭林场平均经营规模为199.94亩，比2014年增加7.80亩。其中21个家庭林场经营规模少于50亩，占家庭林场总数的43.75%，比2014年降低了16.25个百分点，12个家庭林场规模在50～100亩之间，占25.00%，比2014年提高了12.50个百分点，9个家庭林场在100～200亩之间，占18.75%，经营规模在200～300亩和300～400亩的分别有1个，各占2.08%，没有家庭林场经营规模在400～500亩之间，有4个家庭林场在500亩以上，占8.34%（图1-10）。家庭林场平均拥有3.58块林地，每块林地平均面积为55.80亩，比2014年增加了5.57亩。平均每户农户在林改前获得了66.11亩林地，林改后获得了122.33亩，林改前后获得林地面积之比为1:1.85。平均每户有162.39亩林地有林权证，其余的26.05亩没有林权证，有无林权证林地之比为6.23:1。平均每户获得林地方式中，“谁造谁有”承包获得林地最多，达53.96亩，占27.96%，其次是通过招标拍卖等方式承包有33.77亩，占17.50%，其后是流转所得，有31.04亩，占16.08%。原责任山确权承包、按人均分承包到户、自留山、退耕地分别达27.78亩、24.31亩、20.49亩及1.63亩，分别占14.40%、12.60%、10.62%及0.84%（图1-11）。每个家庭林场平均有81.92亩林地曾经有

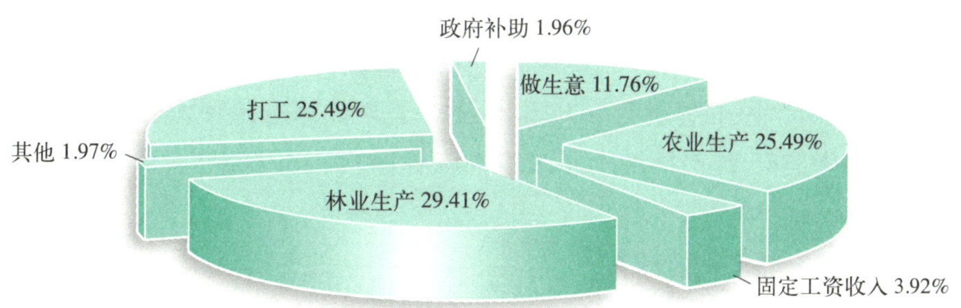

图 1-8 建立家庭林场的样本农户主要收入来源结构

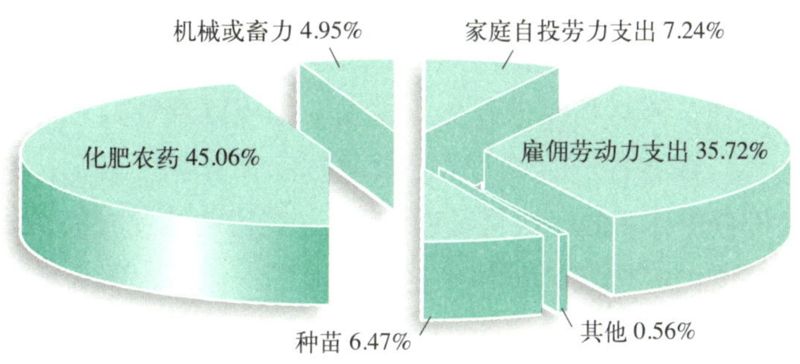

图 1-9 样本家庭林场林业生产经营支出结构

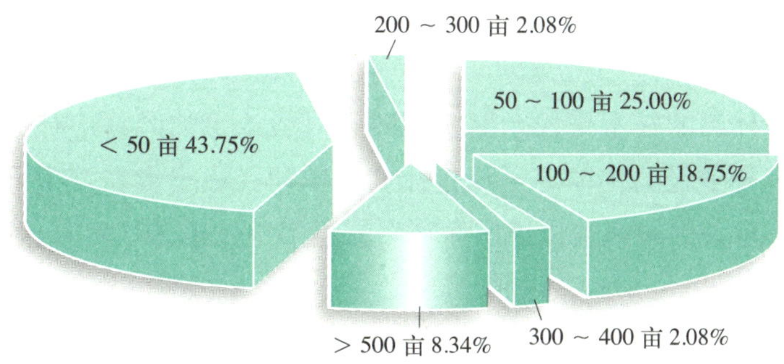

图 1-10 样本家庭林场经营规模结构

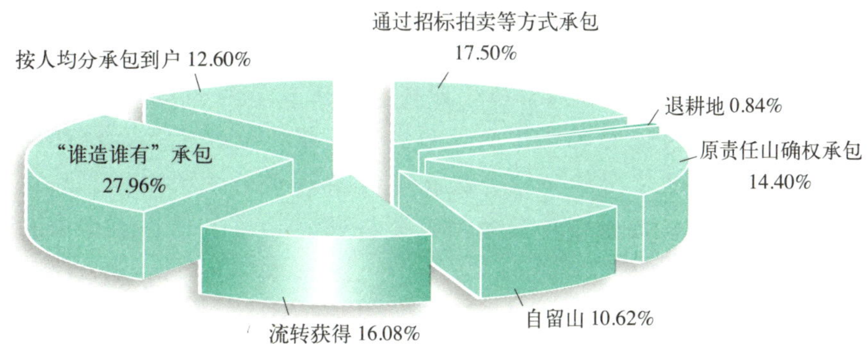

图 1-11 样本家庭林场林地获得方式结构

采伐。每个家庭林场平均有47.71亩林地进行过林权抵押贷款，有无林权抵押贷款林地面积之比为1:2.95，但只有平均8.33亩林地的贷款用途用于林地，占林权抵押贷款林地面积的17.47%。平均每个家庭林场有86.04亩林地上了森林保险，有无上森林保险林地面积之比为1:1.19，其中有85.92亩林地上了政策性森林保险，占99.85%，84.72亩林地上了综合险，占98.47%。

（3）各地家庭林场扶持政策

一是出台培育家庭林场的指导意见。目前已有3个省专门就家庭林场的发展出台了指导意见，对家庭林场的认定标准、成立条件作出了详细规定，并从产业政策、财政扶持、贷款贴息、税收优惠和科技支持等方面对家庭林场的培育发展提出政策支持。

二是出台财政扶持政策。甘肃省在安排退耕还林、三北工程、防沙治沙、中央财政造林补贴、中幼林抚育、天然林保护等林业重点工程项目及资金时对家庭林场予以倾斜扶持。2015－2016年，福建省三明市尤溪县财政每年预算安排资金，对每个获得县级示范性家庭林场、股份合作林场的一次性补助2万元，在税费减免方面，该县家庭林场作为新型林业经营主体享受国家规定的对林业生产、加工、流通、服务和其他涉林活动相应的税收优惠。

三是支持家庭林场承担相关的项目。江西省支持家庭林场以独资、合资、合作等方式参与森林资源开发利用、基础设施建设、经营管理和森林休闲服务等林业社会化项目建设。安徽省支持新型经营主体投资造林绿化，2015年春季造林面积中，由企业、大户、专业合作社、家庭林场等新型社会投资主体承担的造林任务占 90%以上。

四是单列家庭林场的林木采伐指标。江西省对经认定的经营山林面积达到一定规模的家庭林场等新型林业经营主体，采伐指标实行单列。辽宁省在“十三五”采伐限额编限方案中，已将符合条件的家庭林场作为独立的编限单位单独核定采伐限额。

专栏 1-3　江西省涉及家庭林场政策汇总

2008 年 9 月，江西省林业厅出台了《关于加快民营林场发展的意见》，明确了凡农户、个体、私营企业、外商等非政府投资经营森林面积达 2000 亩以上、山林权属明晰、毛竹林或经济林经营年限 15 年以上、用材林经营年限 30 年以上的，可向当地县级以上林业主管部门申请设立民营林场。2008 年 10 月江西省林场协会出台了《省级民营林场认定程序》。2016 年 2 月江西省林业厅出台《关于加快培育新型林业经营主体促进林地适度规模经营的指导意见》，提出要大力发展家庭林场，并提出了对经认定的经营山林面积达到一定规模的家庭林场的采伐指标实行单列，支持家庭林场等经营主体承担林业项目等扶持政策。

（4）各地家庭林场发展新情况

一是国有土地划拨承包给个人发展家庭林场，即县级人民政府将国有未利用荒滩地划拨承包给个人发展家庭林场。根据《中华人民共和国土地管理法》第四十条规定，开发未确定使用权的国有荒山、荒地、荒滩从事种植业、林业、畜牧业、渔业生产的，经县级以上人民政府依法批准，可以确定给开发单位或者个人长期使用。在甘肃省，根据《甘肃省实施土地管理法办法》规定，开发利用国有荒地、荒山、河滩等用于农、林、牧、渔业生产的集体和个人，向当地县土地管理部门提出申请，经县级以上人民政府批准，办理使用手续，取得使用权。目前，甘肃省酒泉市规模较大的家庭林场35个，承包国有未利用荒滩地10.42万亩，无偿划拨国有荒滩地0.22万亩，土地划拨承包期限为30～70年。甘肃省临泽县通过划拨国有荒滩建立的家庭林场11家，经营林地面积11143亩，主要种植红枣、核桃、优质杂果。

二是股份制家庭林场的兴起。目前，在北京、福建等地，股份制家庭林场开始蓬勃发展。股份制家庭林场是林农以资金（劳力）、林地使用权、林木所有权等资产折价入股，共同创建股份制林场，实行统一管护、统一编制经营方案、统一销售，经营所得按股分成，风险共担的林业生产组织形式。

专栏 1-4 北京市怀柔区琉璃庙镇二台子村股份制家庭林场现状

二台子村现有在册集体经济组织成员共 58 户 140 余人，共有林地 8300 亩，按照“均股不分山、均利不分林”的原则，目前二台子村集体统一管理 7800 亩，以生态林为主，承包到户 500 亩。该村股份制家庭林场具体情况如下：

一是家庭承包经营的 500 亩散生果树，在坚持承包户自愿的基础上，以林地入股的形式流转到集体，将承包林地经营权作价入股，建立股份制家庭林场，林场实行股份制经营，按股分红。同时，农户可在林场就业，按劳取酬。

二是集体统一管理中的 4800 亩生态林，招募数个经营者经营，村集体以林地入股形式与经营者签订入股协议，推行股份制家庭林场。集体入股所得分红采用均股的形式发放给村集体经济组织成员。

三是集体统一管理中的 3000 亩林地（疏林地），租赁给北京绿林榛发种养殖专业合作社，主要发展林下仿野生药材。集体将租金、利润采用均股的形式发放给村集体经济组织成员。

2. 农民林业专业合作社

近年来样本县农民林业专业合作社发展迅猛，现共有林业专业合作社4195个，比2014年增加了602个。其中，国家级示范社43个，增加了23个；地方示范社479个，增加了136个；合作社示范社数量占合作社总数的12.44%，比2014年提高了2.34个百分点。2015年入社农户累计达27.39万户，比2014年增加4.98万户，合作社经营林地面积1556.06万亩，增加了515.49万亩，占集体林地面积的9.21%，提高了2.94个百分点。2015年，样本县的农民林业专业合作社数量、入社农户数、经营林地面积分别是2009年的3.42倍、1.88倍、1.94倍，经营林地面积占比提高了4.55个百分点（表1-3）。

表 1-3 样本县农民林业专业合作社发展情况

项目	2009 年	2010 年	2011 年	2012 年	2013 年	2014 年	2015 年
林业专业合作社数量（个）	1227	1571	2154	2698	3023	3593	4195
入社农户数量（万户）	14.60	21.22	31.24	29.32	22.64	22.41	27.39
经营林地面积（万亩）	802.28	921.61	1144.25	1185.26	1160.55	1040.57	1556.06
经营林地面积占集体林地面积比例（%）	4.66	5.35	6.62	6.93	6.75	6.27	9.21

3. 专业大户

样本县林业专业大户共有2290户，比2014年减少了141户，经营林地面积669.48万亩，户均经营林地面积2923.49亩，户均比2014年增加了813.78亩。3500个样本农户中，家庭经营林地面积1000亩及以上的专业大户共有25户，平均每户家庭经营林地1911.76亩，比2014年增加了246.43亩，增长了14.80%，是所有样本农户家庭平均林地面积的22.66倍，其中林改前后获得的林地面积比为1:2.48，从林地获得方式来看，专业大户通过按人均分承包到户的方式获得林地最多，占总面积三成多，其次是通过流转获得，占两成左右。专业大户仅占全部样本农户的0.71%，但经营林地面积却占全部样本农户家庭林地面积的16.51%。在25个样本林业大户中，有5户加入农民林业专业合作社。专业大户2015年平均林业总收入为15.99万元，平均林业投入为13.15万元，平均盈利2.84万元，表明专业大户高投入高收入状态，其中收入高于投入的有19户，占76%，说明专业大户总体经营情况良好。

4. 林业企业

样本县林业企业数量达到2881个，经营林地面积达到525.52万亩，比2014年增长了6.58%；产值为94.77亿元，占林业产业总产值的4.21%，比2014年提高了1.74个百分点。平均每个林业企业经营面积1824.09亩，产值328.95万元，单位面积产值1803.38元/亩。2015年样本县林业企业中，有2499个为经营规模1000亩以下的林业企业，占78.78%，经营规模1000～5000亩的林业企业有516个，占16.27%，5000～10000亩的林业企业有84个，占2.65%，10000亩以上的林业企业有73个，占2.30%（图1-12）。

总体而言，随着集体林权制度改革的不断深化，新型林业经营主体数量在持续增加，经营规模在不断扩大，但总体实力仍不强，示范带动能力不足，仍处于发展的初级阶段。

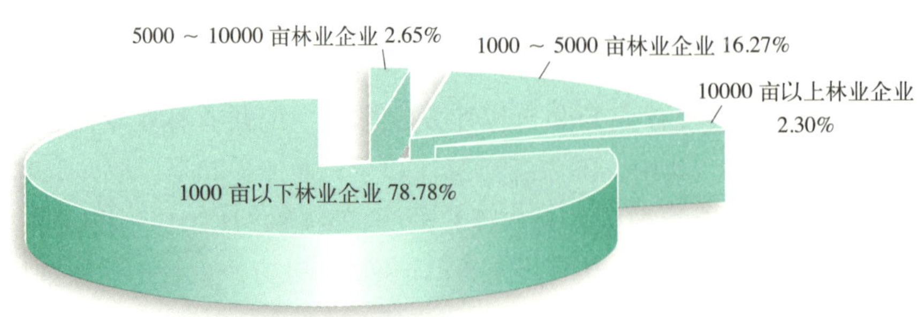

图 1-12 样本县林业企业规模

（二）森林采伐机制

1. 木材产量下降明显

2015年，70个样本县木材产量为387.26万立方米，比2014年减少了22.72%，其中，村及村以下各级组织和农民个人生产的木材216.83万立方米，占木材总产量的55.99%，比2014年上升了3.51个百分点（图1-13）。调查发现，样本县木材产量下降的主要原因：一是受林木生长周期影响，连续两年采伐量增长之后，2015年木材采伐量必然下降；二是随着林木采伐管理制度改革，采伐指标分配更加公开、公正、公平，林木采伐审批手续进一步简化，农民对林木财产的稳定性预期增加，不急于采伐木材变现；三是一些样本县实施了森林资源的减伐与禁伐措施，林木采伐量不断调减。

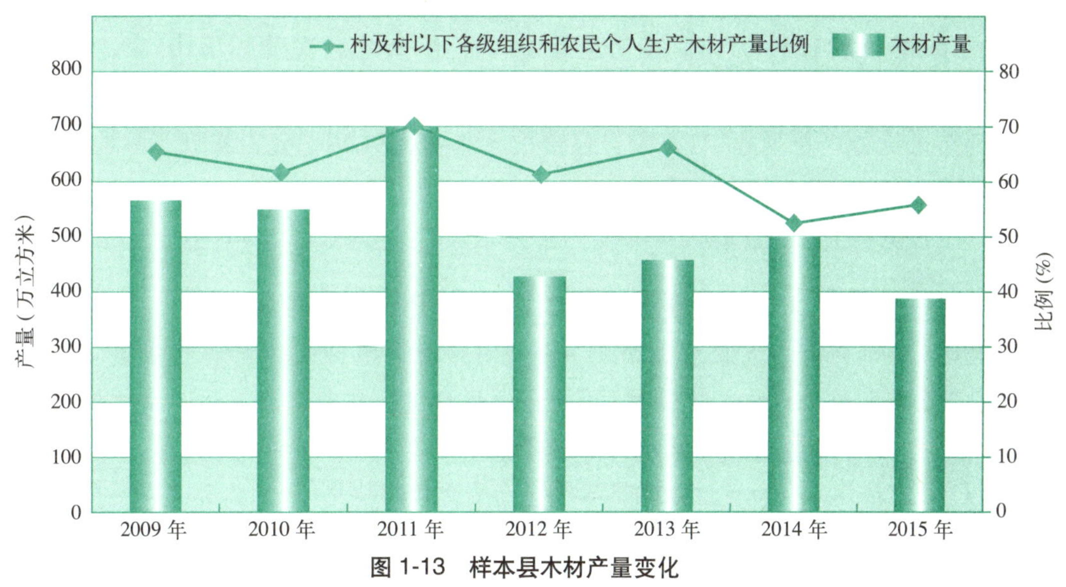

图 1-13　样本县木材产量变化

2. 天然林采伐量占一成，七成农户认可天然林停伐政策

2015年，样本县来自天然林的木材产量为64.99万立方米，占木材总产量的16.78%。样本农户中，有13户获得天然林采伐指标，占获得采伐指标农户的19.70%，天然林批准采伐量1131.5立方米，占批准采伐总量的10.09%，平均每户获批采伐天然林87.04立方米。从农户对天然林停伐政策的认知和评价来看，75.72%的农户知道天然林停伐政策，70.65%的农户认为天然林停伐政策好。广西集体林区停止天然林商业性采伐的经济社会影响研究专题报告表明，广西集体林区林农参与实施“停伐”政策意愿很高（82.38%）；实施“停伐”政策的参与农户与未参与农户相比，家庭林业年收入显著下降；实施“停伐”政策后广西集体林区综合社会效益是逐渐改善的。

3. 建立森林采伐指标“阳光分配”制度及督查机制

湖南省浏阳市规定，在20个工作日内，市政府必须将采伐指标一次性全部下达到乡镇，并在《浏阳日报》上公示。各乡镇必须在30个工作日内一次性全部下达到拥有林木所有权的林农个人或森林经营单位，并在各村张榜公布，确保采伐指标入村到户率达到100%，确保森林采伐指标分配公开、公平、公正。规定受到广大林农群众的一致好评。

浏阳市林业局为每位农户办理了森林采伐指标电子账户，并在林业局建立了电子档案，由市政府督查室、监察局负责监督检查落实。这些机制的完善，破解了森林经营管理中的难题，落实了农户对山林的处置权和收益权，调动了农民经营森林的积极性。

（三）新型“统分结合”经营制度

江西省赣州市以村、组为单位，在林农自愿的基础上，由村委会牵头或由当地能人发起组织成立油茶种植联合体，把农民承包的林地整合起来，集中连片开发，实现了“统一规划、统一整地、统一购苗、统一栽植、统一抚育，分户经营”。这种“五统一分”经营模式有效地将碎片化林地连片集中起来，实现了规模经营，促进了集约经营，有效地解决了林地规模化和产权分散之间的矛盾，面积较少的农户通过多户统一连片种植，实现了规模开发。目前，全市已组建林业专业合作社461个，加入农户23448户，经营面积124.4万亩。全市还有造林企业123家，民营林场105家，经营林地面积在500亩以上的造林大户（家庭林场）531户。全市共营造工业原料林、油茶、苗木花卉等特色优势产业基地327万亩，直接投入资金达34.59亿元，实现了林地经营产业化、规模化。

专栏 1-5　林地规模化经营过程中的新型经营模式

江西赣州全南县采取龙头企业＋合作社＋农户的方式，探索创新了农户参与发展芳香花木产业的六种模式：一是一次性租赁。林业企业在核心基地按每亩700元，一次性支付租金给农户，企业建成旅游景点后，以旅游门票收入的10%支付给合作社作为股份分红。目前这种方式已流转山地0.7万亩。二是返租倒包。林业企业一次性支付租金租赁农户的土地，企业统一规划种植芳香花木后，返包给农户经营管理，按承包面积支付管理费给农户。目前这种方式已流转土地0.3万亩。三是林地托管，实物分红。对加入合作社的林地，以13～18年为一轮采伐期限，按3轮或2轮采伐期计算，届时林业企业按每亩采伐5立方米杉木商品材销售收入的22%支付给合作社作为股份分红，合作社将20%分配给社员，2%留作合作社公积金。目前按林地托管、实物分红的方式已流转土地3万亩。四是林地入股。农户以林地折价入股合作社，合作社再将林地入股林业企业，待企业产生利润后按股份分红。目前这种方式已流转林地0.4万亩。五是人入社，地不入股。龙头企业免费送给合作社成员芳香苗木幼苗，由合作社成员按要求自行种植和经营管理，林业企业按市场价格回收苗木或花果等林产品，同时林业企业按收购交易额的1%支付给合作社为红利。目前这种方式已带动农户种植芳香花木面积3万亩。六是人入社，地入股。农户的土地入股合作社后，对有一定技术或劳动能力的社员，采取发“基本工资＋年底分红”的方式参与合作社经营管理。目前这种方式已集中土地0.3万亩。这些由林业企业、造林大户、苗木培育大户牵头组建、发展的林业专业合作社，有效地提高了林农组织化程度，大大提高了林农覆盖面和产业覆盖面，实现了林业规模化经营，使企业与农户成为利益共享、风险共担的经济利益共同体，带动了农民增收致富。

（四）林下经济

1. 林下经济产值增长，占林业产业总产值的 1/5

2015年，全国林下经济产值5803.59亿元，参与农户数5705.56万户，共有示范基地5464个，各级奖补资金29.13亿元，平均每个基地奖补53.32万元。2015年，样本县林下经济产值405.55亿元，比2014年增长13.01%；林下经济占林业产业总产值的24.51%，比2014年上升2.63个百分点（图1-14）。从林下经济产值结构来看，林下种植产值规模最大，占比33.89%（图1-15）。地方政府积极鼓励农户发展林下经济，样本县林下经济基地面积4090.59万亩，共有125.69万户农户发展林下经济，带动当地农民就业人数达215.78万人，占农业人口的9.61%；人均林下经济纯收入为2526.43元，比2014年增加了12.26%。

2. 财政扶持力度加大

2015年，样本县林下经济财政奖补资金共计4488.20万元，比2014年增长46.62%。农户获得补贴金额3388万元，覆盖2022户农户，平均每户获得补贴金额1.68万元，比2014年增长1倍。江西省推动省级林下经济重点县项目、林下经济示范基地建设，抓好中药材、森林食品等林下经济发展，安排3000万元林下经济扶持资金。赣州市全南县对新建集中连片种植芳香花木的基地给予200元/亩的财政补助，重点扶持芳香花木示范基地基础设施建设，在示范区实现通水、通电、通路，按标准修筑山塘、水库等。近3年来，整合项目资金1600多万元，修建30多千米的芳香花木示范基地公路等基础设施。福建省林业厅会同财政厅下达了2016年度林下经济扶持资金7000万元，其中5400万元倾斜支持扶

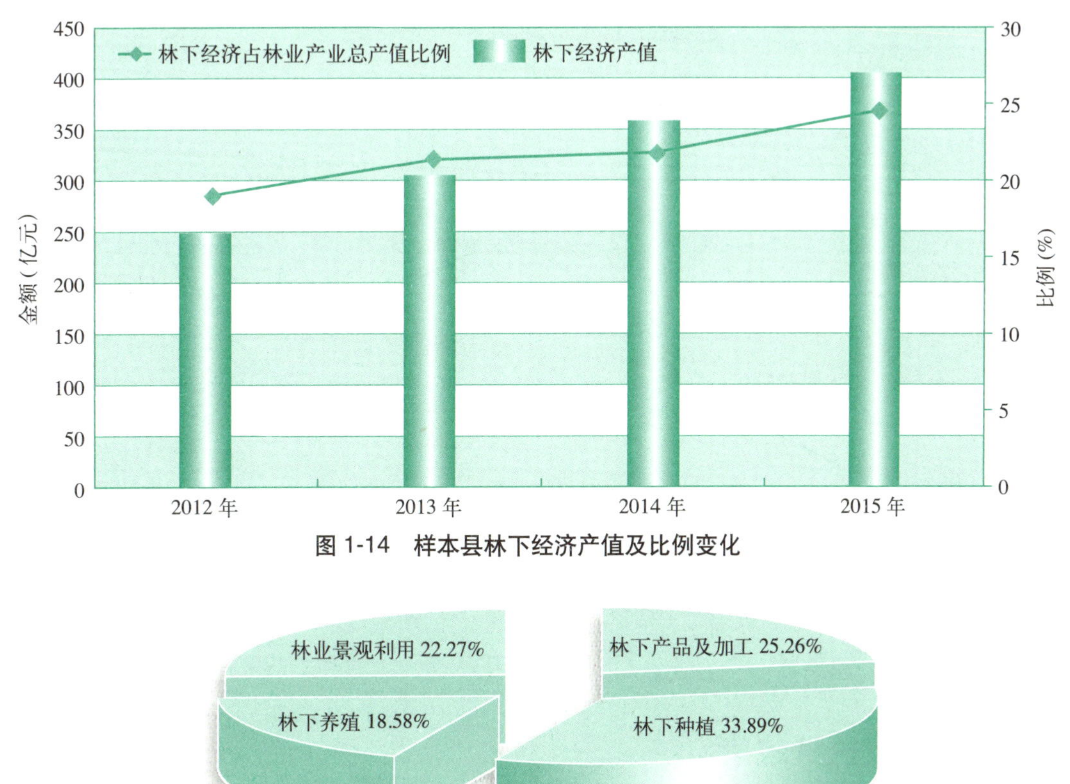

图 1-14　样本县林下经济产值及比例变化

图 1-15　样本县不同类型林下经济产值结构

贫开发工作重点县和贫困人口，占省级林下经济扶持资金总量的77%。辽宁省林业厅在落实国家林业局发展林下经济项目上，支持林业专业合作社等建设工作，截至2015年年底，累计投入发展林下参专项资金800万元。

（五）林地经营

2015年样本农户户均林地生产经营总投入8725.92元，平均每亩投入103.43元，比2014年减少了13.79%。2015年农户在林下经济上投入最多的是家庭劳动力数量及时间，平均每户投入了3.64个家庭劳动力，工作了310.21个工日；其次是采伐，投入了3.35个劳动力，工作了177.45个工日；第三是管护，投入了2.67个劳动力，工作了169.15个工日；第四是造林，投入了2.28个劳动力，工作了90.76个工日（图1-16）。

户均林地总产出为12630.30元，平均每亩149.70元，比2014年增长了31.86%。2009－2015年，样本农户林地亩均产出增长了79.11%，年均增长8.69%（图1-17）。

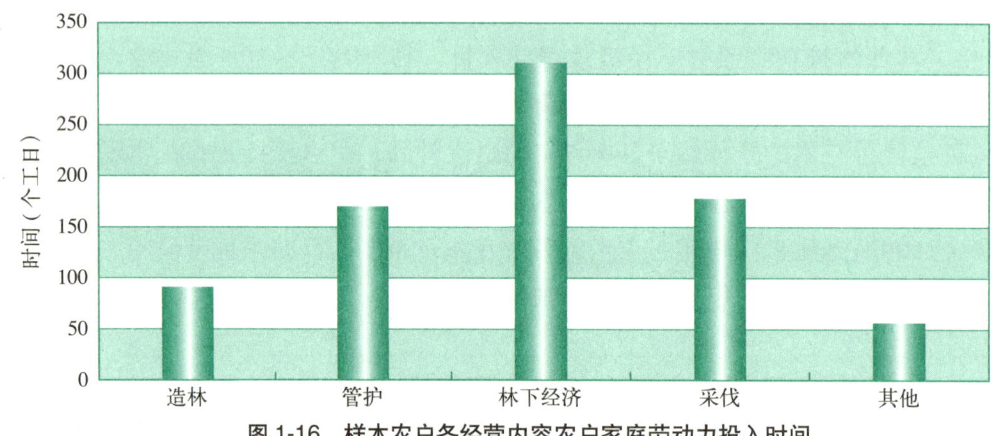

图1-16　样本农户各经营内容农户家庭劳动力投入时间

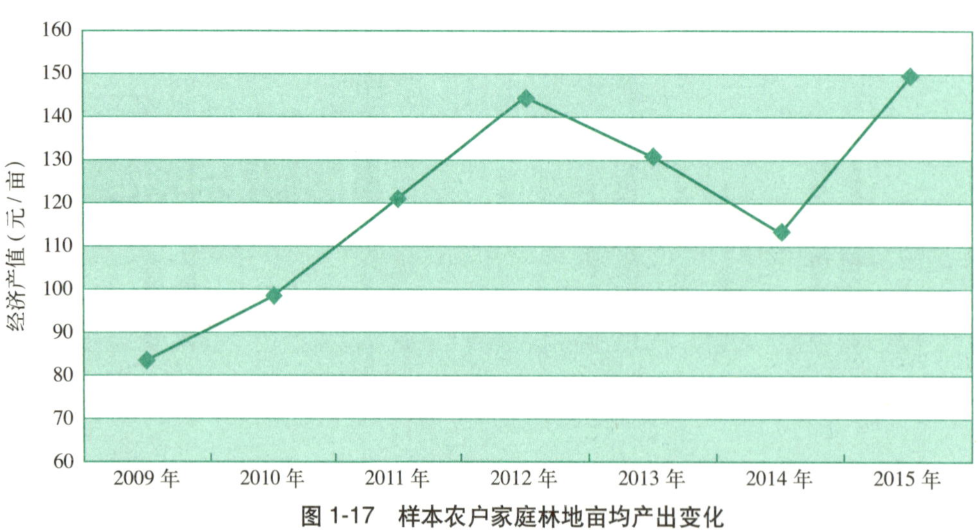

图1-17　样本农户家庭林地亩均产出变化

三、林业财政扶持政策

（一）公益林生态补偿面积扩大，单位面积补偿额增加

2015年，样本县获得生态效益补偿的公益林6056.07万亩，占公益林总面积的

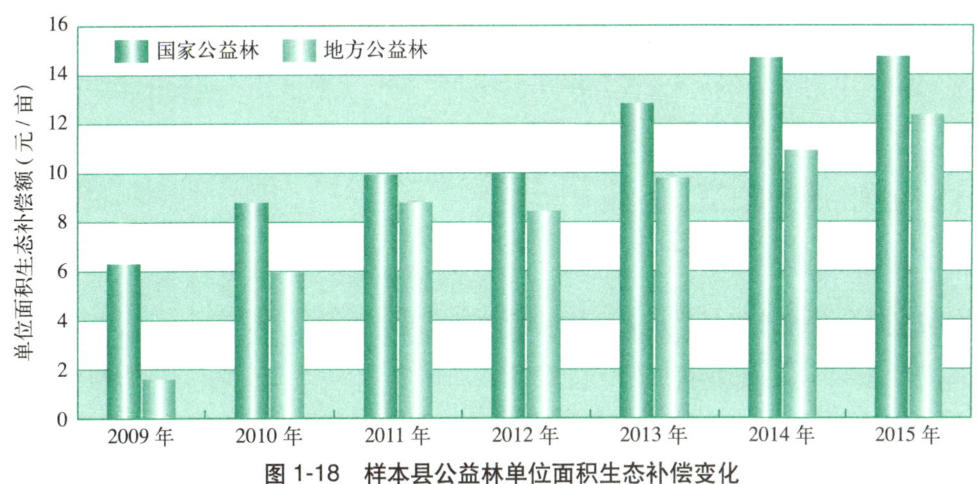

图 1-18　样本县公益林单位面积生态补偿变化

91.69%。其中，国家公益林补偿面积占72.18%，平均补偿额为14.70元/亩；地方公益林补偿面积占27.82%，平均补偿额为12.35元/亩，均比2014年有所增长（图1-18）。样本农户家庭公益林面积15.28万亩，占51.67%；获得生态效益补偿面积12.70万亩，占公益林面积的83.12%；生态效益补偿金额137.91万元，平均每亩补偿10.86元。与2014年相比，农户获补偿的生态公益林面积增加了1.35万亩，增长了11.89%；生态公益林补偿金额增加了26.42万元，增长了23.70%；平均每亩补偿额增加了1.04元，增长了10.59%。

（二）造林补贴面积上升，单位面积补贴下降，受惠农户减少

2015年，样本县有98.81万亩造林地获得造林补贴，占造林面积的9.39%；补贴金额1.77亿元，亩均补贴184.28元，比2014年减少27.55元；有5.2万户农户得到补贴，户均2376.92元。与2014年相比，造林补贴面积增长了8.46%，比例下降20.10个百分点，补贴金额下降8.29%，亩均补贴下降13.01%，受惠农户下降15.31%，户均补贴下降7.84%。

（三）抚育补贴面积减少，单位面积补贴提高

2015年，样本县森林抚育补贴面积146.14万亩，占抚育面积的50.93%；补贴金额1.45亿元，亩均100.39元；有4.35万户农户得到补贴，户均2025.98元。与2014年相比，抚育补贴面积下降了14.30%，比例上升了6.79个百分点，亩均补贴上升了17.64%，户均补贴提高了6.04%。

（四）林业补贴政策宣传不足，农户知悉程度低

从农户数据看，没有一项补贴政策的公示率超过五成，农户对林业补贴政策的知悉程度低，除了生态效益补偿政策的知悉度高于60%外，其余政策的知悉度均不足五成，其中仅有18.37%农户知道林下经济补贴政策。因此，尽管林业财政补贴具有较高的申请

表 1-4　样本农户对支持保护政策的了解和评价　　%

指　标	政策公示	知晓程度	申请比例	申请成功率
造林补贴	24.29	37.71	3.57	84.00
抚育补贴	20.45	29.66	3.00	81.90
生态效益补偿	42.49	63.26	—	—
林下经济	13.03	18.37	0.77	62.96

成功率，但由于农户知悉程度不足，直接导致农户申请比例低，造林补贴、抚育补贴和林下经济补贴的申请率均不足5%（表1-4）。

四、林业金融服务政策

（一）林权抵押贷款

1. 林权抵押贷款快速增长，但普通农户需求不高

截至2015年底，全国有28个省（自治区、直辖市）开展了林权抵押贷款工作，抵押林地面积9895.11万亩，占已确权林地的3.67%；贷款金额2105.53亿元，平均每亩贷款2127.85元。2015年，全国林权抵押贷款金额308.47亿元，占同期林业投资到位资金[①]的7.25%，比2014年降低1.47个百分点。

样本县共抵押林地1736.30万亩，占林地总面积的8.19%；抵押贷款金额215.29亿元，平均每亩贷款1239.94元。与2014年相比，抵押林地面积增加了48.76%，比例提高了2.73个百分点；贷款金额增长了37.95%，亩均贷款额下降7.27%。已偿还贷款106.18亿元，偿还率[②]为91.30%；不良贷款1.71亿元，不良贷款率为0.79%，比2014年增加了0.22个百分点，比全国银行业金融机构不良贷款率[③]低1.15个百分点（表1-5）。

从农户数据来看，林权抵押贷款发展程度较低。2015年，样本农户中有580户有林权抵押贷款需求，占比16.57%，其中，有104户申请了林权抵押贷款，占有需求农户数的17.93%，大部分农户没申请的原因主要是条件苛刻和手续繁杂。有63户成功申请到林权抵押贷款，占申请农户数的60.58%；共抵押林地1.27万亩，占家庭林地总面积的4.31%，平均每户抵押面积202.21亩，是户均家庭林地面积的2.39倍；获得贷款1501.60万元，平均每亩贷款1178.74元；期限1.92年，利率8.15%。

表 1-5 样本县林权抵押贷款年度变化情况

指 标	2009 年	2010 年	2011 年	2012 年	2013 年	2014 年	2015 年
抵押面积（万亩）	336.01	373.56	773.07	1107.82	1239.76	1167.19	1736.30
比例（%）	1.57	1.74	3.64	4.46	5.81	5.46	8.19
贷款金额（亿元）	21.98	35.30	69.24	99.89	126.24	156.06	215.29
亩均贷款额（元 / 亩）	654.09	945.07	895.71	901.64	1018.25	1337.09	1239.94
贷款农户数（万户）	1.20	1.40	2.32	4.35	5.02	5.16	6.50
比例（%）	0.20	0.23	0.38	0.69	0.83	0.84	0.74

2. 创新林权抵押贷款产品

2015年，各地积极创新林权抵押贷款产品，拓宽林权抵押贷款渠道，探索解决林业金融缺少抵押物和担保物、成本高、产品单一、手续繁杂、贷款期限与林业生产周期不匹配等问题，变生态资源为金融资产，并在一定程度上实现凭证化、证券化。①林权按揭贷款。福建省三明市推出了林权按揭贷款，个人和企业最长贷款期限分别为30年和15

① 数据来源：《中国林业统计年鉴 2016》，2015 年全国林业投资到位资金 4257.45 亿元。

② 贷款偿还率 = 已偿还贷款额 / 已到期贷款额。

③ 根据《中国银行业监督管理委员会 2015 年报》显示，截至 2015 年年底，不良贷款余额 1.96 万亿元，不良贷款率 1.94%，其中，商业银行 2015 年末不良贷款余额为 1.27 万亿元，不良贷款率为 1.7%。

年，缓解了林权抵押贷款期限与林业生产周期不匹配问题；调低利率上浮率、按低限收取有关费用，融资成本控制在月息6厘左右，比小微企业平均融资成本降低40%。②林权抵押贷款“支贷宝”。福建省三明市推出专项为促进林权受让和林权流转交易提供贷款的林权抵押贷款“支贷宝”业务，适用于各种用材林、经济林、薪炭林、竹林等林权流转交易，也适用于采伐迹地、火烧迹地、未成林造林地、苗圃地等各种林地使用权流转，最长贷款期限达30年。“支贷宝”具有第三方支付功能，且不用林权证作抵押，而用拟购买的林地作抵押。③林地经营权抵押贷款。福建省三明市沙县率先推出林地经营权抵押贷款，在林地所有权、承包权、经营权“三权分离”基础上，实现承包权与经营权分离。④公益林收益权贷款。浙江省龙泉市先后推出公益林收益权信托担保贷款和公益林补偿收益权质押贷款，将森林生态效益补偿基金这一稳定的未来收入转化为当前的现金流，发挥了公益林补偿金的乘数效应。公益林收益权信托担保贷款是在不改变现有公益林性质、权属和经营模式的基础上，以公益林补偿金的预期收益为标的，集中受托于专业公司管理，并分头向各农户发放信托凭证，农户可以此凭证向当地银行申请信托贷款。公益林补偿收益权质押贷款根据林业工作站核实发放的“公益林补偿收益权证”向林农发放年度公益林补偿金收入的10倍质押贷款。

专栏 1-6 浙江省龙泉市公益林补偿收益权质押贷款

2015 年 11 月 24 日浙江省龙泉市印发的《龙泉市公益林补偿收益权质押贷款管理办法（试行）》规定，由林业工作站向林农发放“公益林补偿收益权证”，农户以年度公益林补偿金收入的 10 倍质押，贷款最长期限可达 5 年，并实行利息优惠，财政给予金融机构贴息。

公益林补偿收益权质押贷款主要有两种模式：一是村级组织担保贷款。建立村级担保组织，以村集体公益林补偿金未来 5 年的预期收入放大 10 倍作为担保贷款最高额度，为村集体和本村村民贷款提供担保；如果村民以林权出资入股参加本村的质押基金，还可为其追加授信额度。二是凭证直接申请贷款。凭林业部门出具的公益林收益权证明（收益权证明上载明：权利人、林地所有权人、公益林面积、公益林补偿金额、补偿金变更记录等事项），直接到金融机构申请公益林收益权质押贷款，金融机构对农户提供的公益林收益权证明所载明的补偿金年收益金额进行审查确认后，签订公益林补偿金收益权质押贷款合同，最高贷款限额按其年收益金额放大 10 倍进行放贷（无需其他担保），贷款期限不超过 5 年，执行不超过贷款基准利率 1.3 倍的优惠利率。

该做法有三大好处：一是解决了公益林不能融资的问题。将公益林补偿收益权质押贷款，拓展了公益林融资功能，扩大了林权担保范围。二是降低了贷款成本。政府发放的公益林补偿，现金流稳定、信誉高，银行机构愿意放贷，且能给予利息优惠，节约了贷款隐形成本。三是间接提高了公益林补偿标准。按目前每亩贷款 260 元计算，贷款利息率优惠 4% 能节省 10.4 元，无需联保节约联保费 1.5% 即 3.9 元，免评估能节省评估费 10 元，若再加上林业贴息 4% 即补贴 10.4 元，相当于每亩额外提高了 34.7 元收入。

3. 完善风险防控机制

林业生产周期长，经营过程中意外因素多，开办林权抵押贷款风险较大。为了有效缓解林权抵押贷款风险，推动林权抵押贷款发展，各地积极探索完善风险防控机制，主要措施如下。

（1）建设林权收储担保制度

福建省沙县建立由政府牵头、林银联手协调推进机制，县森林资源收储管理有限公司与沙县农商银行签订合作协议，收储公司做出第三方收储保证，创新推出林权收储抵押贷款新品种。构建评估、保险、监管、处置、收储五位一体的林权抵押贷款风险防控机制。引导资产管理机构参与林权抵押贷款风险防范，贷款出险后，由资产管理机构优先从银行收购抵押林木，并依法处置，符合采伐条件的，林业部门优先予以办理林木采伐许可证。

（2）创新林权抵押贷款担保方式

探索创新发展贷款担保组织和方式，发展“林业专业合作组织+担保机构式”“股份合作式”“公司+基地+农户式”等互助合作集约化经营模式，可以提高林业产业的组织化程度和信用等级，为林权抵押贷款增信扩面，解决担保组织缺乏、担保方式少 而造成的林农融资困难问题。浙江省丽水市针对林权抵押贷款担保组织缺乏、担保方式少等造成林农融资难的问题，积极探索创新发展贷款担保组织，探索出林农互助合作担保、村集体森林资产抵押担保和国有融资公司三种担保方式构成的复合型担保体系，有效解决林农融资问题。

（3）建设完善风险补偿基金

在“三权分置”的背景下，重庆市建立了“三权”抵押贷款风险补偿基金，通过市、区县两级财政资金补助，如遇农户无法偿还贷款，由政府给予金融机构适当补偿，补偿标准为35%，市级财政承担20%，区县财政承担15%，形成政府、银行和农户共同承担风险的格局。浙江省丽水市明确要求各县（市、区）财政按上年度林权抵押贷款余额的5‰逐年提取建立风险补偿资金，设立专户，用于补偿林权抵押贷款出现的损失，实行专款专用。目前，该市景宁、缙云、松阳、云和4县合计建立273.3万元的风险补偿金，发放风险补偿款15.9万元。

（4）开展林权抵押贷款保险业务

2015年7月，河南栾川县试行“林权抵押+保险保证”贷款业务合作协议，开展林农以林权作抵押、保险公司担保、银行发放贷款的放贷模式，也就是说有贷款意向的林农向栾川县林业局提出贷款申请，由林业局组织银行、保险机构共同进行贷款审核，对符合条件的，林业局办理林权抵押登记和森林资源评估，保险公司办理林权抵押贷款保险、森林资源意外保险及人身意外伤害保险，由银行发放林权抵押贷款。

（二）森林保险

1. 六成林地投保，林农参保积极性较差

截至2015年年底，全国有24个省（自治区、直辖市）开展森林保险，共投保面积21.74亿亩；保险金额11871.85亿元，亩均保额546.08元。样本县共投保林地1.37亿亩，占林地总面积的64.81%；保险金额603.45亿元，亩均439.14元；保费总额1.46亿元，亩

均1.06元；保费补贴1.08亿元，亩均0.79元，占保费总额的74.26%，农户实际负担保险费率为0.62‰；保险公司赔付4676.04万元，赔付率为32.08%，比同年全国农业保险赔付率低37.31个百分点（表1-6）。2015年，样本农户中有1336户参加森林保险，投保面积15.43万亩，占农户家庭林地总面积的52.17%，其中政策性森林保险占98.81%；保险金额9767.26万元，亩均640.77元；农户实际缴纳保费4.78万元，亩均0.31元，农户实际负担保险费率为0.49‰；各种形式的统保是主要参保途径，占比92.44%。农户风险意识低，参保积极性不足，参保农户仅占总数的38.17%，有近五成没有参加森林保险的农户是因为觉得没有必要。

表 1-6　样本县森林保险年度变化情况

指　标	2009 年	2010 年	2011 年	2012 年	2013 年	2014 年	2015 年
投保面积（万亩）	3098.77	3891.64	9026.27	11618.84	15467.55	12927.29	13741.72
比例（%）	14.45	18.17	42.50	54.18	72.45	60.51	64.81
平均保额（元/亩）	372.45	391.25	409.62	480.38	428.63	437.16	439.14
平均保费（元/亩）	1.26	0.86	1.02	1.57	1.15	1.12	1.06
保险费率（‰）	3.38	2.19	2.50	3.26	2.81	2.57	2.42
农户实际负担费率（‰）	0.60	0.28	0.35	0.62	0.65	0.66	0.62

2. 创新森林保险机制，完善森林保险产品体系

（1）森林保险机制创新

森林保险共保体①经营通过分摊保费，分担风险，共同提供服务，可以有效化解降低独家承保的风险，提高对化解巨灾风险的承受能力。截至2015年底，有浙江、宁波、海南、云南和陕西等5个地区的森林保险采用共保体模式进行运营，该年5个地区的共保体合计承保了4.76亿亩林地，占全国森林保险总参保面积的21.89%。森林保险再保险取得重大进展，截至2015年底，我国森林保险再保险保费规模达3.37亿元，风险保障金额达3142.14亿元，赔付金额1.08亿元，分别是2014年的1.50倍、1.45倍和1.14倍。森林保险共保体经营和再保险的发展，有助于化解巨灾风险给经营机构的影响，推动森林保险健康稳定发展。

（2）森林保险产品创新

2015年，海南省进行了橡胶树风灾指数保险试点工作。这是一种创新型保险衍生品，其赔付触发的条件与具体赔付的额度均以保险合同中约定的风灾指数为准，无须掌握各个保险标的实际受损情况，从而可以极大减少人力成本，缩短理赔时间，使橡胶树风灾定损、理赔趋于客观和高效，有效树立农户的生产自救责任心，帮助橡胶种植生产快速恢复。海南省在特大风灾区、极大风灾区、中度风灾区和轻度风灾区四个典型风灾区中分别选取儋州、万宁、定安和屯昌4个市县的较有代表性的橡胶林进行试点。在试点期间，保险公司向客户提供3个投保方案，生长及管理正常、种植满4年以上的橡胶树可以投保，未开割橡胶树保险金额最高50元/株，开割橡胶树的保险金额最高90元/株，政府提供90%保费补贴。2015年9月，中国人保财险海南省分公司与万宁市兴隆华侨农场橡胶公司签下海南橡胶树风灾指数保险第一单，承保了16.7万株橡胶树，占地约9255亩，保

① 共保联合体（简称共保体），由两家及以上商业保险公司组建，其中一家保险公司为“首席承保人”，其他保险公司为“共保人”。根据授权，共保体经营运作政策性森林保险项目，按照章程约定的比例，分摊保费、承担风险、享受政策，共同提供服务。

险金额1500万元，保费71万元。2016年8月，台风“银河”登陆海南省万宁市，根据监测站采集的数据，台风登陆当日的风力为9级，达到赔付标准，人保财险海南省分公司按合同约定给予70.67万元赔付，这是海南省橡胶树风灾指数保险首例经济补偿。

（3）森林保险技术创新

平安财险借助国内外最新科研成果自主研发了基于物理空间的数字化风险识别系统（鹰眼系统，DRS），该系统融合了地理学、灾害学、保险学的综合性风险识别系统，内嵌了新中国成立以来60余年的灾害记录数据，融合了平安历年来承保及理赔数据，数据总量超过137亿条，可支持中国大陆境内11.85亿个物理空间单元的地震、台风、暴雨等9大自然灾害等级识别。DRS可广泛应用到单一标的风险识别、筛选与定价、防灾防损、累计风险管理、巨灾压力测试、理赔支持等方面，同时可支持卫星遥感和无人机影像技术。2015年3～5月，平安财险承保的攀枝花市汇森林业有限公司的林木先后发生3次火灾，共造成5片林区受损，平安财险借助DRS系统创新理赔功能，一周内完成了全部查勘工作，极大地提升了查勘效率与定损准确性，为最终理赔结果提供了有力的数据支撑。

农户依林增收专题

一、农户家庭林业收入及结构

自2008年新一轮林改以来，样本农户户均林业收入增长了10.95%，年均增长1.46%。但受制于财政金融政策、林木林地政策及林业科技下乡不及时的压力，近5年来，样本农户的林业收入一直处于小幅度波动的状态，大致处于1.10万元到1.25万元之间。2015年样本农户户均林业收入为11027.01元，为近5年来最低，比2014年下降了7.17%，2015年林业收入占家庭总收入16.69%，比2014年下降了0.87个百分点（图1-19）。

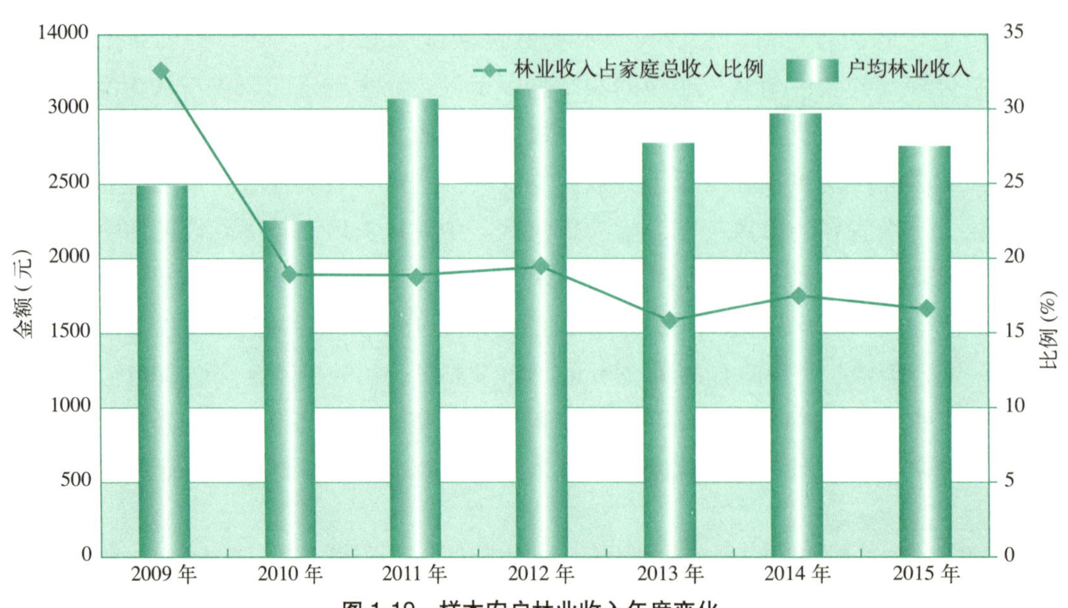

图 1-19 样本农户林业收入年度变化

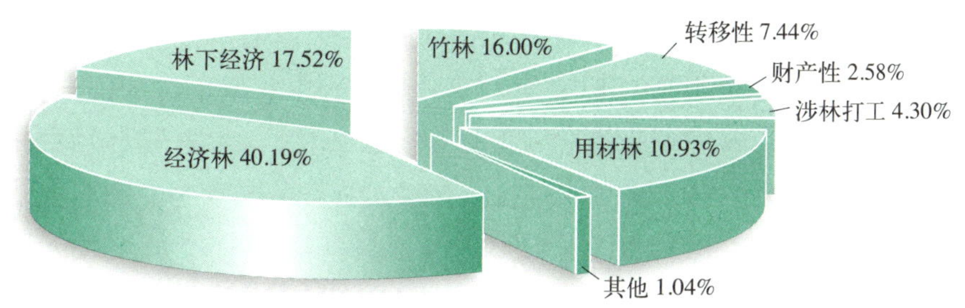

图 1-20　样本农户林业收入来源结构

林业收入来源结构变化不大。2015年样本农户用材林收入1631.28元，竹林收入2387.54元，经济林收入为5996.69元。和2014年相比，前4项收入来源比例排序保持不变，样本农户经济林收入比例依旧是最大，占40.19%，提高了5.49个百分点；其次是林下经济和竹林收入，分别占17.52%和16.00%，分别下降了0.29和1.33个百分点；第四大收入来源仍是用材林收入，占10.93%，略微提高了0.04个百分点；林业转移性收入占7.44%，比2014年提高了1.20个百分点，上升一位成为农户第五大林业收入来源；其后是涉林打工收入、林业财产性收入和其他林业收入，分别占4.30%、2.58%和1.04%（图1-20）。

二、农户投入要素基本情况

2015年，3500户样本农户中有2550户有林业收入，将其按林业收入的高低分成3个组，林业收入最低的850户农户为低收入组，收入居中的850户为中收入组，收入最高的850户为高收入组。剔除了没有林业收入的农户后，样本农户平均家庭林业总收入为14239.98元，其中，低收入组为250.88元，中收入组为2085.70元，高收入组为40383.35元，低收入组农户和高收入组农户的平均家庭林业收入相差了160倍。

劳动力因素方面，户主年龄平均为54.39岁，且低收入组户主平均年龄最大，为55.34岁，高收入组的户主平均年龄最低为52.91岁。样本农户家庭劳动力人口平均为2.86人，其中低、中、高收入组农户分别有2.73人、2.85人、3.01人。

土地因素方面，样本农户平均有3.55块林地，低收入组户均拥有3.05块林地，中收入组为3.78块，高收入组为3.88块林地。样本农户平均林地面积97.82亩，其中低收入组家庭平均林地面积为35.15亩，中收入组为98.33亩，高收入组为159.97亩。样本农户公益林面积为56.85亩，占农户林地面积58.12%，其中低、中、高收入组农户公益林面积分别为19.81亩、71.90亩和78.84亩，分别占农户家庭林地面积的56.36%、73.12%和49.28%。样本农户拥有的林地中，颁发了林权证的林地面积平均为88.87亩，占林地面积90.85%，其中低、中、高收入组颁发了林权证的林地面积分别为32.60亩、85.86亩、148.13亩，分别占农户家庭林地面积的90.85%、92.75%、92.60%。

资本因素方面，样本农户2015年平均支出9775.44元用于经营林业，低收入组支出为3018.55元，中收入组为4113.94元，高收入组为22193.85元，仅有高收入组农户平均林业生产经营支出低于林业总收入。林权抵押贷款面积平均为4.27亩，其中高收入组平均

12.20亩，低、中收入组分别只有0.21亩和0.39亩。森林保险投保面积平均为55.17亩，占农户家庭林地面积56.40%，其中低、中、高收入组农户投保面积分别为18.35亩、57.96亩、89.19亩，均占农户家庭林地面积的五成以上。

科技因素方面，平均有39%的农户接受过林业科技服务，其中低、中、高收入组农户分别有35%、38%、45%的农户接受过林业科技服务。

三、农户依林增收影响因素分析

依据经济学相关理论，通过计量分析方法，进一步分析劳动力、土地、资本、科技等因素对各收入组农户依林增收的影响方向和影响程度。

（一）劳动力因素对农户林业收入影响

劳动力因素方面，户主年龄对农户林业收入有十分明显的负向影响。其中，对中收入组和高收入组影响明显，但影响方向不同，对于中收入组年龄有轻微正向影响，而对于高收入组年龄则呈较大的负向影响，表明高收入组农户户主越年轻，对家庭依林增收的作用越大。

家庭劳动力人口对于总样本的林业收入而言并没有显著的影响，仅对于低收入组的农户有明显的正向影响，表明在低收入组中，农户家庭劳动力的多寡对于林业收入有明显的影响，劳动力多的农户家庭林业收入明显要高于劳动力少的农户。但对于中高收入组的农户，其林业经营方式有所转变，更多地依靠资金、化肥农药、种苗质量、土地租金以及雇佣外部劳动力来实现增收。

（二）土地因素对农户林业收入影响

土地因素方面，家庭林地地块对样本农户林业收入影响并不明显，林地地块数仅对低收入组农户的林业收入产生较为明显的正向作用。样本农户平均每块林地面积达27.55亩，其中低收入组农户每块林地面积为11.52亩，因此每多一块林地，低收入组农户的林业收入就能有比较明显的提高。

家庭林地面积对总样本的农户家庭林业收入影响明显，其中对中高收入组农户均有非常明显的正向影响，表明林地面积越大，这部分农户家庭林业收入越高。分析结果表明，和其他收入组农户相比，林地面积对高收入组农户影响更为显著，并呈现出随家庭林业收入提高而影响愈发突出的特点，一方面是因为林地的规模效应推动家庭林业收入的提高，另一方面也是因为土地要素投入的增加，产出一般也会随之增加。因此推动林地规模化经营能有助于农户增加林业收入。

有林权证的林地面积对总样本农户林业收入有非常明显的正向作用，表明有林权证的林地越多，农户家庭林业收入越高，反映出通过林权登记发证，给予农民承包经营林地林木的“定心丸”，使农户对林地有了稳定的产权，能激发出农民参与林业生产经营的积极性。

公益林面积对样本农户的林业收入均有明显的影响，其中对于中低收入组而言，公益林面积对家庭林业收入有轻微的正向影响，因为低、中收入组农户大多不以经营林业为主，因此公益林面积越大，获得的生态效益补偿就越高，家庭林业收入就能得到提高。但对于高收入组的农户，公益林面积对林业收入则产生了非常明显的负影响，主要是因为这部分农户以经营林业为主，他们拥有较大规模的公益林，却由于公益林的特殊属性，林地经营、林木采伐及流转、抵押均受到严格限制，无法像经营商品林一样获得正常经营收入，同时，当前生态补偿的标准又较低，导致农户也不能通过生态效益补偿弥补公益林与商品林的收入差距，极大地影响了这部分农户的收入。对于高收入组农户，拥有的公益林面积较大，其营林积极性必定不高，因此一方面可以提高生态效益补偿标准，一定程度弥补公益林与商品林之间的收入差距，另一方面可以引导、鼓励农户发展森林旅游、森林康养、农家乐等特色产业，让农户不砍树能致富。

（三）资本因素对农户林业收入影响

1. 林业生产支出对农户依林增收有积极作用，但低收入农户缺乏资金经营林业

家庭林业生产支出对样本农户的家庭林业收入产生了非常明显的正向影响，表明林业生产经营支出越高，家庭林业收入越高。其中，低收入组农户林业生产支出对林业收入并未能产生明显的作用，但其家庭劳动力对家庭林业收入呈非常明显的正向影响，表明低收入组主要依靠投入家庭劳动力而非投入资金购买原材料、设备机械、租用林地或雇佣劳动力来经营林业，反映出这部分农户缺乏用于发展林业的资金。中高收入组家庭的林业生产支出对家庭林业收入则均有非常明显的正向影响，而这部分农户家庭劳动力对林业收入影响均不显著，表明对于中高收入组的农户，主要是通过投入资金购买树苗、农药化肥、机械设备及雇佣劳动力等方式实现林业增收。

2. 农户申请林权抵押贷款困难，难以对农户依林增收产生影响

林权抵押贷款对中低收入组农户的林业收入影响均不明显，但对高收入组农户的林业收入却非常明显，这是因为林权抵押贷款门槛高申请程序复杂，中低收入组农户难以成功申请到林权抵押贷款。样本农户中，有926户农户有贷款需求，占总户数的26.46%，但只有104户申请了林权抵押贷款，仅占有林权抵押贷款需求农户的17.93%，而没有申请的农户中，有31.30%认为林权抵押贷款条件太高，13.36%农户认为办理太花费时间，有4.45%、3.87%及1.29%农户分别认为利率太高，贷款金额少及贷款期限短。

此外，森林保险参保面积对3个组农户家庭林业收入均有明显的负向影响，表明投保林地面积越多，农户家庭林业收入越低。这主要是因为当前农户投保途径主要是由当地林业部门进行统保，且统保的林地大部分为公益林，因此参加森林保险面积越大，意味着农户公益林面积越多，林业收入就相对低。

（四）科技因素对农户林业收入影响

农户接受林业培训对总样本农户的林业收入有明显的正向影响，表明农户接受林业培训有助于提高家庭林业收入。3500户样本农户中有2369户表示需要林业科技服务，占样本总数的67.69%，表明大部分农户需要林业科技服务。但截至2015年年底，样本农户

中仅有1372户接受过林业科技服务，占样本总数的39.20%，还有近六成农户没有接受过林业科技服务。大部分农户对林业科技服务有着较高的需求，但当前林业科技下乡不及时，而且提供服务的主体单一，没能很好地符合农户经营林业的需求，导致农户经营效率难以提高，增加林业收入受限。

问题与建议

一、主要问题

（一）不动产登记改革后林权管理职责划转落实困难，林权管理机制亟须完善

一是林权管理职责划转落实困难。在不动产登记改革中，各地对中央编办出台的整合不动产登记职责的文件精神，在具体落实时，存在政策解读不一致、职责边界划分不清晰、人员调整不平衡、业务交接不顺畅等问题，国土部门不愿意接收相关职责的现象比较普遍。二是不动产登记局成立后的业务衔接待完善。不动产登记局成立后，多个调研县原林权交易中心的人员和编制被转入不动产登记局，导致林权交易中心人员减少，业务衔接出现真空，尤其涉及确权、权证变更等具体业务时，两个部门之间的协调、信息共享等问题亟待解决。如林地流转的变更登记等职能在不动产局，不动产局对这块职能又衔接不上，林业部门又不能登记。三是林权信息登记管理待加强。有的地方在集体林改以前，退耕还林发的林权证，或拍卖流转出去的林地，还没有纳入到林权信息管理系统，造成林权信息登记不完整。

（二）林地流转规范难，林地经营权流转证缺乏法定效力

一是林地流转规范难。许多地方林农对林权流转的政策、流转程序还不够了解，林权流转大部分出于林农的自发行为，具有一定的盲目性和被动性，流转方式五花八门，一些地方私下流转现象十分普遍，签订的流转合同不符合法定程序，造成流转后无法过户，影响了林地的规范经营。拿地的私企老板随意跑路现象时有发生，无法给付农民林地流转费用，农民利益没有保障，也无法通过法律途径表达诉求，成为了社会的不稳定因素。二是森林资源评估难。由于森林资源资产评估机构日常业务量相对较少，难以长期聘请森林资源评估专业人员，加之评估价值受限，难有作为。三是林地经营权流转证操作困难。由于与不动产登记局的业务衔接问题，许多地方林地经营权流转证的办理业务相应延后，同时，林地经营权流转证目前部门之间尚未达成共识，造成现在林地流转登记困难。在社会经济生活中，林地经营权流转证的法律效力较低，金融部门在开展林地经营权抵押贷款业务上比较谨慎，致使林地经营权抵押贷款乃至“三权分置”改革的顺利推开仍很艰难。

（三）林业财政补贴标准低，难以调动农户管护、经营林业积极性

一是生态公益林补偿标准低。集体林权制度改革后，集体林中的公益林随之确权到

户，在此前提下，林农经营和管护的公益林实际上在替国家提供以林业生态、社会效益为主的公共服务。但是，目前我国的森林生态效益补偿基金仍然属于补助资金性质，补偿标准还远未达到足额补偿，更未对林木经营者划入公益林的机会成本进行补偿，也未对公益林的生态价值进行补偿，大大挫伤了林农经营和管护公益林的积极性。二是生态效益补偿资金中公共管护费用每年每亩仅为0.25元，用于森林防火、森林病虫害防治等公共管护的支出资金严重不足，对公益林公共管护造成了很大影响。三是造林补贴标准低。每亩100～200元，实际造林中个别立地条件差的地区造林成本每亩可达7000～8000元，资金缺口较大。

（四）林权抵押贷款处置困难，金融机构积极性不足

一是抵押物管理困难。由于森林资源是一种特殊的资源性产业，且林区一般地处偏僻，交通不便、地广人稀，给金融机构贷前调查、贷后检查工作带来较大的管理困难。尤其是抵押物管理难度较大。二是难以进行风险控制。在经营过程中森林资源面临诸多自然灾害及人为影响，森林保险也未能全面覆盖，一旦发生火灾等自然灾害往往都是毁灭性的，所造成的经济损失非常大，极易造成金融机构抵押物灭失和贷款债权悬空。三是林业信息化建设不健全。林权抵押风险控制的不确定性较大，目前抵押登记制度仅限于书面记载，缺少集体林权认证、采伐、流转、交易、登记为一体的综合电子网络信息系统，金融部门很难将风险控制工作落到实处。四是抵押物处置困难。目前仅限于将林权流转变现和将木材砍伐后出售变现两种方式。林权流转变现需要完善的林权流转市场，而目前尚未建立功能完善的林权流转市场，提高了金融机构抵押物变现风险；木材砍伐后出售变现则面临采伐指标问题，未经林业部门批准，金融机构和司法部门都无权变卖处置抵押物，没有采伐指标的林权处置成为空谈。

（五）林农风险意识低，森林保险投保意愿低

一是林农投保意识不足，保费收取难度大。林农户均拥有森林面积小且分散，加上保险政策宣传不到位，普通林农风险防控意识淡薄，对于风险存在侥幸心理，投保积极性不高，保费收取工作量大，一些村组为完成任务直接从集体资金支付保费。二是林农保费缴纳比例与预期收益不匹配。对于商品林保费，中央和省级财政至少给予55%的财政补贴，多数地区的林农需要承担20%～45%的保费，而由于采伐限制，商品林变现能力较差，从而降低了林农投保积极性。三是部分地区县级财政资金紧张配套困难，推动森林保险积极性下降。许多林业大县基本都是经济条件较差的山区市、县，而这些市、县财政相对紧张，保费配套有困难。以邢台市临城县为例，本身财政紧张，又因是财政直管县，15%的配套费用都要由县财政支出，导致该县有国家级公益林9.44万亩，省级公益林1万亩，都因县财政不能配套而未能加入森林保险。四是保险金额低，当前以保林木再造成本为保险责任的商品林保险不能满足林业生产经营主体保产量、保产值、保收入的需求，林业生产经营主体参保积极性不足。五是保险产品设计落后，绿化苗木、林下种养业等经济价值高的尚未纳入森林保险范围。六是查勘定损有些滞后，快捷理赔需进一步理顺规范。有的地方没有严格按照理赔操作规程和损失认定标准进行及时勘验，有的

地方林业和保险部门查勘协作机制不够顺畅，对于病虫害、旱灾等灾情，保险机构难以准确定损，加之少数基层单位怕被追责而隐瞒一些森林灾情，以致理赔不到位的情况时有发生。

二、政策建议

（一）深化林权管理机制改革，增强林权管理服务能力

一是进一步完善林权管理服务机制。加强基础林权信息登记管理，推动林业信息化进程，拓展服务林农的广度与深度，为深化集体林权制度改革提供基础服务保障，维护林农长期稳定的林地承包经营权。二是依法规范林权管理职能和权限。进一步明晰林业与国土部门之间涉及林权管理相关职能的边界，进一步健全和提升林权管理、交易、信息和林权争议处理等综合服务能力。三是加强林权类不动产登记的有序衔接。主动开展不动产登记信息管理系统与林权流转管理信息系统相互对接，建立林权登记档案和林权流转交易档案查询互用制度，通过交换接口、数据推送等形式，实现实时互通共享，确保林权登记和流转交易管理的正常运行。

（二）健全林地流转机制，促进林地规范流转

一是规范林权流转。切实落实中共中央办公厅、国务院办公厅《关于引导农村土地经营权有序流转发展农业适度规模经营的意见》，建立林权流转长效机制和制度，同时，强化各级政府和林业主管部门监督职能，促进林权规范、有序流转，保障承包人及经营者的合法权益，提高林业生产效率。二是加强森林资源资产评估。围绕建立健全林地流转公开市场，建立森林资源评估、林地产权交易、林地流转信息发布为一体的"一站式"林权管理服务机构。资产评估机构可以采用林业部门直接提供森林资源资产评估报告，达到一定数额（建议500万元以上），由社会评估机构进行终极评估。三是通过开展县、乡、村三级干部培训，广泛宣传林地经营权法律法规，让全社会了解林地经营权的相关知识，为林地经营权登记发证工作顺利开展奠定基础。

（三）完善林业补贴政策，提高资金使用绩效

一是扩大补贴规模，逐步实行普惠制。进一步扩大造林补贴的覆盖面，将除基本农田外的所有可造林地块纳入造林补贴范围，对于中小规模经营者，造林及管护成效较好的，给予同样的政策支持和补助。加大对森林抚育、木本油料、特色经济林、林下经济、木材战略储备及林木良种培育的扶持力度。二是建立补贴标准动态调整机制，逐步提高补贴标准。鉴于近年来物价水平大幅上涨，劳动力成本不断提高，建议国家林业补贴标准实行动态补助政策。三是实行差别化的造林补贴标准。为了引导和鼓励社会主体多营造公益林、混交林、珍贵树种和油茶林，建议根据造林的难易程度和积极性高低实行差别化的造林补贴标准，通过不同的补贴标准，引导和鼓励社会主体按照林业部门的要求和导向去造林。四是实行先造林后补助的制度。先由造林主体自行按照国家和地方的相关规定和要求进行造林（包括商品林和公益林），然后由造林主体向县级林业部门

提出造林补贴书面申请，林业部门组织技术人员进行实地验收，合格的按照规定的补贴标准兑现补贴资金。这样，不但可以省去很多前期工作量和经费，而且能够有效调动造林主体的积极性和主动性，能够保证造林质量。五是进一步完善森林生态效益补偿基金制度。深入研究森林、湿地、自然保护区生态效益补偿政策，完善重点生态功能区生态补偿机制，建立补偿标准动态调整机制。对生态区位极其重要、非国有的国家级公益林，探索建立由国家出资征收、赎买或置换的机制。完善生态补偿制度，逐步探索流域生态补偿、城市水源地生态补偿、水电矿产生态补偿、自然保护区生态补偿等方式，逐步建立以政府补偿为主、市场机制与社会捐赠相结合的生态补偿机制。六是加强林业生态补偿的针对性，鼓励各地在全国基本补偿标准的基础上，结合本地财力因地制宜制定针对不同生态产品的差别化补偿政策，结合森林质量、区位重要性、管护成本等因素，进行分类补偿。

（四）完善林权抵押贷款保障体系，降低处置风险

一是推进林业信息化建设，建立包括林权基础信息数据、权属登记等信息的综合电子化信息系统，及时更新林权抵押、流转等信息，并实现与金融机构的信息共享。二是鼓励通过专业的林权交易平台，开展林产品实物交易和林权转让交易，实现林业资产和资本的有序流动，确保抵押林权有效流通变现。三是满足林木采伐指标，对已抵押、登记的林权资产，林业部门要在年度采伐总限额中预留一定的采伐指标用于对抵押物的处置，在林权抵押贷款出现风险需要处理抵押物时，如果金融机构提出对抵押林权的依法处置措施，林业主管部门等要优先满足林木采伐指标。四是鼓励地方政府支持建立林权收储机制建设，支持各地林权收储机构建立收储网络，为林权抵押贷款提供反担保和对抵押林权提供托底收购等相关服务，当抵押人不便于处置抵押逾期的林权资产时，抵押双方可以在协调一致的基础上，将抵押的林权资产交由林权收储中心处理。五是鼓励联合社会力量建立由政府控股、参股的融资担保机构，为林业经营者融资提供低成本担保服务，鼓励、引导、规范民营担保机构为林业经营者提供担保。

（五）提高林农保险意识，提升保险服务水平

一是加大宣传，增强保险意识。各相关部门要充分利用电视、电台、广播、报刊、杂志、网络、手机等媒体，加大对政策性森林保险目的、意义、政策、程序以及对林农收益影响的宣传，通过印发宣传册（单）、发送短信、出动宣传车进行宣传，并以村组为单位开展培训，通过专业合作组织、承包大户、国有、集体林场、林业企业等的示范带动，不断增强广大林农的风险意识和保险意识。二是提高商品林保险补贴比例。进一步加大财政补贴支持力度，实施更优惠的财政补贴政策。建议公益林森林保险保费全部由中央和省级财政支付；进一步提高商品林中央和省级财政保费补贴比例，中央和省财政补贴比例应达到70%以上，林农和林业企业支付10%左右的保费，提高林农和林业企业自主投保积极性。三是实施差别性的森林保险财政补贴机制。对于生态重要但经济贫困的县市山区，公益林保险全部由中央财政和省级分担，商品林保险由中央和省级财政负担80%以上，减轻县市财政的压力。四是逐步提高保障标准。在依法合规、保本微利

的前提下，适度提高保额，促进保障标准的提升，特别是经济林和园林花卉，保额应与产量或经济收益挂钩，使森林保险对林农生产、生活起到真正保障作用，以提高森林保险的吸引力。五是拓宽保险范围，创新森林保险产品。进一步扩大保险范围，如把经济林、林木种苗、林下经济产品、护林员人身意外等纳入补贴范围。鼓励保险机构根据市场需求，设计富有地方特色经济林保险产品，以满足不同地域、不同林农的消费需求。六是简化理赔流程。对森林保险特别是公益林保险取消观察期要求，在依法合规的前提下，缩短理赔周期，完善理赔程序，提高理赔实效。创新理赔机制，建立由农业、林业、保险公司、农户代表组成的理赔、勘验小组，对重大理赔案件进行认定。

2016

集体林权制度改革监测报告

林权流转报告

监测概况

一、背 景

在全面完成明晰产权、承包到户改革目标的情况下，继续深化集体林权制度改革重要任务之一是全面提高集体林业经营水平和效益、实现集体林业适度规模经营[①]。十八届三中全会为破解集体林承包到户后林权细碎化、农户经营意愿和经营能力差别较大，很多农户承包林地经营粗放、效益低下等难题指明了改革方向。就是要充分发挥市场在资源配置中的决定性作用，通过林权流转把农户分散的林木资源及其承包的集体林地资源集中给有意愿、善经营的农户、大户或者新型主体进行适度规模的集约经营。与此同时，流出林权的农户则获得了增值的资产收益，实现农户、新型经营主体和国家的各方共赢。

按照报经国家统计部门备案的连续跟踪监测方案，2016年国家林业局经济发展研究中心继续对辽宁、福建、江西、湖南、云南、陕西和甘肃等7个省70个县（市）的林业部门、700个样本村和3500户固定样本农户上一年度林权流转行为进行了回访，掌握了有关县（市）、样本村和样本农户3个层次监测对象2015年林权流转的基本状况，主要监测结果如下。

二、概 况

（一）流转规模

监测数据显示，2015 年 70 个样本县累计流转林权 24746550.55 亩，较 2014 年增加了 4711457.94 亩。样本村累计流转林地 463603.40 亩，较 2014 年增加了 36391.20 亩。3500 户样本农户共流转林地 479 块、36379 亩；分别较 2014 年增加了 121 块、13584 亩，增幅分别为 59.59%、33.80%；流转林地分别占样本农户林地块数和经营林地总面积的 3.99% 和 12.31%。

连续监测数据（图2-1）显示，林改以来，样本县、村和农户3级林权流转交易总体日趋活跃。其中，县级流转交易规模保持稳定增长，样本村和农户流转交易波动增长。但样本村和样本农户流转交易的波动峰谷并不一致，样本村流转交易规模2011年和2014年各有一次较大幅度的下探，然后继续攀升；样本农户总体流转交易规模则在2012年和2014年分别有两次下降，之后继续保持增长。

① 张建龙，继续深化集体林权制度改革 全面提升集体林业经营发展水平，林业经济，2016No.1:4.

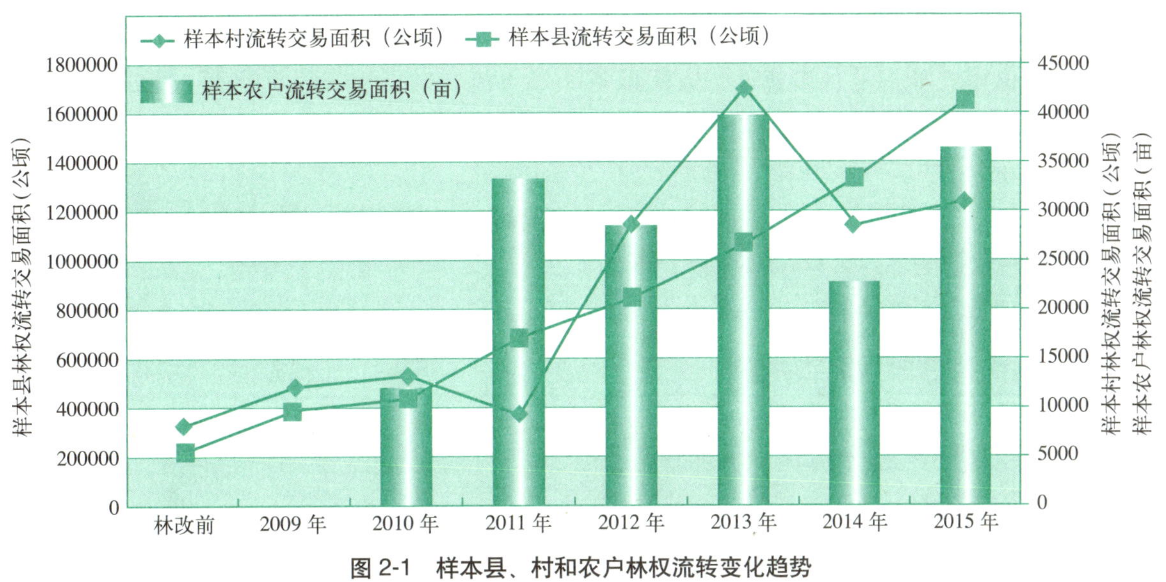

图 2-1　样本县、村和农户林权流转变化趋势

（二）流转活动省域差异显著

横向比较看，福建、江西、甘肃和辽宁样本农户林地流转交易相对其余3省更为活跃。2015年福建省样本农户流转林地面积占到了全部样本农户经营林地面积的32.23%，居各监测省份之首；江西为20.17%，甘肃为18.61%，辽宁为15.87%；湖南和云南均在10%以下；陕西则仅为0.68%。

纵向比较看，福建、江西和甘肃样本农户林地流转规模有较大幅度的扩大；样本农户流转林地占家庭经营林地总面积的比例相较2014年分别提高了14.82、12.92和12.78个百分点。辽宁样本农户林地流转规模有小幅增加，流转林地占家庭经营林地总面积比例较2014年提高了3.79个百分点。陕西和云南样本农户林地流转规模基本没有显著变化，流转林地占家庭经营林地总面积较2014年仅分别提高了0.18和0.79个百分点。而湖南样本农户林地流转活动则出现了大幅减少，流转林地占家庭经营林地总面积比例较2014年下降了11.67个百分点。特别值得关注的是湖南和甘肃两省样本农户林地流转活动形成了明显的对照，湖南流转规模大幅下降，而甘肃则大幅上升；从相对幅度变化看，湖南流转规模较2014年下降幅度为54.43%，甘肃较2014年增加幅度为219.25%。

（三）流转方向总体以流入为主

总体来看，与2014年相似，样本农户流转林地仍以流入为主，7省3500样本农户流入面积占家庭经营林地面积比例为7.95%，高于流出比例约3.59个百分点。尤其是具有经营传统的重点集体林区，如福建、江西和湖南，样本农户流入林地比例更是大大高于流出比例。福建省流入比例达到了25.69%，高出流出比例19.15个百分点；江西流入比例为17.69%，高出流出比例15.21个百分点；湖南流入比例为5.44%，高出流出比例1.11个百分点。其余甘肃、陕西、云南和辽宁4省则是以流出为主，流出比例均高于流入比例。其中，辽宁流出比例为9.20%，高出流入比例2.51个百分点；陕西流出比例为0.67%，高出流入比例0.66个百分点；云南流出比例为2.14%，高出流入比例0.31个百分点（表2-1）。其中特别值得关注的是甘肃省，一方面该省2015年流转规模较2014年翻了一番以上，但发生的流转交易全部为流出，流出比例达到了18.61%。

表 2-1 林地流转概况

省份	年份	林地			流入林地				流出林地			
		百亩	块数	块均亩数	百亩	%	块数	块均亩数	百亩	%	块数	块均亩数
辽宁	2014	377.03	1390	27.12	15.39	4.08	41	37.55	30.18	8.00	30	100.6
	2015	378.62	1398	27.08	25.32	6.69	34	74.47	34.83	9.20	26	133.96
福建	2014	319.40	1324	24.12	50.45	15.80	67	75.3	5.15	1.61	26	19.82
	2015	337.42	1206	27.98	86.68	25.69	54	160.52	22.07	6.54	29	76.1
江西	2014	510.45	2303	22.16	28.88	5.66	32	90.25	8.11	1.59	19	42.69
	2015	581.35	2375	24.48	102.82	17.69	65	158.18	14.43	2.48	39	37
湖南	2014	288.04	1959	14.70	54.23	18.83	33	164.34	7.51	2.61	37	20.29
	2015	241.81	2020	11.97	13.15	5.44	20	65.75	10.47	4.33	41	25.54
云南	2014	378.34	1797	21.05	6.84	1.81	7	97.77	6.14	1.62	23	26.69
	2015	375.17	1812	20.70	6.85	1.83	8	85.63	8.01	2.14	25	32.04
陕西	2014	855.77	1722	49.70	2.13	0.25	3	71	2.16	0.25	5	43.1
	2015	863.11	1731	49.86	0.08	0.01	1	8	5.79	0.67	9	64.33
甘肃	2014	184.85	1553	11.90	6.06	3.28	2	303	4.71	2.55	33	14.29
	2015	178.90	1447.5	12.36	0	0	0	0	33.29	18.61	129	25.81
总计	2014	2913.88	12048	24.19	163.98	5.63	185	88.64	63.96	2.20	173	36.97
	2015	2956.38	11989.5	24.66	234.9	7.95	182	129.78	128.89	4.36	298	43.25

（四）流转方式仍以转让、出租和转包为主

2015年，7个样本省的3500样本农户转让面积占到流转林地总面积的38.77%，出租面积占30.56%，转包面积占23.93%，3项合计占到流转总面积的93.26%。抵押、入股和其他流转方式只有零星发生，各自占流转总面积的比例均不超过4%，合计约为6.74%。流转方式分布总体情况与2014年基本一致（表2-2）。

各省之间比较看，辽宁、江西、福建和湖南四省流转方式相对较为多样化，流转方式均在4种及以上；云南、陕西和甘肃3省流转方式相对较为单一，并且云南和陕西两省流转绝对规模也相对较低，其中云南有少量的抵押、转让和出租流转活动，陕西是零星的转让和出租；甘肃流转绝对规模较2014年增速较快，但主要集中在出租一种流转方式上。

表 2-2 林地流转方式

亩

省份	年份	抵押		转让		出租		转包		入股		其他	
		转入	转出	转入	转出	转入	转出	转入	转出	转入	转出	转入	转出
辽宁	2014	2 (1)	20 (2)	1330 (29)	1474 (21)	60 (1)	14 (1)	137 (9)	1510 (6)	0	0	10 (1)	0
	2015	0	12 (1)	1534 (16)	3133 (18)	110 (2)	0	888 (16)	338 (7)	0	0	0	0

（续）

省份	年份	抵押		转让		出租		转包		入股		其他	
		转入	转出	转入	转出	转入	转出	转入	转出	转入	转出	转入	转出
福建	2014	0	0	809 (13)	92 (4)	637 (9)	373 (16)	916 (25)	11 (2)	615 (4)	0	2069 (16)	40 (4)
	2015	120 (1)	0	357 (14)	320 (11)	0	22.7 (5)	0	1850 (8)	0	0	0	13.8 (5)
江西	2014	0	0	1185 (15)	511 (9)	1613 (12)	172 (7)	90 (5)	118 (2)	0	0	0	10 (1)
	2015	0	0	0	54.8 (5)	0	574.8 (15)	0	552 (10)	0	176 (1)	0	153.9 (6)
湖南	2014	0	0	77 (2)	0	542 (14)	178 (13)	16 (4)	178 (5)	4080 (2)	61 (2)	708 (11)	394 (17)
	2015	0	0	0	250 (1)	0	156.9 (15)	0	178 (5)	0	68.45 (3)	0	393.7 (17)
云南	2014	0	0	684 (7)	420 (5)	0	56 (17)	0	0	0	0	0	0
	2015	0	138 (1)		409.3 (4)	0	252.4 (4)	0	0	0	0		0
陕西	2014	0	0	213 (3)	92 (3)	0	0	0	4 (1)	0	0	0	0
	2015	0	0	0	90 (2)	0	488.8 (7)	0	0	0	0	0	0
甘肃	2014	0	0	0	198 (18)	606 (2)	2 (1)	0	184 (7)	0	88 (7)	0	0
	2015	0	0	0	42 (1)	0	3273 (124)	0	13.8 (4)	0	0	0	0
总计	2014	2 (1)	20 (2)	4298 (69)	2787 (60)	3458 (38)	736 (55)	1159 (43)	2005 (23)	4695 (6)	149 (9)	2787 (28)	444 (22)
	2015	120 (1)	150 (2)	1891 (30)	4299.1 (42)	110 (2)	4769 (185)	888 (16)	2932 (34)	0	244.5 (4)	0	561.4 (28)

注：括号内为地块数。

（五）流转交易的林种以商品林为主

分林地类型看，商品林是各省样本农户流转交易的主体。以面积比例计，2015年样本农户家庭流转商品林面积占到了农户家庭经营商品林地总面积的18.63%，大大高于流转公益林的占比（图2-2）。分林种看，2015年用材林和其他林种的流转交易最为活跃，其中用材林流转交易的绝对规模位居各林种之首，但其他林种流转面积比例占据鳌头（表2-3）。

和2014年相比，除经济林流转交易相对下降外，各类型林地流转交易均有不同幅度的上升。其中其他类型林地交易增加幅度最大，交易面积占农户经营该类型林地面积比例较上年增加了12.36个百分点，商品林增加了7.13个百分点，竹林增加了5.59个百分点，用材林增加了4.75个百分点。公益林流转交易增长幅度相对较小，交易面积占农户经营该类型林地面积比例较2014年仅增加1.31个百分点。

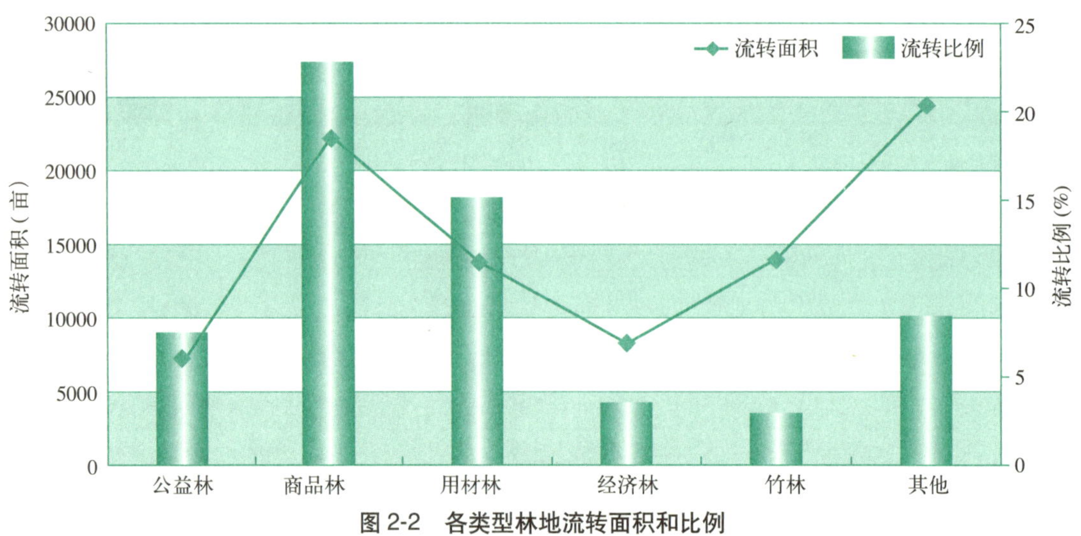

图 2-2　各类型林地流转面积和比例

表 2-3　各类型林地林权流转情况

亩

省份	年份	类型1				类型2							
		生态公益林		商品林		用材林		经济林		竹林		其他	
		转入	转出	转入	转出	转入	转出	转入	转出	转入	转出	转入	转出
辽宁	2014	921 (17)	2388 (17)	619 (24)	630 (13)	440 (17)	1105 (13)	179 (7)	125 (4)	0	0	921 (17)	1788 (13)
	2015	352 (11)	2559 (14)	2180 (23)	924 (12)	1919 (22)	3080 (17)	345 (4)	60 (2)	0	0	268 (8)	343 (7)
福建	2014	980 (7)	0	4065 (60)	515 (26)	4549 (45)	204 (14)	263 (11)	221 (8)	234 (11)	65 (1)	0	25 (3)
	2015	65 (2)	13 (5)	8602.5 (52)	2193.5 (24)	7215.5 (23)	314 (8)	893 (18)	169.5 (14)	559 (13)	17 (2)	0	1706 (5)
江西	2014	60 (2)	554 (3)	2829 (30)	257 (16)	1012 (10)	534 (8)	706 (8)	117 (4)	1127 (12)	160 (7)	42 (2)	0
	2015	1038 (6)	219.2 (3)	9244.4 (59)	1224 (36)	2054.5 (21)	555.1 (16)	1565.4 (17)	74.7 (6)	2002.5 (11)	792.4 (16)	4445 (14)	34.4 (1)
湖南	2014	78 (3)	326 (11)	5345 (30)	425 (26)	1098 (29)	451 (23)	4320 (3)	27 (4)	5 (1)	178 (5)	0	94 (5)
	2015	0	329.15 (12)	1315.13 (20)	717.82 (29)	995.13 (18)	473.68 (25)	320 (2)	309.79 (7)	0	178 (5)	0	85.5 (4)
云南	2014	0	544 (4)	684 (7)	70 (19)	673 (6)	204 (3)	11 (1)	410 (20)	0	0	0	0
	2015	0	599.6 (5)	783.69 (8)	201.1 (20)	772.69 (7)	359.6 (5)	11 (1)	440.1 (19)	0	0	0	1 (1)
陕西	2014	13 (2)	210 (3)	200 (1)	6 (2)	5 (1)	120 (1)	208 (2)	96 (4)	0	0	0	0
	2015	8 (1)	543.8 (8)	0	35 (1)	0	488.8 (7)	8 (1)	90 (2)	0	0	0	0
甘肃	2014	600 (1)	471 (33)	6 (1)	0	0	0	0	0	0	0	606 (2)	472 (33)
	2015	0	3294.6 (123)	0	34.4 (6)	0	0	0	26 (5)	0	0	0	3302.96 (124)

（续）

省份	年份	类型 1				类型 2							
		生态公益林		商品林		用材林		经济林		竹林		其他	
		转入	转出	转入	转出	转入	转出	转入	转出	转入	转出	转入	转出
流入总计	2014	2652 (32)	4493 (71)	13748 (153)	1903 (102)	7777 (108)	2618 (62)	5687 (32)	996 (44)	1366 (24)	403 (13)	1570 (21)	2379 (54)
	2015	1463 (20)	7558.3 (170)	22125.7 (162)	5329.8 (128)	12956.82 (91)	5271.18 (78)	3142.4 (43)	1170.09 (55)	2561.5 (24)	987.4 (23)	4713 (22)	5472.86 (142)
农户总计	2014	155250 (4935)		136138 (7113)		151561 (4945)		61766 (2685)		28965 (1364)		49097 (3054)	
	2015	152788.2 (4832)		147398.8 (7099)		157107.5 (5079)		61534.53 (2808)		30354.48 (1290)		49951.91 (2758)	
流转比例（%）	2014	1.71 (0.65)	2.89 (1.44)	10.1 (2.15)	1.4 (1.43)	5.13 (2.18)	1.73 (1.25)	9.21 (1.19)	1.61 (1.64)	4.71 (1.76)	1.39 (0.95)	3.2 (0.69)	4.84 (1.77)
	2015	0.96 (0.41)	4.95 (3.52)	15.01 (2.28)	3.62 (1.80)	8.25 (1.79)	3.36 (1.54)	5.11 (1.53)	1.90 (1.96)	8.44 (1.86)	3.25 (1.78)	9.44 (0.80)	10.96 (5.15)

注：括号内为地块数。

（六）村民间的林权流转上升并占主导地位

2015年样本农户间的林权流转仍以村民间的交易为主，本村村民间的交易占到了农户流转总规模的61.98%，加上与外村村民间的交易，村民间的流转交易占到了总流转规模的76.35%。与2014年相比，本村村民间的流转交易占总交易量的比例增加了大约8.9个百分点，与外村村民交易的比例增加了大约2.9个百分点，村民间的交易比例合计上升了11.8个百分点。同期流向合作社的面积比例则出现了大幅下降，交易面积比例较2014年减少了大约17.8个百分点，降幅达到了99.20%（图2-3）。流向城镇居民的交易面积也大幅减少，交易面积比例较2014年减少了大约4.45个百分点，但降幅达到了95.85%。

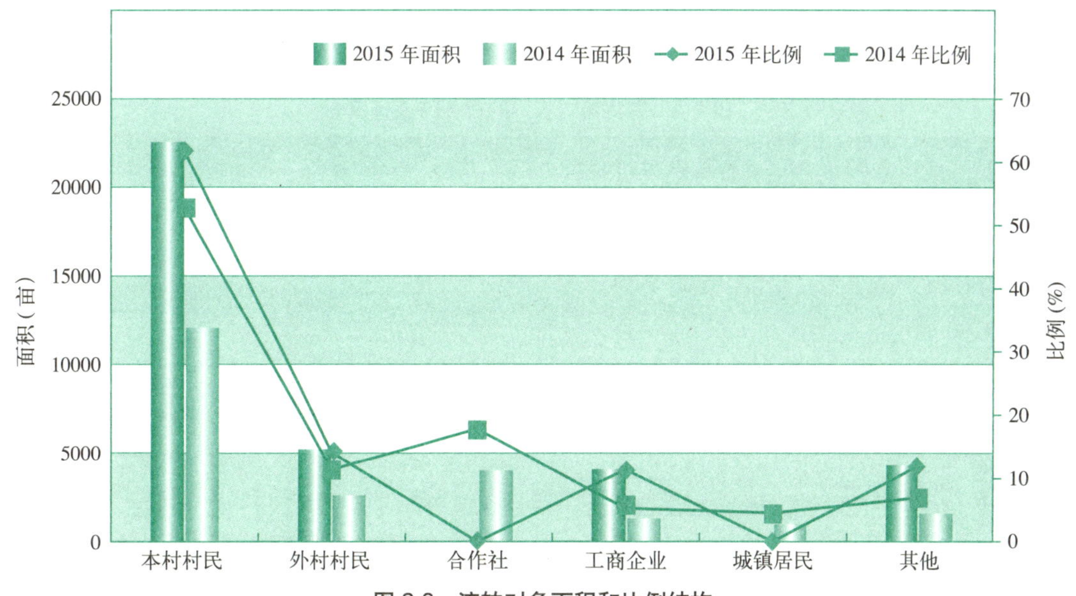

图 2-3 流转对象面积和比例结构

监测结果

一、流转意愿分析

（一）绝大部分农户不愿流转承包林地

2015年样本农户林权流转的意愿相比2014年没有显著变化，绝大部分农户不愿流转承包的林地，流转意愿总体很弱。全部样本农户中，2803户表示不愿进行林权流转，占全部样本农户的81%；仅有697户表示愿意进行林权流转，占全部样本农户的19%。

有流转意愿农户流转方式的偏好顺序和2014年基本一致，首选流转方式为出租，其次是转让和转包（图2-4）。

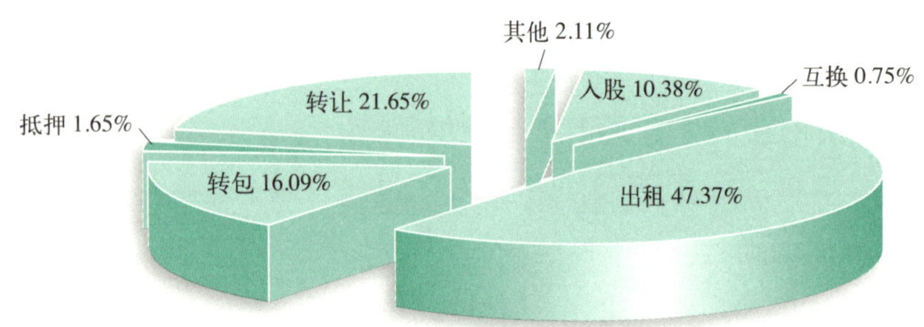

图 2-4　农户林地流转意愿方式

（二）有意流转林地的群体特征没有变化

调查数据（表2-4）显示，2015年有意流转林地农户的群体特征与2014年相比基本没有变化。想要流转林地农户户主年龄主要集中在51～60岁之间，初中及以下受教育程度的农户更倾向流转林地，家庭收入中等水平的农户更愿意流转林地，普通村民较村干部更倾向流转林地，以务农为主的农户比其他职业农户更乐于流转林地。

表 2-4　有意流转农户的群体特征情况

户

农户特征		无林地	流入	流出	无流转	合计	想要流转
户主年龄	30 岁以下	0	2	3	28	33	7
	31～40 岁	0	9	15	267	291	54
	41～50 岁	0	40	48	924	1012	195
	51～60 岁	0	32	60	1054	1146	226
	60 岁以上	0	14	48	958	1020	194
受教育水平	小学	0	21	69	1320	1410	242
	初中	0	49	77	1390	1516	306
	高中	0	21	24	456	501	108
	大学以上	0	6	4	60	70	20
收入在本村的地位	较高	0	4	35	615	654	139
	中等	0	66	123	2305	2494	468
	较低	0	27	16	307	350	67

（续）

农户特征		无林地	流入	流出	无流转	合计	想要流转
户主是否村干部	不是	0	54	131	2383	2568	479
	是	0	43	43	848	934	197
户主职业	务农	0	43	96	1995	2134	409
	务农兼打工	0	19	19	498	536	83
	务农兼工副业	0	18	10	188	216	39
	外出打工	0	0	18	187	205	54
	固定工资收入者	0	14	27	280	321	73
	其他	0	3	4	82	89	18

（三）政策宣传对农户流转动因有重要影响

驱动农户流转林地的首要原因是村组干部宣传，其次是缺乏劳动力，再次是急于用钱、缺乏生产资金和受别人流转行为的影响（图2-5）。和2014年调查数据相比，农户流转林权各种原因的相对排序发生了较明显的变化，村组干部宣传取代了急于用钱成为首要原因，表明政策宣传对农户行为有重要影响，如果能向农民充分解释政策，解除农民的有关误解和顾虑，农民的行为与国家政策导向还是有很大可能统一起来的。

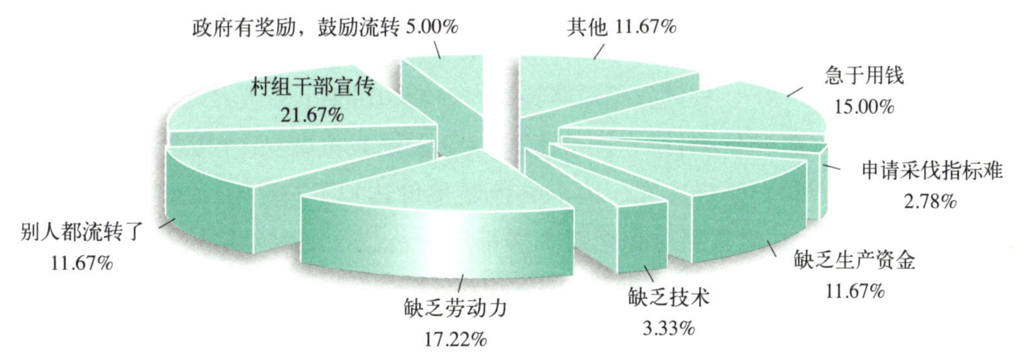

图 2-5　农户流转动因

二、流转价格分析

（一）样本农户林权流转价格总体有所下降，地区差异较大

项目仅在农户层面调查了林权流转交易价格，没有在样本县和村两级调查该指标。把3500户样本农户12块林地流转金额、流转面积和流转期限合格数据的样本农户作为有效样本，缺失上述任何一项均作为无效样本剔除，最后得到229户有效样本农户；随后分省分林种汇总有效样本农户12块地林权流转金额、流转面积和流转期限；进而用有效样本农户全部地块流转交易总金额除以流转总面积和总期限的乘积，即得到有效样本农户2015年林权流转的每年每亩的平均单价。

计算结果显示，各省样本农户各林种的林权流转交易价格存在明显差异。横向比较看，2015年公益林流转单价福建省最高，江西省次之，随后依次是陕西、湖南、云南、辽宁和甘肃；此外，省际之间差异也非常之大，福建和江西两省的平均单价是其余5省平均单价的21.14倍。2015年商品林流转单价云南省最高，辽宁次之，甘肃、湖南、陕西、福建和江西依次居后；商品林流转单价省际之间差异小于公益林单价差异，流转单价前两位的云南和辽宁两省平均值约为其余5省平均值的3.40倍（表2-5）。

表 2-5 不同林种流转价格

元/（亩·年）

省份	生态公益林		商品林	
	2014 年	2015 年	2014 年	2015 年
甘肃	0.75	—	11.42	1.69
陕西	7.00	1.03	—	0.33
云南	0.18	0.31	8.75	5.65
湖南	4.79	0.44	1.23	0.42
江西	9.23	6.14	0.55	0.18
福建	4.04	10.91	1.20	0.33
辽宁	0.64	0.23	0.53	2.07
均值	3.28	5.76	3.10	1.59

纵向比较（图2-6）看，福建省公益林流转价格2015年较2014年提高了6.87元/（亩·年），上涨了大约1.70倍；云南省较2014年提高了大约0.14元/（亩·年），涨幅大约为76.67%；其余各省公益林流转单价较2014年均有不同程度的下降，其中陕西省绝对降幅最大，较2014年下降了5.98元/（亩·年），甘肃省相对降幅最大，较2014年下降了大约99.71%。

2015年商品林流转价格除辽宁省较2014年大幅提高之外，其余各省则普遍下降（图2-7）。辽宁省2015年样本农户商品林流转单价达到了2.07元/（亩·年），较2014年提高了大约2.91倍。甘肃省绝对和相对降幅都居于首位，绝对价格较2014年下降了大约9.73元/（亩·年），相对降幅则达到了大约85.16%。

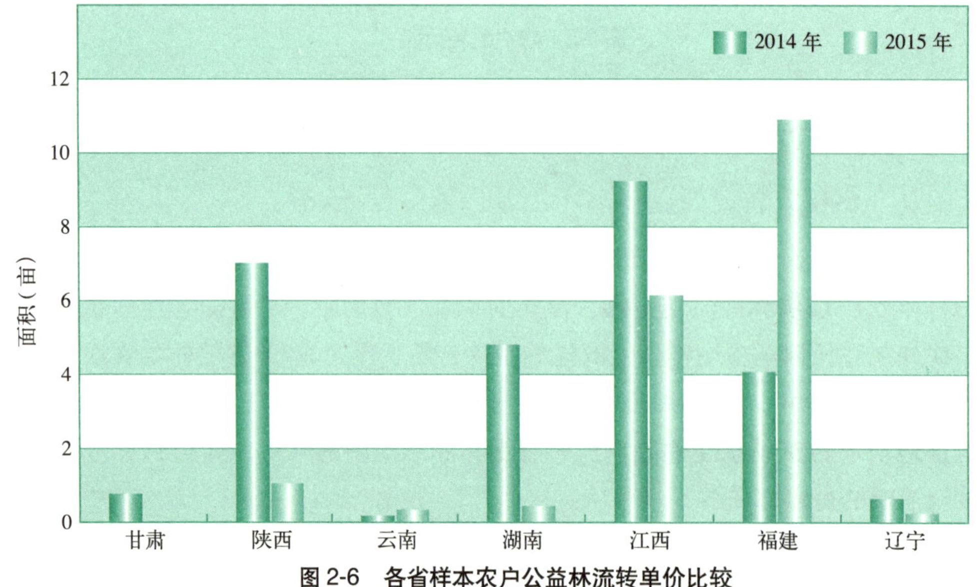

图 2-6 各省样本农户公益林流转单价比较

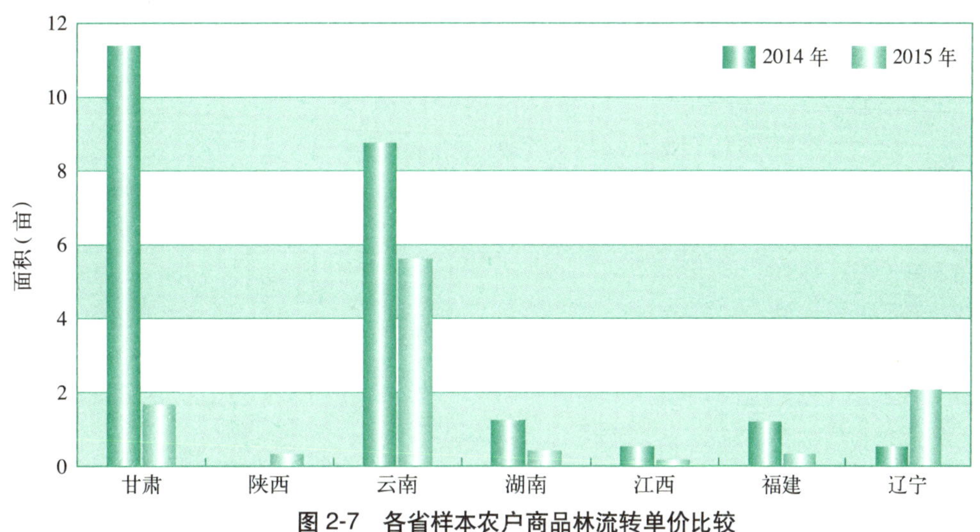

图 2-7　各省样本农户商品林流转单价比较

从各省平均情况看，公益林流转价格如果去除绝对涨幅超出总体平均水平太多的福建省，2015年其余6个样本省平均价格水平较2014年大约下降了2.41元/（亩·年）；商品林则7个样本省平均价格水平较2014年大约下降了1.51元/（亩·年）。总体来看，样本农户林权流转价格水平较2014年有所下降。

（二）工商企业转出林权价格低于村民间转出价格

监测数据（表2-6）显示，2014年和2015年连续两年，工商企业只有林权转出而没有林权转入。村民是各种流转对象的主体，因此把工商企业转出林权和村民间转出林权价格进行比较可以发现，总体上工商企业转出林权的价格都低于村民间转出的价格。

纵向比较看，2015年工商企业转出林权平均价格较2014年有所降低，本村村民间转出的价格有所上升，但外村村民的转出价格则明显下降。

表 2-6　村民和工商企业转出林权价格　　元/（亩·年）

省份	2015 本村村民	2015 外村村民	2015 工商企业	2014 本村村民	2014 外村村民	2014 工商企业
甘肃	12.59	14.47	0.00	—	—	0.02
陕西	—	—	1.03	—	—	14.29
云南	—	24.54	0.42	—	68.35	0.27
湖南	0.49	1.23	3.56	1.57	—	1.11
江西	2.27	0.08	1.00	1.57	2.78	2.05
福建	0.77	1.20	—	1.68	10.53	—
辽宁	1.50	4.06	—	1.70	1.09	—
均值	3.52	7.60	1.20	1.63	20.69	3.55

（三）自留山、退耕地和流转获取方式林地价值相对更高

从不同获取方式林地的流转交易价格（表2-7）看，2015年样本农户自留山、退耕地和通过流转方式获取林地的交易价格明显高于其他获取方式的林地交易价格，这显示了此三类林地价值也相对高于其他方式获取地块的林地价值。这与2014年原责任山确权、谁造谁有承包和流转方式获取林地交易价格相对较高略有变化，其中流转方式获取林地

的交易价格保持一致，但自留山和退耕地的相对交易价格取代了2014年原责任山确权、谁造谁有承包两种获取方式的地位。

表 2-7 不同获取方式流转价格

元 / （亩 · 年）

时间	流转价格	自留山	原责任山确权	"谁造谁有"	人均承包	招标拍卖承包	退耕地	流转	其他
2014 年	转入	5.14	15.91	12.11	3.39	3.19	5.40	2.97	6.25
	转出	2.16	30.63	17.17	3.56	0.87	—	12.00	20.37
2015 年	转入	14.14	1.80	—	2.90	2.73	—	1.89	1.74
	转出	0.90	2.38	2.25	2.89	4.48	20.02	13.33	1.21

（四）多数流转方式交易价格下降，入股方式资产估值较高

有效样本农户林权流转情况按流转方式分类统计结果（表2-8）显示，除了抵押方式，2015年样本农户其余各类流转方式交易价格较2014年整体有不同程度的下降；其中转入转出平均价格下降水平最大的是其他方式，其次是入股，接下来依次是转让、转包和出租。从各种流转方式交易价格相互比较关系看，2015年交易价格相对较高的分别是抵押和入股，这两种流转方式的平均价格是其余各种流转方式平均价格的3倍多。其中抵押可能主要是由于期限较短，计算的每年每亩单价相对较高。而入股一般都是长期交易，这表明该种流转方式对林权资产给出了较高的估值。从林农的角度看，这两类流转方式较高的交易价格也意味着样本农户可以从中获得更高的财产性收益或者融得更多的生产性资金；从金融机构和接受林权入股的企业或者专业合作组织的角度看，其之所以愿意并且能够向林农支付更高的价格，一定是基于其对林权资产的进一步运营或者林地经营效率做出的，进而表明其比流出林权的样本农户有更高的经营效率。这恰恰是国家鼓励社会资本进入林权流转领域的意义所在。

表 2-8 不同流转方式价格

元 / （亩 · 年）

时间	流转价格	流转方式					
		抵押	转让	出租	转包	入股	其他
2014 年	转入	6.86	14.30	1.80	3.27	15.37	2.45
	转出	0.33	2.16	5.23	8.16	—	17.57
	平均	3.60	8.23	3.51	5.71	15.37	10.01
2015 年	转入	—	2.26	1.37	1.02	9.74	1.11
	转出	8.19	5.66	5.18	2.00	6.26	2.54
	平均	8.19	3.96	3.28	1.51	8.00	1.83

（五）流转价格的影响因素分析

从理论上看，样本农户的个体及其家庭特征会影响其在流转交易中的议价能力，林地特征会影响林地的生产力，而相关的政策因素则会影响林地收益的实现程度，也会影响到林地承包经营权的安全性，这些都是流转交易双方在议定交易价格时会予以考虑的因素。因此，以样本农户2015年林权流转单价作为因变量，样本农户户主年龄、是否接受林业培训、是否是村干部、林业经营收入、有承包合同林地占家庭林地总面积的比

例、流转年限、用材林、经济林和竹林小计面积占家庭林地总面积的比例、商品林面积占家庭林地总面积的比例、非联户经营面积占家庭林地总面积的比例、有登记面积流转总面积的比例等作为自变量进行了线性回归。回归结果显示，有承包合同林地占家庭林地总面积的比例、流转年限、用材林、经济林和竹林小计面积占家庭林地总面积的比例、非联户经营面积占家庭林地总面积的比例等四个因素对样本农户流转价格水平具有显著性的影响。

专栏 2-1　流转价格影响因素的实证分析

流转价格 = 流转金额 / 流转年限 / 流转面积，因此样本农户 12 块林地，任何一块只要存在流转，其流转金额、年限、面积均不得为 0。7 省 3500 户样本农户符合上述条件的共有 229 户。家庭林业收入不服从正态分布，取对数后剔除了结果为 0 的部分样本，模型样本个数为 176。

使用 stata13 计量分析软件对数据进行处理后的返回结果如下：

Source	SS	df	MS			
				Number of obs	=	176
				F(10, 165)	=	20.4
Model	792.3803	10	79.23803	Prob > F	=	0
Residual	640.8735	165	3.884082	R-squared	=	0.5529
				Adj R-squared	=	0.5258
Total	1433.254	175	8.190022	Root MSE	=	1.9708

lnprice	Coef.	Std. Err.	t	P>t	[95% Conf.	Interval]
年龄	0.005983	0.015432	0.39	0.699	−0.02449	0.036452
是否接受林业培训	0.012453	0.326765	0.04	0.97	−0.63273	0.657632
是否是村干部	0.015307	0.339632	0.05	0.964	−0.65528	0.685891
林业经营收入	0.00699	0.07205	0.1	0.923	−0.13527	0.149248
有承包合同面积比	0.96593	0.433698	2.23	0.027	0.109617	1.822242
流转年限	−1.52696	0.234153	−6.52	0.000	−1.98928	−1.06464
用材林、经济林和竹林小计面积比	1.397697	0.477802	2.93	0.004	0.454303	2.341091
商品林面积比	−0.53265	0.402995	−1.32	0.188	−1.32834	0.263045
非联户经营面积比	0.771983	0.382951	2.02	0.045	0.015867	1.528098
有登记面积比	0.130856	0.333766	0.39	0.696	−0.52815	0.789859
_cons	4.558879	1.483431	3.07	0.002	1.629926	7.487833

三、流转经营分析

（一）流入和流出林权农户家庭林业经营支出差异显著

根据监测数据，将7省2015年有林权流转行为的273户样本农户分成两组，一组是净流出林地的178户，另一组是净流入的95户。以净流出农户样本组为基准类，与净流入农户样本组的家庭林业经营支出进行方差比较。分析结果显示，2015年净流入和净流出林权农户家庭林业经营支出存在统计学意义的显著差异。

进一步使用两样本非同方差的t检验对于流入和流出两类农户林业生产经营支出的总体均值进行检验。分析结果显示，净流入农户家庭林业经营支出在统计学上是显著高于净流出农户的。

以净流入农户家庭林业经营支出为因变量，流转期限、净流入面积、林种、林权证、联户承包和登记情况作为自变量进行线性回归的结果（专栏2-2）也佐证了上述判断。在各种因素中，农户的净流入面积对家庭林业经营支出具有显著性的影响，表明在其他条件一定的情况下，家庭净流入面积越大的农户，林业经营支出也越大。

以上多方面的分析，总体表明林权流转对优化集体林地资源的配置确实起到了积极的影响，林地开始从经营意愿或者能力不强的农户向有意愿、善经营和有能力的农户流转，并且转入林权的农户切实加大了经营投入，切实促进了集体经营集约程度和效率的提升。

专栏 2-2　净流入和净流出农户家庭林业经营支出的方差和回归分析

农户家庭林业经营支出概况

流入	Mean	Std. Dev.	Freq.
0	3887.4379	9276.5721	178
1	69096.947	225290.84	95
Total	26579.392	136253.5	273

Analysis of Variance

Source	SS	df	MS	F	Prob > F
Between groups	2.6339e+11	1	2.6339e+11	14.91	0.0001
Within groups	4.7863e+12	271	1.7662e+10		
Total	5.0497e+12	272	1.8565e+10		

Two-sample t test with unequal variances

Group	Obs	Mean	Std. Err.	Std. Dev.	[95% Conf.	Interval]
0	178	3887.438	695.3085	9276.572	2515.276	5259.599
1	95	69096.95	23114.35	225290.8	23202.86	114991
combined	273	26579.39	8246.437	136253.5	10344.44	42814.35
diff		−65209.51	23124.81		−111123.3	−19295.74
diff = mean(0) - mean(1)						t = -2.8199
Ho: diff = 0			Satterthwaite's degrees of freedom = 94.1702			
Ha: diff < 0			Ha: diff != 0			Ha: diff > 0
Pr(T < t) = 0.0029			Pr (|T| > |t|) = 0.0059			Pr(T > t) = 0.9971

线性回归的佐证：对净流入农户家庭林业经营支出以流转期限、净流入面积、林种、林权证、联户承包和登记情况作为自变量进行回归分析

计量模型：$y_i=A+B_1X_1+B_2X_2+B_3X_3+B_4X_4+B_5X_5+B_6X_6+B_7X_7+B_8X_8+B_9X_9+\mu$

（续）

其中：y_i 为净流入林权农户家庭林业生产经营支出，X_1 为流入林权的平均期限，X_2 为净流入面积，X_3 为流入商品林占家庭净流入林地面积比例，X_4 为流入用材林、经济林和竹林小计面积占家庭净流入面积比例，X_5 为流入人工林占家庭净流入林地面积比例，X_6 为有林权证流入面积占家庭净流入林地面积比例，X_7 为有承包合同流入面积占家庭净流入林地面积比例，X_8 为流入非联户林地占家庭净流入林地面积比例，X_9 为登记面积占家庭净流入林地面积比例。回归结果如下：

解释变量	Y	标准误
Averlimit（平均流转年限）	−36.11838	(545.75870)
Transinarea（净流入面积）)	269.44974***	(12.70768)
Comprop（商品林流转面积比）	−24058.23006	(35851.19729)
Threeprop（用材林、经济林、竹林面积比）	49255.91009	(37545.61269)
Manprop（人工林面积比）	32254.87517	(24004.98653)
Frcprop（有林权证面积比）	4283.58441	(20836.70024)
Conprop（有承包合同面积比）	2694.39142	(21551.64121)
Uncmfprop（非联户经营面积比）	−33430.29600	(21211.84824)
Regprop（登记面积比）	−30306.21599	(21179.44266)
Constant（常数）	−5841.66450	(27949.39677)
Observations（观察样本数）	104	
R-squared（R 平方）	0.83914	

（二）流入本村和外村林权的农户家庭林业经营支出不存在显著差异

样本农户林权流转的主要来源是本村和外村农户，从理论上说，流入本村村民的林地由于交通距离相对外村更为近便，甚至有可能和流入农户原有地块空间上相互邻接，因此经营上更为方便，农户对来自本村村民的流入林地经营投入也可能高于来自外村村民的林地。这个结果的答案与否，对于流转规范管理中如何指导林权流转的范围具有实际的参考意义。根据主要流入本村和外村村民林权的样本农户家庭林业经营支出的分组数据，进行家庭林业经营支出的方差分析可以帮助我们了解两组农户的经营投入是否存在统计学意义上的差异。

方差分析结果表明，流入本村、外村和其他来源林权的样本农户在家庭林业经营支出上没有统计学意义上的显著差别，这也就意味着，流入农户对各个来源的林地采取了较为统一的经营投入措施。

专栏 2-3 流入不同来源林权样本农户家庭林业经营支出的方差分析

对 2015 年净流入林权的样本农户根据其净流入林权来源对家庭林业生产经营支出分为 3 个样本组：

（续）

①净流入林权主要来自本村村民；②净流入林权主要来自外村村民；③净流入林权主要来自其他方面。以净流入外村村民林权样本组农户家庭林业经营支出作为基准类。

Number of obs	=	104	R-squared	=	0.0085
Root MSE	=	217198	Adj R-squared	=	-0.0111

Source	Partial SS	df	MS	F	Prob > F
Model	4.0997e+10	2	2.0498e+10	0.43	0.6488
transother	5.7403e+09	1	5.7403e+09	0.12	0.7279
transelse	3.8281e+10	1	3.8281e+10	0.81	0.3698
Total	4.8056e+12	103	4.6657e+10		

（三）出租流转方式对农户家庭林业经营投入激励效果显著

对净流入林权农户家庭林业经营支出按照流入形式进行分组并开展方差分析表明，主要通过出租方式流入林权农户的家庭林业经营支出较目前最主要的转让流转形式更为显著。这个结果可能主要的原因在于流转价款支付方式对转入农户经营投入的激励，因为转让的价款多为一次性或者分期支付，一方面这种流转方式会一次性占用流入农户的大量资金，在转入农户没有更便捷融资渠道的情况下，必然会挤占农户持续的经营投入资金份额；另一方面，采取这种流转方式的转入农户也可能是把流入林权作为保值性投资，本身也没有清晰的经营投入计划。而出租方式则要求转入农户每年都要支付一个稳定的租金，这一方面对农户经营投入资金挤占额度相对要小些，另一方面也会对农户每年的经营管理提供一个持续的激励，再者承租农户往往都会已经形成了一个比较清晰的经营计划，才可能去租赁林权，否则因为无法占有租赁期内林权资产及其自然增值部分，必然白白损失租金支出。从上述两方面的对比分析看，出租方式不论对流出农户持续获得林权的财产性收入，还是从激励流入农户尽快投入开展经营，提高集体森林资源的经营效率来看，都具有显著的优势。

专栏 2-4　不同流入方式样本农户家庭林业经营支出的方差分析

对 2015 年净流入林权的样本农户根据其净流入林权来源对家庭林业生产经营支出分为 7 个样本组：

A- 抵押，B- 转让，C- 出租，D- 转包，E- 互换，F- 入股，G- 其他。转让组为基准变量。

Number of obs	=	104	R-squared	=	0.0085
Root MSE	=	217198	Adj R-squared	=	-0.0111

（续）

Source	Partial SS	df	MS	F	Prob > F
Model	4.0997e+10	2	2.0498e+10	0.43	0.6488
transother	5.7403e+09	1	5.7403e+09	0.12	0.7279
transelse	3.8281e+10	1	3.8281e+10	0.81	0.3698
Total	4.8056e+12	103	4.6657e+10		

（四）流转资金投入林业比例上升

2015年农户流转资金主要用途较2014年投入林业的比例大幅提高，大约31.30%的流转农户将流转资金投入到了林业当中，较2014年增加了17.97个百分点（图2-8）。如果加上直接用于林业生产的比例，流转资金整体投向林业用途的比例达到了37.39%。大约30.43%的流转农户把流转资金投到了其他方向，但相较2014年，比例数下降了16.23个百分点。用于生意用途的流转资金较2014年也大约减少了6.89个百分点。流转资金使用增加的用途除了投入林业之外就是存起来，该项用途较2014年比例数增加了19.07个百分点。从变化的结构看，生意、其他方面的用途减少，使用流转的资金主要转到了林业和存起来两个方面。

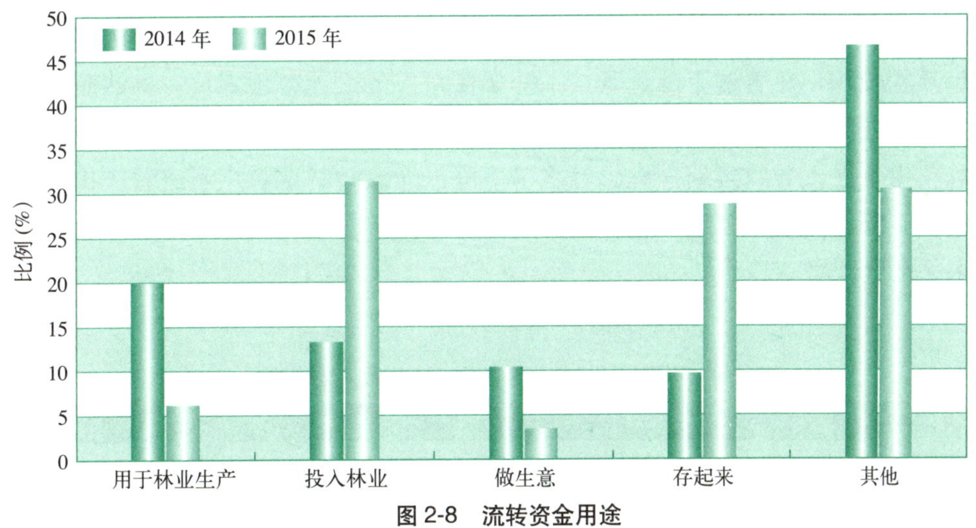

图 2-8　流转资金用途

（五）流转林地经济利用和储备用途增加

和上年情况相比，样本农户流转林地主要目标之一是开展经济利用，如发展经济林、用材林、林下经济等直接带来经济收入的用途。同时部分农户对于林地储备价值的认识进一步增强，主要表现在即使不知道具体用途、甚至是闲置，一部分农户也愿意流入林地。

从流转土地用途的结构（图2-9）比较看，2015年较2014年增加的用途包括闲置、发展林下经济和发展经济林；较2014年用途结构占比分别增加了8.93、5.11和5.75个百分点。减少的用途包括非林业用途、不知道和发展用材林，相应占比分别减少了5.97、4.14和9.68个百分点。

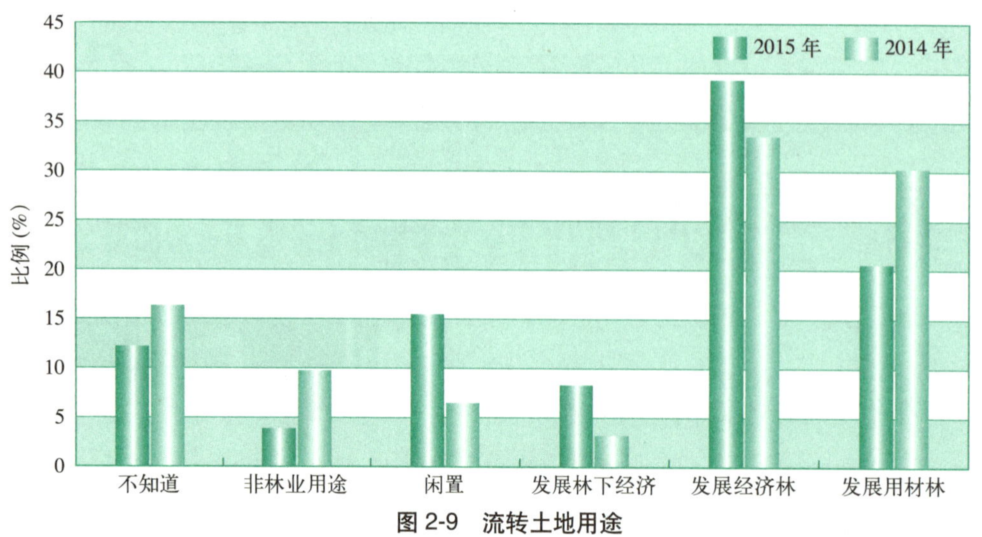

图 2-9 流转土地用途

四、流转农户生计分析

（一）流入林地农户生计水平获得了改善

2015年样本农户中流入林地的家庭生计水平普遍得到了改善。表2-9中各项数据是2015年样本农户家庭相应收支项目与2014年的比较结果，数字前负号表示该项收支水平下降，正号表明该项收支水平增加。从中可以看出，有林地流入农户2015年家庭总收入较2014年平均增加了7.78千元，家庭总支出平均增加了40.74千元。其他各类农户的家庭收入2015年相较2014年普遍下降，其中下降幅度最大的是无林地农户，其次是流出林地农户，第三是无流转林地农户；由于家庭收入减少，流出林地和无林地农户也普遍压缩了家庭总支出水平，导致当期家庭生计水平下降；无流转林地农户家庭总支出仍有小幅增长，但要么是通过消耗家庭储蓄、要么是通过负债实现的，无论怎样，都会进一步恶化家庭未来的生计潜力。

表 2-9 不同林地流转行为的农户家庭收入支出变化

千元

是否有流转	统计指标	非木质林产品	林业收入	家庭总收入	林业支出	家庭总支出
无流转	均值	−5.29	−1.03	−2.11	−0.96	1.91
有流入	均值	−14.20	22.47	7.78	51.66	40.74
有流出	均值	−2.08	−4.71	−19.03	−3.50	−9.20
无林地	均值	0.76	−78.72	−115.91	−78.22	−111.02

（二）流入林地农户家庭负债水平扩大，生计潜力改善

从表2-9中还可以看出，2015年样本农户中流入林地家庭的平均年度负债水平为32.96千元，大大高于其他各类型农户家庭。但这种债务水平可能非常大程度来自于流入林地的价款支付，这种负债如果在短期家庭承受范围内，流入林地经济效益逐步发挥出来以后，家庭的生计水平自然获得改善。可以说，这种负债更多体现为对家庭生计潜力改善的生产投资。

五、流转满意度分析

（一）流转交易价格满意度进一步提高

流转交易价格相比2014年有较大幅度提升的同时，农户对流转交易价格的满意度相应提高（图2-10）。2015年样本户对流转交易价格表示满意的比例提高到32.37%，相较2014年提高了15.1个百分点；满意程度一般比例为12.16%，相较2014年提高了3.15个百分点。但同时样本农户对流转交易价格不满意的比例也有所提高，达到了9.07%，相较2014年提高了4.42个百分点。2015年，态度不明朗，即选择回答不好说农户的比例大幅下降，具体占比为46.39%，相较2014年下降了22.67个百分点。

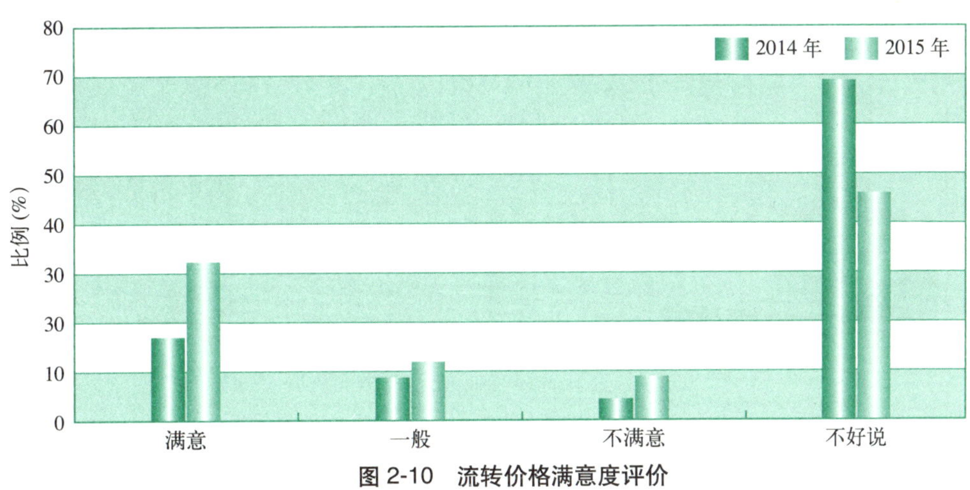

图 2-10 流转价格满意度评价

（二）对流出林地满意度有所下降

2015年样本农户对已流出林地的满意度较2014年有所下降，感觉挺满意的农户比例为43.70%，较2014年下降了12.63个百分点。同时对流出林地感觉后悔的农户比例也有所下降，对流出林地感到后悔农户占有林地流转行为农户的比例为17.41%，较2014年下降了9.35个百分点。选择回答不好说的农户比例达到了38.89%，较2014年上升了21.99个百分点（图2-11）。

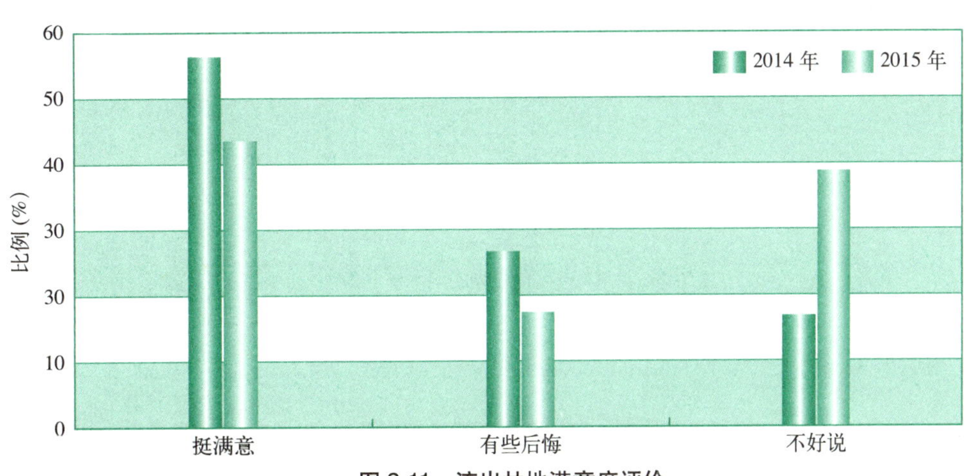

图 2-11 流出林地满意度评价

（三）对流转费用和程序满意度双双提高

2015年样本农户对流转费用和流转程序满意度双双提高。对流转费用满意的农户比例为31.62%，较2014年提高13.83个百分点；一般的为15.20%，较去年提高7.54个百分点；不满意的为2.46%，较2014年下降了0.38个百分点。对流转程序满意的农户比例为35.20%，较2014年提高17.30个百分点；一般的为12.22%，较2014年提高4.03个百分点；不满意的为3.52%，较2014年下降了0.60个百分点（图2-12）。

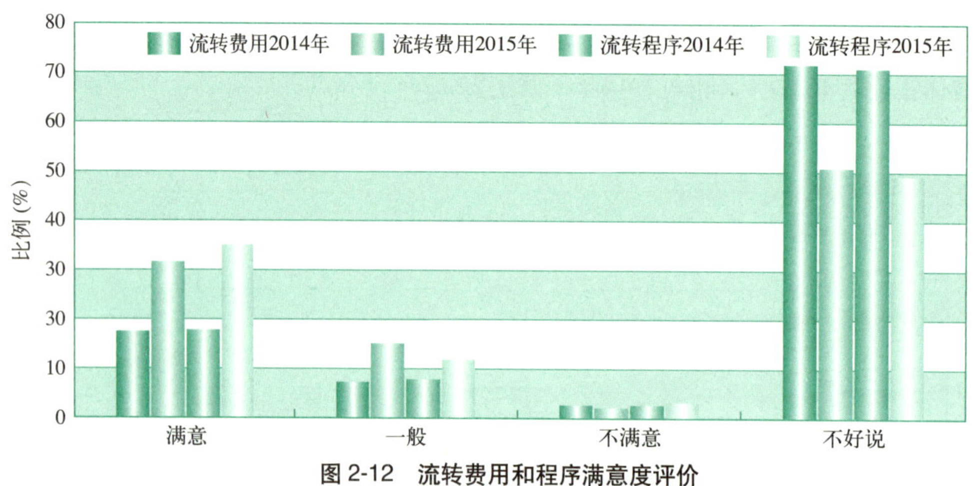

图 2-12　流转费用和程序满意度评价

（四）对流转信息获取满意度有所下降

2015年样本农户对获取流转信息满意度有所下降。不论从全部农户还是分别愿意或不愿意流转农户，其对流转信息获取的满意度都有所下降。就全部样本农户看，认为很容易获取流转信息的农户占比为8.40%，较2014年下降了5.1个百分点；认为获取信息比较难的农户比例为30.40%，较2014年提高了2.9个百分点；认为很难的农户比例为18.00%，较2014年提高了2.6个百分点（图2-13）。

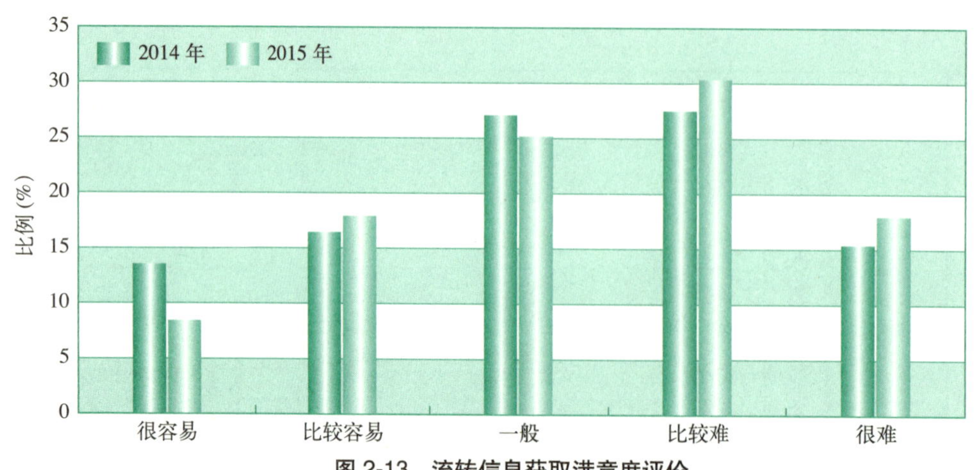

图 2-13　流转信息获取满意度评价

问题与建议

一、存在的问题

（一）流转绝对规模仍然较小，森林资源配置效率改善潜力巨大

虽然监测项目实施以来，样本农户林权流转保持波动增长趋势，但流转林权的绝对规模占农户家庭林地面积的比例一直在低位徘徊。以流转绝对规模最高的2015年样本农户监测数据（图2-14）来看，7省样本农户流转林权面积占家庭经营林地面积比例的平均值大约为12.34%，最低的陕西省仅有0.68%，最高的福建省为32.23%。由此看出，目前只有少量林地通过流转实现了配置的优化调整，大量林地仍然处于初始承包到户的沉淀状态，没有进入流转市场，进一步通过深化流转机制改革，集体森林资源配置效率仍然存在巨大的改善潜力。

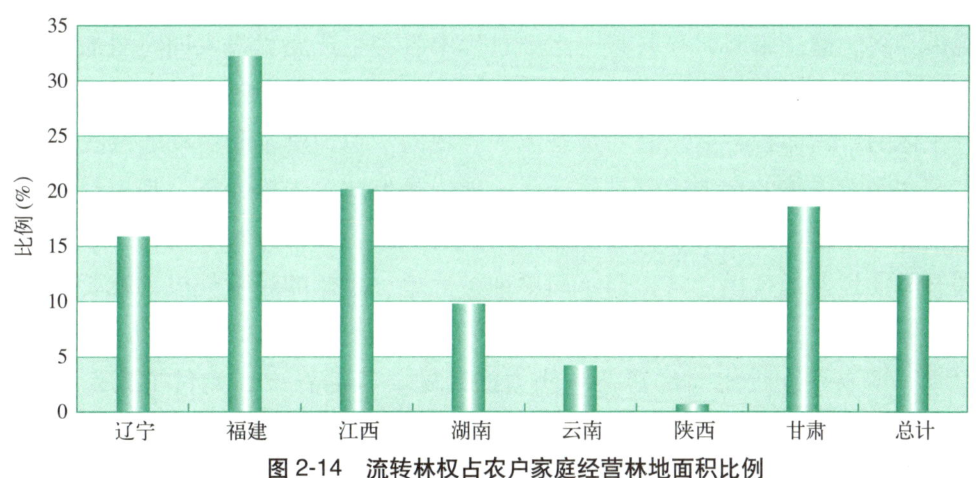

图 2-14 流转林权占农户家庭经营林地面积比例

（二）工商企业显示退出持有集体林权的迹象

样本农户林权流转方向的分析数据显示，工商企业林权流转方向以流出为主，除了江西省的工商企业2014年流入了323亩的林地外，2014年和2015年连续两年，7个样本省的工商企业林权流转都是以流出为主。2015年7个样本省的工商企业累计流出林地4 177.17亩，流入数量为零。此外，从流转价格看，7省工商企业2014年和2015年流出林权的平均价格明显低于农户间、农户和合作社或者其他主体之间的交易价格，较低的流出价格也很难用工商企业早期流入林权获利回吐进入流转市场来解释，显示出工商企业似乎有低价抛售林权的迹象。

（三）农户对流转后资源保护满意度下降

2014年半数以上有流转行为的样本农户对流转林地的资源保护情况感到满意，但2015年该项满意度出现了大幅下滑，满意度只有31.83%，较2014年下降了24.96个百分点（图2-15）。

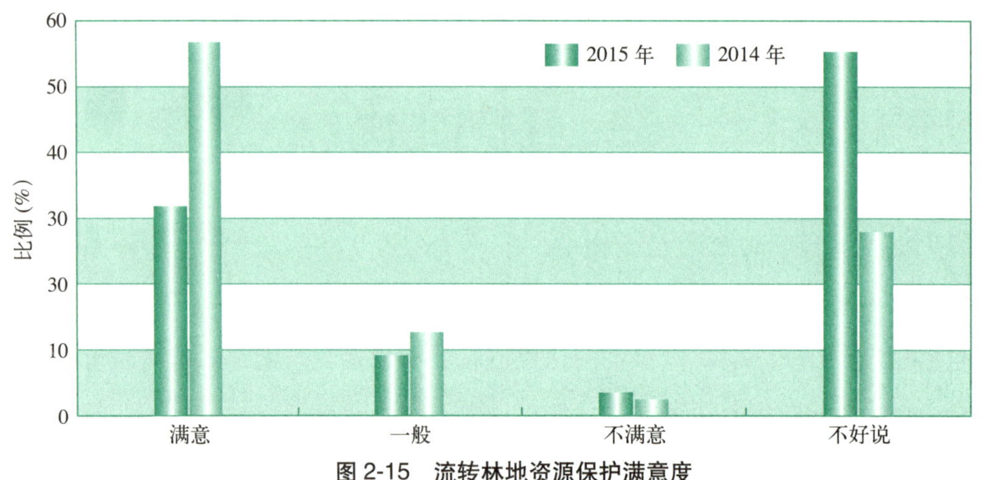

图 2-15 流转林地资源保护满意度

（四）流入林地农户的持续经营能力堪忧

通过林权流转实现集体林业的适度规模经营和能否形成规模经济是两个不同的概念，不是简单把林地集中起来由某个大户或者新型经营主体实施经营就能产生规模经济。从规模经济的概念来看，只有某一生产过程中各种生产要素投入同时增加，并且产出增加幅度大于投入增加幅度，才存在所谓的规模经济。如果通过流转只是单纯增加某一个经营主体的经营面积，而没有对这些流入林地同步追加资本和劳动的投入，只能说是扩大了某些经营主体的林地经营规模，而不能说是形成了规模经济。规模经济是投入产出比较关系的概念，适度规模经营是经营面积的概念。如果流转林地真正想要达到的目标是提升林业经营的规模经济，而不简单地扩大单一主体的经营规模，就要通过流转增加大户和新型经营主体经营面积的同时，还要促进经营户对流入林地扩大投入。

这对于一般农户就提出了经营投入实力的问题。普通农户在支付了流入林地价款后，是否还有能力，或者有融资渠道去获取对流入林地的经营投入资金？如果农户的自有资金有限，流入林地的集约经营就很难实现。现实中，不少农户流入林地后不采取任何新增经营投入，只是作为林地资产储备或者回答说不知道该进一步采取何种经营用途的农户，也许就是这种情况的反映。2015年流入林地农户的平均家庭支出都有较大幅度的增长，林业支出也有所增长，但由于林业经营的长期性，投资回收期也较长，如果没有适当的引导政策，农户的经营投入就只会投向期限短、见效快的经济林、林下经济和竹林等林种和经营项目，这对于森林资源的培育和森林综合利用效益的提升将是不利的。

二、建议

（一）“明晰和稳定产权”仍应作为综合深化改革的重点进一步巩固

“有恒产者方有恒心”，如果对资产不能建立稳定的权利预期，资产持有人就不会对该项资产的长期合理经营利用、促进资产长期保值具有动力，当然更不会采取长期的经营投入。如果资产持有人，对该项资产的权利预期是短期的，认为一段时间后，该项资产的权利配置就会发生变化，对该项资产没有稳定的安全感，必然在经营利用方面采取短期化的行为，一味攫取资产的短期收益，甚至不惜以损害资产的长期收益能力为代价。由于我国集体林权自新中国成立以来不到70年即发生了5次重大的调整，本次集体林权制度改革因此也被称为“第五次林业确权”，林农对林权的长期安全感尚未建立。在此背景下，如果简单通过行政干预推动林权流转，可能会从两个方面影响林农对产权的长期稳定预期，并出现一些短期行为。一部分农户担心未来林权政策有变，急于流转套现，从而出现低价贱卖的现象，等到流转价格上涨之后，就产生后悔的心态；另一方面，流入方也可能因为对政策变化的担心，流入林地后主要采取短线经营，尽量在流转经营期内实现投资收益最大化，而不愿顾及林地长期持续、综合产出能力的维护投入。这样既不利于农村林区的社会稳定，长期也不利于集体森林资源经营效益的发挥和提升。

因此，各级林业部门要对林权流转工作的长期性有充分的思想认识，把工作重心继续放在产权明晰和稳定的长期基础工作方面，通过夯实产权明晰和稳定的基础，彻底给农民吃上定心丸，进而通过市场价格机制逐步引导林农开展流转，这样才能充分发挥林权流转的资源动态配置效率和改善作用。

（二）开展工商企业参与林权流转动因的专项调查

工商企业因其高度的组织化程度，较强的资本融通、市场开拓能力和专业的经营团队，在实施集体森林资源规模经营方面相比农户的自然人经营具有突出的比较优势，也是进一步深化林权流转改革时重点的流转参与对象。要针对监测发现工商企业退出集体林权持有和经营的迹象进一步加强监测和调研，从工商企业和农户两个方面弄清工商企业流出林权的动因，从而采取有针对性的调整、引导和扶持政策。

（三）加快建设林权流转的开放信息交易平台

林权流转主要是市场行为，价格机制是市场引导资源配置的核心机制，但价格的发现和形成有赖供需双方之间便捷低成本的充分信息。如果供需双方不能充分掌握对方的林权资产状况和需求信息，就没有可能进一步协商并达成交易。监测实践中大量农户也反映获取流转信息较为困难。因此，林业部门在狠抓明晰和稳定产权的前提下，尽快建立区域和全国层次开放式的林业产权交易基础信息平台，借助现代物联网技术手段，打通供需双方关于待交易林权资产物理状态和买家需求信息不对称的状态，扩大林权流转交易的信息共享范围。允许林农自主通过该信息平台进行注册登录，上传拟流转林权的基础信息和图片、提出自己的报价；潜在的卖家则可以通过便捷的平台检索提取自己中意的林权信息，并可以通过该平台沟通价格，达成交易。

2016

集体林权制度改革监测报告

林地托管报告

林地托管是林地流转的一种形式，是指在依法、自愿、有偿的前提下，部分不愿意或无力经营林地的林农，将林地及其附着物以合同或协议方式来约定双方权责利，委托给林业大户、家庭林场、合作社或企业代为经营管理并进行合理收益分配的社会化服务形式。是在坚持林地集体所有权不变、林农土地承包权不变、林农经营主体地位不变、林农受益主体不变的前提下，由受托主体如林业大户、家庭林场、合作社、企业等接受集体或农户委托，对山林实行统一经营管理的林业社会化服务形式。

浙江省作为我国集体林权制度改革的先行省份，20 世纪 80 年代初，全省开展了林业“三定”工作，将原属于集体统一经营的林地以“自留山”和“责任山”的形式分配给农户，林地出现了细碎化现象。2006 年后开始的新一轮集体林权制度改革促进了产权主体的多元化，同时也进一步加剧了林地的细碎化进程，林地细碎化成为制约浙江现代林业发展的重要因素。从 20 世纪 90 年代开始，为了推动林业的适度规模经营，全省各地积极推进林地、林木资源的流转，采取转让、互换、转包、租赁、入股、托管等多种方式进行流转，其中“林地托管”成为众多流转形式中的典型。

林地托管作为新兴的林地流转模式和经营方式，主要出现在浙江省丽水地区的龙泉市，龙泉市是浙江省最大的林区县（市），林业用地 398.5 万亩，有林地面积 381 万亩，森林覆盖率 84.2%，林木蓄积量 1910 万立方米，素有“浙南林海”之称。近年来，该市把集体林权制度改革作为发展绿色经济，推进转型升级，破解“三农”问题的重大举措来抓，先后荣获“全国首个农村林业改革发展试验示范基地”“全国集体林权制度改革先进典型县”“全国集体林业综合改革试验示范区”等国家级金名片。在 2014 年全国两会上，龙泉的做法受到了李克强总理的肯定，著名经济学家厉以宁到龙泉专题调研时，也充分肯定了龙泉市林权流转和林业金融工作，并希望进一步加大林地流转探索力度，继续走在全国前列。

林地托管在当地林业发展实践中取得了明显的成效，它不但能够优化山区林地资源配置，实现林地的规模化经营，提高林业生产效益，有效保护与提升森林资源质量，而且能够促进山区劳动力转移，增加山区农民的收入。为了及时掌握林地托管服务发展状况，分析不同类型林地托管的特点与差异，及其取得的成效与存在问题，进而提出相应的政策建议，本课题组于 2016 年 7 月，以浙江省龙泉市为对象，分别对不同类型的林地受托方（包括林业大户、家庭林场、农民林业专业合作社、林业企业各 1 家）和 70 个林地托管方（均为农户）进行了专题调研。林地受托方采用关键信息人访谈和二手资料收集的方法进行，访谈的主要内容包括受托方基本情况、受托的时间及期限、受托林地的来源和林地资源特征、托管双方的利益分配、受托后的开发利用情况及其遇到的困难等；林地托管方采用问卷调查的方法进行，调研的主要内容包括农户户主基本信息、农户家庭人口及劳动力情况、山林面积、家庭收入及来源、对林地托管的评价等。

林地托管概况

林地托管是龙泉市山区农户解决人地矛盾的创新性林地流转方式，有其产生的背景和发展历程，也离不开政府的政策支持。

一、林地托管产生的背景

（一）林权改革导致林地细碎化，不利于规模经营

1981 年开始，浙江省开展了“稳定山权林权、划定自留山和确定林业生产责任制”的林业“三定”工作，截止到 1986 年，全省共有自留山 1773 万亩，占集体山林的 22%，确定责任山 3751 万亩，占集体山林的 45%，全省共有 67% 的集体山林已到户经营，形成了家庭经营为主，统分结合的双层经营体制。后经历了 1989 年的完善林业生产责任制和 2006 年开始的延长山林承包期等改革过程，于 2007 年 8 月基本完成新一轮集体林权制度的主体改革任务。新一轮林权制度改革后，浙江省林地确权到户率为 99.66%，林权证发证到户率为 98.18%；全省有 77% 的集体山林到户经营；其中，自留山 2200 万亩，占 27%，责任山 4156 万亩，占 50%，集体统管山 1900 万亩，占 23%。林权改革使农户获得了自主经营的山林，但出于“公平”起见，全省在进行集体山林分配时，往往根据林种和树种的不同、林子质量的好坏、离村庄距离远近、交通条件好差等按劳力或人口“平均”分配，从而导致山林细碎化程度较高，“一山多主”和“一主多山”的现象普遍存在，不利于林业规模经营。

（二）农村劳动力向城市转移，大量山林疏于管理

随着工业化、城镇化进程的不断加快，农村大量劳动力向城市转移，林区农户对林业生产的直接依赖性开始减弱，部分农户对林业生产经营的投入与管理逐渐弱化，许多山林疏于管理，导致林相差或面临盗伐等风险，对林业生产经营产生负面影响，也不利于森林资源的保护与质量提升。与此同时，部分留在农村且有林业经营能力的农户，希望能够集中更多林地资源，实现规模化经营，提高林业经营产出。因此，林地托管作为一种新型的林地流转模式与经营方式，顺应需要应运而生。

二、林地托管的发展历程

20 世纪 80 年代初，龙泉开展了林业“三定”工作，80% 以上的集体山林承包到户，明晰了林业产权，形成以家庭经营为主的林业经营体制。山林、农田便成了当地农民生活来源的全部。随着改革开放的不断深入，看到一部分人走上了致富奔小康的道路，龙泉不少农民已无心守着那点“吃得饱、富不了”的山林。外出务工经商的农民日益增加，

造成山林无人看管，还有部分农民因不善经营或缺乏资金，山林处于半荒芜状态，林业的经济与生态效益难以充分发挥。“山林没人管是不行的。我不忍心看着山林荒废，就想替他们管起来。”20世纪90年代初，道太乡王庄村农民周水其左思右想，冒出了代管山林的想法，开启了林地托管的先河。周水其代管山林以后，聘请当地有丰富造林经验的农民组成造林专业队，解决了托管的山林失管的问题，加快了荒山的绿化进程，提高了林地生产力。周水其的成功激起了一些外来投资商和有实力的农民开办山林托管业务的念头，被当地人称为“林保姆”的山林托管专业户应运而生。

进入到21世纪，随着山林承包期的延长，林业产权的进一步明晰，农民吃了定心丸，加上政府对林地托管等林地流转的政策扶持，龙泉市参与山林托管的主体日益多样化，从起初的以专业大户为主，逐渐发展成为以专业大户、龙头企业、农民林业专业合作社、家庭林场等为主。林地托管的队伍日益壮大，托管的面积也越来越大，截至2016年6月，全市累计林权流转面积104.95万亩，流转率达26.9%，其中林地托管面积达27万多亩，占林权流转总面积的25.7%。形成了以“林保姆”为特色的托管型、股份式企业型、租赁式林业综合开发型、农民专业合作型等多种新型林业市场主体。

三、林地托管相关支持政策

自20世纪90年代开始，龙泉市委、市政府针对如何在分山的基础上做好统筹山林发展的问题，改变规模小、效益低、零星经营的传统林业经营模式，提出了“加快山林流转，加大山林流转，优化山林流转”的工作目标。随着“林保姆”现象的出现，龙泉市从规范操作等方面入手，按照民办、民管、民受益的原则，引导农民走上规范化联合经营的路子。2007年，龙泉市政府提出把“开展林业综合发展改革试点工作，进一步完善森林、林木、林地流转机制，放活林权，推广‘林保姆’做法，积极引导群众规模经营、集约生产”作为政府工作的主要任务。

随后，龙泉市出台政策鼓励土地流转，为林地流转提供良好的外部条件。对流入方给予每亩50元的财政补助。建立林权管理中心、林权交易中心等林权服务平台，为林地流转提供一站式服务。积极开展林权抵押贷款和林业政策性保险（火灾险和林木综合险），截止2016年6月，累计发放林权抵押贷款4.1万笔59.8亿元，贷款余额7724笔8.79亿元。在全国率先试行林地经营权流转证制度，并出台实施《林地经营权流转证管理办法（试行）》，解决托管林地的林权抵押贷款和林木采伐等问题。

林地托管的类型和特点比较

随着林地托管的有序发展，不同经营主体逐渐成为林地托管的受托主体，林地托管类型渐次增加，呈现出了林业大户受托型、家庭林场受托型、农民林业专业合作社受托型和林业企业受托型等多种托管类型。

一、林地托管的类型

林地托管服务可以从不同视角进行分类，本研究主要按照受托主体不同，将其分为林业大户受托型、家庭林场受托型、农民林业专业合作社受托型和林业企业受托型4类。

（一）林业大户受托型

林业大户受托型林地托管是指以林业大户为受托主体，林业大户就近接受周边乡村

专栏3-1　林业大户受托型案例

受访人周水其，男，62岁，高中文化，龙泉市道太乡王庄村人。曾在部队服役4年，回乡后，一直致力于林业建设，是全国绿色小康户、浙江省林业示范户、龙泉市绿色家庭。早在1988－1989年，周水其除了经营好自家集体分配的400多亩山林外，还承包了本村农户的两片山林，面积为125亩。1995年起率先接受林地托管，目前与合作伙伴一起接受托管林地2.1万余亩，其中生态公益林面积近2000亩。

20世纪80年代初的林业“三定”政策使农民获得了自主经营的山林，激发了农民经营林业的积极性，在中央〔1985〕1号文件和木材高价格的激励下，许多农民伐木卖钱，看着山上的林木越来越少，身为党员的周水其决定把村民们的责任山进行托管，在山上造林育林。1995年开始，周水其一家一户地联系村民，说服不在当地就业的村民将林地托管给他经营。开始的时候，周水其口头约定接受农户的林地托管，为确保双方权益，1999年起与当地托管主体签订《山林托管协议书》。1999－2006年，他分别与龙泉市、云和县共3个乡镇17个行政村的132户农户、部分村民小组等签订合同，受托的山林主要为阔叶林、用材林和采伐迹地。山林托管协议书内容包括托管山林坐落土名、四至、起止年限、双方的权利与义务等，托管期限以20年为主，也有长至30年的，均约定每隔10年片伐1次，主要采伐杂木用作薪柴或菇木，扣除正常的经营成本，收益时托管双方按净利润五五分成。

周水其自托管林地以来，大部分的精力都花在山林上，春季造林、补苗，夏季巡护，秋季抚育，冬季防火。自托管山林以来，共营造了杉松阔混交林1200多亩。由于托管的林木越来越多，他长期聘请了6名管理人员，同时还季节性地请人上山劳动。

当前遇到的问题。①政策变化导致山林无法皆伐获益。2004年以来，浙江省全面实施生态公益林保护，周水其受托的山林基本为紧水滩水库库区防护林，原先约定的10年采伐1次无法实施。②约定期限太短，大部分山林托管期限为20年，目前仅余下约3年时间，如果期限长至50年，可考虑开发森林旅游。③采伐指标难以落实。原先营造的用材林被划为生态公益林，其中国家级276亩、省级900多亩，这些林分只允许实施不超过25%强度的间伐，增加了采伐作业成本，降低了营利可能性。

集体及农户的委托，对他们的林地及附着物进行管理的林地托管形式。该形式是龙泉市林地托管的最主要形式。

（二）家庭林场受托型

家庭林场受托型林地托管的雏形起源于20世纪80年代林业“三定”后的林业承包大户，自2011年后，部分林业承包大户工商登记注册为家庭林场。浙江省现有家庭林场1294家，一般以租赁形式获得林地经营权，以林地托管的形式获得林地并工商登记注册为家庭林场的主要集中在龙泉市。

专栏3-2 家庭林场受托型案例

受访人王俊，男，48岁，初中文化，道太乡大白岸村人，2011年注册龙泉市俊兰山油茶家庭林场。经商起家，后致力于林业经营，自有山林90亩，承包杉木林320亩，现有受托林地1135亩，均种植油茶；兼承包山地开发、土地复垦等项目。

最早进行森林流转是1997年，当时有一很偏僻的山村，与外界无公路连接而村里又苦于无经济实力修路，于是提出只要帮他们村把道路修通，就将该村720亩山林归修路者经营，并可以在新修道路上收费，收费标准为每吨木材或薪柴20元，收费期限约定为10年。720亩山林中，400亩杉阔混交林的流转期限为15年，320亩杉木人工林的流转期限为60年。当时他修了长7.6千米、宽3.5米的毛坯路，总计投入68万元。但由于木材和薪柴采伐量的下降，道路收费的收入并不高。

2010年前后，浙江省鼓励发展油茶产业，2011年起，王俊先后在大白岸村、犁垟村、毛圩村，以60元/（亩·年）的价格获得托管采伐迹地105亩、200亩、200亩，托管期限分别为50年、40年和15年。另外，2013年在西坑下村以第一个五年30元/（亩·年）、第二个五年60元/（亩·年）、第三个五年78元/（亩·年）、一直递增到第八个五年200元/（亩·年）的价格，受托集体采伐迹地和疏林地400亩；一次性付清1200元/亩，获得农户林地230亩，托管期限均为40年。上述1135亩受托林地中，约一半是政府林地整理项目，政府已经完成土地整理的林地，造林加抚育的成本较低，约2500元/亩，另一半是林场自身整理的，带状整地成本较高，约4000元/亩。

托管林地经营过程中，他获得了龙泉市农林业主管部门的建设资金补助：管理用房9万元、晒场5.4万元、林道30万元；造林补助800元/亩，小计91.6万元；抚育补助300元/亩，小计34.35万元。累计获得各类补助资金170.35万元。由于托管时间较短，现在仍处于投资期，据林场主预测，油茶第六年进入初产期，第十一年进入盛产期，每年分别可获得净收入1000～2000元/亩、4000～5000元/亩，按中位数计算，每年净收入初产期为170余万元，盛产期为500余万元。

当前面临的主要问题：迄今为止，油茶林已累计投入资金500余万元，扣除各类财政补助，自投资已达300余万元，资金压力较大。

（三）农民林业专业合作社受托型

农民林业专业合作社（以下简称林农合作社）是在林业“三定”后，在林业家庭承包经营为主体的基础上，同类林产品的生产经营者或者同类林业生产经营服务的提供者、利用者，自愿联合、民主管理的互助性经济组织。林农合作社一般以核心成员为主要生产经营管理者，为林农合作社社员及周边农户提供林地托管服务。

专栏 3-3　农民林业专业合作社受托型案例

受访人龙泉市森兴营造林专业合作社（以下简称森兴合作社）理事长毛呈义。

森兴合作社筹建于 2007 年 7 月，9 月经龙泉市工商局登记注册，注册资金 20 万元，初始社员 182 人，现有社员 500 多人，经营山林面积最多达 1.36 万亩，现有山林面积 5000 余亩。是一个集林木基地建设、木材营销、绿化苗培育、苗木销售为一体的专业合作社。

森兴合作社是丽水市林业示范性专业合作社，其前身是龙泉市八都林产公司（以下简称八都林产）。林业“三定”以来，农户采伐林木后，大量山地抛荒。1990 年起，龙泉市政府提出“三年消灭荒山，五年绿化龙泉”。八都林产勇于担当，与集体或农户国乡合作利用世行贷款造林项目资金实施造林，主要做法是八都林产把集体或农户的采伐迹地托管过来，委托方主要来自八都镇、上垟、宝溪、竹垟 4 个乡镇 20 多个行政村 500 多户农户，托管林地共计 1.36 万亩，托管年限为 25 年，分成方式以三七分成为主，即扣除生产经营成本后，农户得三成，公司得七成。由于经营内容单一加上 2000 年前后木材市场不景气，2002 年 7 月，八都林产改制成龙泉市森兴林产有限公司（以下简称“森兴林产”）。2007 年，森兴林产牵头成立森兴合作社。

截至目前，1990 年以来托管的林地到期后，大部分农户或集体把托管的林地收回。第二轮林地托管面积仅为 3361 亩，托管期限为 40 年，仍然实行三七分成。加上第一轮托管尚未到期的 2000 余亩，现有林地 5000 余亩，其中杉木人工用材林 3246 亩，红豆杉、木荷和拟赤杨混交林 689 亩，厚朴 145 亩，毛竹林 136 亩，苗圃 13 亩。预期到 2045 年合约到期，689 亩混交林，可采伐红豆杉 2 立方米 / 亩，木荷和拟赤杨 3 立方米 / 亩，按当前的市场价格，扣除生产成本，每亩可获利 6.48 万元，农户分成收入可达 19440 元 / 亩。

面临的主要问题：①可采林分仅余下 2000 余亩，由于林木经营周期长，伐后更新的森林均为幼龄林，今后很长一段时间将面临高抚育成本、低产出的困境。②由于集体和农户把到期后的山林索回，目前合作社经营的山林面积较少且不连片，增加了管护成本。

（四）林业企业受托型

林业企业受托型林地托管受益于企业的实力，往往管理能力强，经营比较规范。林业企业以其较为雄厚的资金实力和管理能力，往往能接受多区域的农户委托，为他们提供林地托管，托管的林地规模一般比较大。

专栏 3-4 林业企业受托型案例

受访人为浙江兴南林业发展有限公司（以下简称兴南林业）总经理王怡荣

兴南林业是目前龙泉股份式合作经营规模最大的“林保姆”。兴南林业成立于 2003 年 9 月，注册资本 500 万元。现有员工 21 人，经营的山林面积达 3.4 万亩，参与股份合作的农户超过 1100 户。该公司是单一从事造林、管护、采伐等林业生产过程的企业。

兴南林业前身是为消灭荒山而成立的龙泉市城南林产工业公司（以下简称“城南林产”），通过国乡合作，在 1989－1992 年获得托管林地 3.4 万余亩，托管林地约 80% 来自于农户，约 20% 来自于集体，涉及 3 ～ 4 个乡镇 6000 余户农户，以营造杉木和马尾松林为主。城南林产与农民达成协议，约定由城南林产负责经营，林木采伐收益按三七分成为主——林场得七成、农户得三成，也有部分是四六分成甚至五五分成的，主要分成依据是林分质量、林地质量和林地离道路的距离，托管期限一般为 25 ～ 30 年。2000 年前后，大量林分需要抚育但没产出，城南林产难以为继。2003 年实施企业改制，骆美强等人把企业转制成兴南林业。

在托管林地的过程中，公司聘请当地有威望或熟悉山林的人当护林员，长期护林员最多时可达 60 多人，森林抚育和采伐的劳动力主要来自附近的村民，劳动力的雇佣增加了当地农民的收入。2010 年前采伐的林地，农户可获收入 600 ～ 700 元 / 亩，近年由于木材价格的上涨，农户可获收入 2000 元 / 亩，林分质量好的林地，农户获得收入达 4000 元 / 亩。

当前面临的主要问题：①兴南林业托管的林地大量分布在交通要道如公路、高速公路等沿线，按现有政策，交通要道沿线不允许采伐，而兴南林业与村民小组或农户签订的协议最多还有 5 年就全部到期了，由于无法采伐，兴南林业和委托方均无法获得收益。②兴南林业经营的林地均来自托管，目前采伐的 1 万余亩林地中，续签托管的仅 1000 多亩。如果林木采伐后，农户和集体均把托管的林地收回，兴南林业的发展将受到极大的挑战。

二、林地托管类型的特点比较

林地托管随着林地流转市场的兴起而逐渐形成。农地托管目前正在悄然兴起，农户可遵循“进退自由，服务自选”的原则参与农业托管，但由于林业生产经营周期长，林地托管一般至少包括一个轮伐期，这是农地托管与林地托管最为主要的差异，同时林地托管服务过程中的不确定性也较大。表 3-1 为基于现有林地托管案例调研，对不同类型林地托管服务异同点进行比较分析。

（一）共性

一是利益共享与风险共担。作为一种松散型的经济组织，林地委托方与受托方之间

表 3-1 林地托管类型的比较

项目		林业大户	家庭林场	林农合作社	林业企业
共性	利益共享与风险共担	√	√	√	√
	有书面合约	√	√	√	√
	政策因素导致利益变化的约定不明确	√	√	√	√
差异	受托方能力	弱	弱	中	强
	委托方数量	少	少	中	多
	受托林地规模	小	小	中	大
	经营类型与服务	有林地管护为主	山地整理项目经营经济林为主	采伐迹地营造用材林为主	采伐迹地营造用材林为主

建立起了一种互惠互利的利益关系，无论是哪类受托主体类型的林地托管，多数采用双方友好协商基础上的净利润分成方式，无林地托管一般采用三七分成，有林地托管则根据林分、林地质量及离道路距离等进行五五或四六分成，较少采取定额租金或一次性买断的方式，显示出利益共享、风险共担的特点。

二是托管双方签订书面合约。大部分林地托管为受托方主动上门说服委托方托管林地，同时由于林业生产周期长，托管经营一般至少包括一个轮伐期，期间涉及的不确定因素较多，因此，林地托管时，能够签订书面的林地托管合同或托管协议，合同或协议中一般注明托管林地所处小地名或土名、四至界限、托管起止期限、利益分配方式、双方权利和义务关系等事项。总体来看，合同或协议的内容较为齐全，双方的责权利关系基本明确。

三是政策因素导致利益变化的约定不明确。近年来，林业政策不断变化，但合约中对政策因素导致利益变化的约定不清晰。如大部分合约对托管的林地被划入生态公益林后补偿金归受托方还是委托方所有、或者在两者之间如何分配等无明确的说明。再如大部分合同未对政策变化可能导致林木无法采伐等可能性进行预见，从而可能导致托管期限结束时没有任何收益，致使受托方只有造林管护等付出而没有任何回报，委托农户也没有获得任何收益，致使双方利益受损。

（二）差异

一是不同受托主体经营能力与托管林地规模有较大差异。目前，龙泉市林地托管根据受托主体的不同，可分为林业大户受托型、家庭林场受托型、农民林业专业合作社受托型，林业企业受托型。由于不同受托主体在资金实力、经营能力等方面存在较大差异，其托管林地的规模以及涉及委托的农户数量也有较大差异。具体而言，林业企业由于其经营能力强，资金相对充足，托管林地的规模大，涉及委托的农户数量也相应较多，委托方的数量可达几千户，托管林地的规模可达数万亩。其次是林农合作社，其经营能力、托管的林地规模和涉及委托的农户数量居中，委托方的数量一般为几百到上千户不等，托管林地的规模为几千亩到几万亩不等。再次是家庭林场和林业大户，其经营能力较弱，托管林地的规模相对较小，涉及委托的农户数量也较少，委托方的数量仅为几户到上百户不等，托管林地的规模仅为几十亩到上千亩不等，仅有少数托管的林地可达万亩及以上。

二是不同受托主体的经营类型与服务存在显著差异。由于不同经营主体自身实力的差异，在林地托管服务过程中，其经营类型与服务也存在明显不同。就调查样本来看，林业大户由于资金实力与自身经营能力有限，主要以托管有林地为主，并主要提供管护服务。而且农户一般是把经营管理不方便的远山托管给专业大户，而远山主要是以阔叶林为主的薪炭林，国家实施林业分类经营以后，这些山林大多数划为生态公益林。家庭林场作为近年来发展起来的新型林业经营主体，往往对政策较敏感，抓住了当前为确保耕地占补平衡，各地通过山地整理形成很多适宜经济林生产的带状坡地的机遇，因此家庭林场以通过林业项目支持，发展经济林经营为主。林农合作社与林业企业，由于资金实力相对较为雄厚，大多以托管无林地（采伐迹地）进行营造用材林为主。

林地托管的成效

林地托管作为实现林业规模经营重要的林地流转形式，已经成为促进龙泉市山区经济发展与加快新农村建设进程的重要力量。为充分地掌握林地托管成效、存在的问题和发展方向，项目组在林地托管区域进行典型案例调查的基础上，随机抽取了70个托管农户进行问卷调研。

一、托管农户基本情况

70个托管农户分布于道太、小梅、兰巨、八都等乡镇。样本农户户主基本特征见表3-2。户主平均年龄为56.3岁，大部分户主目前已回乡就业。户主年龄分布集中于50～70岁，占65.71%。户主受教育水平较低，均为初中以下文化程度，小学文化占60.32%。从就业情况来看，户主纯务农的占45.71%，以农为主兼打工占42.86%，无人长期外出打工。户主为党员占24.29%，村干部（含村民小组长）占25.71%。

表3-2 样本户户主信息

指标		农户数	占比（%）
年龄	≤40	2	2.8
	40～50	16	22.86
	50～60	24	34.28
	60～70	22	31.43
	＞70	6	8.6
受教育程度	小学	43	60.32
	初中	27	39.68
	高中	0	0
	大专及以上	0	0

（续）

指标		农户数	占比（%）
职业	务农	32	45.71
	务农兼打工	30	42.86
	务农兼工副业	7	10
	长期外出打工	0	0
	固定工资收入者	0	0
	其他	1	1.43
是否党员	是	17	24.29
	否	53	75.71
是否村干部	是	18	25.71
	否	52	74.29

托管农户家庭特征见表 3-3。可见，户均人口为 4.8 人，家庭劳动力占家庭人口比例为 66.7%。户均山林面积 87.36 亩，折合人均林地面积 18.2 亩，其中自营山林面积仅 38.52 亩，占 44.09%。家庭人均收入为 26116.98 元，家庭收入构成中，最主要的收入是家庭经营收入，占 62.16%，林业收入占家庭总收入的比重达 32.76%，说明农户对山林经营的依赖性还比较大。

表 3-3　托管农户家庭基本特征

指标	数量	比例（%）
户均人口（人）	4.8	
户均劳动力（人）	3.2	
户均山林面积（亩）	87.36	
其中自营山林面积（亩）	38.52	44.09
人均收入（元）	26116.98	
家庭总收入（元）	125361.48	
其中：家庭经营收入（元）	77925.51	62.16
工资性收入（元）	34084.41	27.19
财产性收入（元）	1503.33	1.20
转移性收入（元）	11848.23	9.45
其中：林业收入（元）	41063.85	32.76

二、林地托管的成效

从 70 户托管农户的调研情况来看，托管农户对林地托管总体满意度较高，满意和比较满意的占 91.43%，仅有 8.57% 的农户认为满意程度一般（表 3-4）。综合受托方的典型案例调研和托管农户的调研，林地托管成效主要体现在以下几个方面。

（一）森林资源得到合理利用与保护

一是森林资源得到了合理利用。林权改革带来的分山过细、一山多主、一主多山、部分山林离家过远等问题，造成林农管理山林的难度不断加大，并且部分山林得不到开发利用。如周水其受托管理的山林坐落在紧水滩水库上游，很多为库区移民的山林，库

表 3-4 托管农户对林地托管的评价

%

得分	5	4	3	2	1
托管满意与否	54.29	37.14	8.57	0.00	0.00
森林资源得到保护	80.00	20.00	0.00	0.00	0.00
林区秩序改善	35.71	64.29	0.00	0.00	0.00
经济收入增加	31.43	52.86	15.71	0.00	0.00
托管期满后是否要求收回林地	31.43	35.71	0.00	0.00	32.86

注：5 表示非常同意；4 表示比较同意；3 表示一般同意；2 表示不太同意；1 表示完全不同意。

区建成后，山林离移民家的距离至少几十千米，造成了管理困难。林地托管后，由林业大户、家庭林场、林农合作社或林业企业负责经营与管护，使山林资源得到了合理的开发利用，如林业大户周水其托管山林后，2001－2004 年期间共营造杉松阔混交林 1200 余亩，森兴合作社自接受林地托管以来，连续 7 年新造杉木人工林 3246 亩，营造珍贵树种红豆杉 300 余亩，厚朴 145 亩。**二是森林资源得到了有效保护。**林地托管在很大程度上解决了林地失管问题，使森林资源得到有效保护。目前龙泉市有受托主体 1000 余家，经营林地面积 70 余万亩，其中托管面积 27 万余亩。托管使原先单家独户分散经营的细碎林地集中连片，大大降低了管护成本，提高了土地利用的集约化、规模化经营水平。调查显示，100% 托管农户认为，经过受托主体的悉心管护，盗伐滥伐现象消失，林木茁壮成长，森林资源得到了有效保护。

（二）林区治安秩序明显改善

中央〔1985〕1 号文件第三项“进一步放宽山区、林区政策”明确规定“集体林区取消木材统购，开放木材市场，允许林农和集体的木材自由上市，实行议购议销。”全面放开集体林区木材市场后，由于农户疏于管理而林区木材销售容易，盗伐时有发生。据当地老农民回忆，盗伐情况严重时，每天大量拖拉机进入林区运输木材，农户敢怒不敢言。林地托管后，由于受托主体的精心管护，大大改善了这一状况。尤其是生态公益林政策实施以来，道路沿线、水库周边全面停止商业性采伐，目前托管区域林相完整，景观优美。被调查农户中“非常同意”和“比较同意”林区秩序改善的占比分别达 35.71% 和 64.29%。

（三）林区农民收入稳定增长

一是增加了农民的非农就业收入。林地托管后，由于托管农户无需再牵挂山林无人管护可能被盗伐，促进了农民外出务工经商，增加了农民的非农就业收入。**二是增加了农民的林业打工收入。**由于受托主体托管林地后，林业生产经营的各个环节均需要雇佣当地或周边有经验的林农，从而增加了当地林农的林业打工收入。如林业大户周水其受托林地中有 1000 余亩为荒山，周水其及其合作伙伴 2001－2004 年组织造林，用工价格从每工 25 元逐渐上涨到 45 元，按每亩造林投入 2 工计算，仅造林一项，为当地农民提供了 2000 多个工日的就业机会，增加收入 6 万余元；幼林抚育 3 年，抚育每年两次，每次按 1 工计，每年又为当地农民提供 2000 多工日的就业机会，又增加他们的工资性收入 6 万余元。而 2015 －2017 年的中龄林抚育间伐，每年需要投入约 1000 工日，按当前用工价格 150 元 / 工计算，每年为当地农民增收 15 万元。又如兴南林业每年至少就近安排 200

多个林农从事护林、抚育、采伐等作业，较好地解决了部分林农因林地托管而造成的劳动力剩余问题，增加了林农林业打工的工资性收入。**三是增加了托管农户的财产性收入。**委托农户把采伐迹地、无林地或幼龄林委托给受托方后，经过受托主体的开发利用，林木采伐后按比例分成，从而获得相应的财产性收益。如兴南林业，原来荒芜的林地披上绿装，近几年由于木材价格的上涨，每亩林地采伐农户至少可获 2000 元的收入，林分质量好的可获得 4000 元。调查显示：70 户农户中“非常同意”和“比较同意”经济收入增加的占比分别达 31.43% 和 52.86%。

（四）新型林业经营主体不断发展

林地资源，尤其是较大规模的林地资源是新型林业经营主体发展的基础条件，林地托管有效地解决了新型林业经营主体生产经营过程中林地资源短缺问题，实现了林业的规模化经营，优化了林地资源的配置，拓展了新型林业经营主体的发展空间，促进了新型林业经营主体的不断发展。据不完全统计，目前龙泉市涌现出各类新型林业经营主体 1380 个，林地经营面积 100.4 万亩，其中林地托管面积 27 万余亩，占新型林业经营主体经营林地总面积的 26.9%，可见林地托管已成为龙泉市新型林业经营主体经营林地资源的重要来源。新型林业经营主体中有林业大户 1141 家，林地经营面积 37 万亩；家庭林场 24 家，林地经营面积 2.4 万亩；林农合作社 167 家，林地经营面积 42 万亩；林业企业 48 家，林地经营面积 19 万亩。

（五）林业基础设施建设不断加强

长期以来，林业基础设施严重滞后，已经成为制约现代林业发展的重要因素，尤其是在当前劳动力成本不断攀升的形势下，这一问题尤为突出。林地托管后，在政府的支持下，受托主体投入了大量的资金，加快了林业基础设施建设，改善了林业的经营环境。近年来，龙泉市累计建设林道 3600 千米，其中由新型林业经营主体投资建设的林道就达 1900 千米，新型林业经营主体已成为了林道建设的主力军。如家庭林场主王俊自 1997 年森林流转开始，为当地村民修建了长约 7.6 千米、宽 3.5 米的毛坯路，总计投入 68 万元，大大改善了当地的交通状况；2011 年，接受林地托管后，修建林道 1.6 千米，修建管理用房 200 平方米，修建晒场 1260 平方米，林业基础设施的改善为家庭林场的油茶生产经营和采收晾晒提供了良好的设施和条件。

但是，**值得注意的是，大部分托管农户表示期满后不愿续托。**70 户被调查的农户，有 67.14% 的农户表示托管期满后要求收回托管的林地。究其原因，主要有两个方面：一是由于近年来我国宏观经济形势的不景气，同时随着在城市务工经商农民年龄的不断增长，第一代农民工纷纷返乡，而部分托管的林地也已经到期或即将到期，因此农户纷纷表示要收回托管的林地，下一轮不再继续托管。二是政策变化导致了农户对林业经营收益预期的改变。由于长时间的托管、受托方的精心管护，原先的低产低效林、幼龄林现已成林成材，但政府对生态公益林和阔叶林实施限伐的政策，原先托管的山林到了托管约定的采伐期限时并没有实施采伐，导致了农户对林业长远经营预期收益发生了改变，加之部分托管林地已经或即将到期，农户就顺势希望将林地收回。

林地托管的问题与建议

一、主要问题

（一）托管形式较为单一

目前，龙泉市林地托管的形式较为单一，基本上为“全托”模式（虽然兴南林业的林地托管名义上是股份合作形式，但实质上为“全托”模式），即由受托方负责造林、管护、采伐和销售等所有环节的全过程，而且是“收益型”全托模式，即有收益时，受托方与委托方按比例分成，或者由受托方向委托方提供定额的租金。这种单一的林地“全托”模式往往无法满足委托农户多样化的需求，同时“收益型”的全托模式采用按比例分成的分配方式，虽然一定程度上实现了“利益共享，风险共担，”但其收益完全取决于受托主体林业经营效益的高低，一旦受托主体经营管理不善或者遭遇风险，委托农户将直接遭受损失。另一方面，由于信息不对称、合约不完全，在委托农户与受托主体之间的委托——代理关系中容易产生道德风险和逆向选择，难以切实保障委托农户的收益权。

（二）政策变化导致利益受损

龙泉市托管的林地以用材林经营为主，但由于国家对林业主要经营目标的变更，大量生态重要区域的托管林地及其林分由原先的商品林划为生态公益林，即使没有被划为生态公益林，用材林中的阔叶林（尤其是道路沿线的）同样受到严格管制，致使合约中规定的采伐无法实施，因此托管双方的利益均难以实现。如专业大户周水其 1999 年托管的 7000 余亩林地中，90% 为阔叶树，现在规定不能采伐，另有受托的部分山林，原来约定每隔 10 年片伐 1 次，主要采伐杂木用作薪柴，但由于划入了生态公益林，不允许采伐薪柴，在当前薪柴价格大幅度上涨的情况下（1999 年薪柴价格为 70 元 / 吨，近些年上涨到 700 元 / 吨），双方利益的受损较为严重，政策上这一变化会影响到林地托管的可持续发展。

（三）合约安排有待进一步规范

虽然大多数林地托管均有书面的合约安排，合同的内容也比较齐全，但由于缺乏对政策和市场变化的预判，合约双方对林地托管的权责利安排的规范性有待提高。主要体现在：**一是合约期限长短不一。**调研中发现，龙泉市林地托管期限从 15 年到 50 年，期限安排长短不一。目前林地托管大多为“收益型”全托形式，期限太短不利于受托方的林业生产经营，期限太长会造成农户失去外出务工经商机会返乡后带来的失业问题。**二是政府补助资金在托管双方之间的分配约定不清晰。**近年来，政府对林业的扶持力度不断加大，生态公益林的补偿标准不断提高，补偿标准从 2004 年的 8 元 / 亩（其中损失性补助 5 元，护林人员劳务费 2.0 元，公共管护支出 1.0 元）提高到 2016 年的 35 元 / 亩（其中损失性补助 30 元，护林人员劳务费 3.5 元，公共管护支出 1.5 元），虽然有少部分林地托管约定了各类补助或补偿资金的分配与净利润分配一致，即受托方与委托方之间按五五分成、三七分成等，但大多数林地托管合约中并未对此作出明确的约定。

（四）受托主体的经营能力较弱

一是受托主体面临资金、人才等缺乏问题。目前龙泉市林地托管的受托主体包括专业大户、家庭林场、林农合作社及林业企业等新型林业经营主体，虽然林地托管后，新型林业经营主体得到了不断地发展，但总体来看，当地的新型林业经营主体发展还比较滞后，面临着资金、人才等缺乏的问题。虽然有部分受托主体获得了林权抵押贷款，如兴南林业自 2009 年开始获得林权抵押贷款，目前有贷款余额 1500 万元。但仍然存在着森林资源资产评估机构和人员缺乏、担保机构不健全、贷款程序复杂、贷款时间短等问题。**二是受托主体拓展市场的能力较弱。**大多数受托主体经营项目较为单一，市场拓展能力、组织带动能力和抵御风险的能力均较弱，导致了林地托管后，仅仅是开展简单的造林、抚育、管护、采伐等经营活动。如有些专业大户托管的林地被划入生态公益林以后，没有能依托良好的森林生态环境发展森林旅游业、发展林下经济等，致使林地托管陷入困境。又如森兴合作社和兴南林业，其经营全部依托农户和周边村集体托管的林地，经营的内容仅为造林、发展苗木和销售，缺乏多元化的服务项目和产品，自身实力较弱。因此，进一步提高托管林地经营效益的能力也较弱。

二、政策建议

林地托管是实现林地规模化、集约化经营，促进森林资源保护、林业产业发展和林区农民增收的有效载体。为促进林地托管健康发展，特提出如下建议。

（一）发展多样化的林地托管形式

借鉴农地托管的形式，在实践中可积极探索多样化的林地托管形式，在目前全托型林地托管形式的基础上，积极探索半托管服务模式和股份经营型托管模式。**一是“半托型”或“菜单式”托管模式。**主要针对家庭林业劳动力不足且愿意继续经营林地的农户，如家中常年仅有妇女、儿童和老人等，由农户根据自身需求选择服务项目（如造林，幼林抚育、采摘或林木砍伐等），受托主体完成具体任务后，农户验收并交纳相应的服务费。**二是“股份经营型”托管模式。**主要是针对受托主体是林农合作社和林业企业的情况，农户以林地入股，成为合作社或公司的股东，按合作社或公司的章程参与受托主体的运行、管理和监督，解决信息不对称造成的道德风险和逆向选择，实现真正的利益共享、风险共担，享受入股分红，使双方形成紧密的利益共同体。当然林地托管形式的选择，应充分尊重农民的意愿。

（二）保持政策的稳定性与连续性

一是实施生态公益林和阔叶林适度间伐或小面积片伐政策。生态公益林和用材林中的阔叶林限制性采伐政策，与林业经营主体自主经营的要求与愿望矛盾突出，极大地损害了托管双方的利益，给森林资源保护增加了很大的压力。经过十多年的封育，大量生态公益林出现了郁闭度过高、生长量下降等问题，导致了生态功能的下降。用材林中的阔叶林也容易产生一木独大而致使林分质量下降。林业政策应保持相对的稳定性与连续性，允许生态公益林和阔叶林的适度间伐或小面积片伐，既利于生态效益和景观价值的提升，又利于托管双方经济利益的实现。**二是实行受托方采伐指标单列政策。**改革现有的森林采伐计划分配和使用管理制度，实行受托方采伐指标计划单列政策。**三是探索生态公益林和阔叶林分类经营管理机制。**将生态公益林及阔叶林区分为“禁伐、可伐、可退”等类别，实施分类施策、分类管理，禁伐区实施委托方和受托方双重补偿，发展生态林业；可伐区实施合理间伐实现生态效益与经济效益的协同；可退区及时退出禁伐管理，注重民生，促进委托方和受托方经济利益的实现和经营积极性的提高，最终实现森林资源有效保护、林区经济持续发展和林农收入持续增长的美好愿景。

（三）加强对林地托管的规范管理

林地托管属于林地流转的一种形式，但是与其他林地流转形式相比，有它的特殊性。虽然浙江省已经出台了《浙江省林权流转与抵押管理办法》（浙江省政府令第 292 号），但是尚未制定专门的林地托管的管理办法。因此，应加强对林地托管的规范管理。**一是加强林地托管制度的建设。**包括对林地托管的原则、受托组织或个人应具备的条件、程序、方式、期限范围、监督、双方的权利和义务、风险保障、违约责任等作出明确的规定。**二是制定林地托管的标准化合同文本。**合同内容包括托管林地的名称、坐落、面积、托管期限、用途、双方的权利义务、收益分配方式、政府补助资金的分配等。将林地托管过程中双方因责权利关系不清或因划入生态公益林后补偿资金归属不清导致的纠纷减少到最低限度。确保签订一个规范的、严谨的、详尽的林地托管法律合同，保障“林地托管”模式的稳定健康发展。**三是建立林地托管的纠纷调处机制。**引导林地托管双方在尊重历史合约的前提下，通过充分协商修改完善原有合约。并在建立健全林地承包经营纠纷调解仲裁机制的基础上，建立林地托管纠纷调处机制。

（四）提升受托主体生产经营能力

一是财政应当加大对受托主体的支持力度。要完善财政投入机制，增加对受托主体的资金支持，资金支持的范围主要是用于林道等基础设施的建设。**二是完善林权抵押贷款政策。**积极发展林权抵押贷款，简化贷款程序、延长贷款期限、增加贷款贴息、降低贷款利率，解决受托主体生产经营中的资金困难。建立独立的森林资源评估机构，加快发展信用担保机构，完善林业大户、家庭林场、林农合作社、林业企业等的信用记录，重视信用等级评定，为开展林权抵押贷款提供良好的配套服务。**三是积极发展林业政策性保险。**优先扶持“林地托管”保险业务，同时引导受托主体将“托管”的林地全部投保，以防范可能出现的损失和风险。**四是加快培育新型职业农民。**要积极培育一支“有知识、懂技术、善经营、会管理”的新型职业农民，使其成为林地托管的重要受托主体。**五是增强受托主体自身实力。**要提高受托主体的林业生产经营管理水平，降低生产成本，提高经济效益，使委托农户得到比自己经营更高的收益，以提高农户林地托管的积极性。并且受托主体要拓展经营服务项目，积极发展森林旅游和林下经济、林产品加工业，延伸产业链，走多元化发展之路，成为有实力的市场经济主体，并增强其林地托管的能力和规模。

2016

集体林权制度改革监测报告

林权收储担保报告

监测概况

2008 年，中共中央国务院出台了《中共中央国务院关于全面推进集体林权制度改革的意见》，首次提出要推进林业投融资改革。2009 年，中国人民银行、财政部、银监会、保监会、国家林业局联合出台了《关于做好集体林权制度改革与林业发展金融服务工作的指导意见》，从切实加大对林业发展的有效信贷投入、积极探索建立森林保险体系等方面提出了发展林业金融服务的目标和要求。2013 年，中国银监会和国家林业局共同出台了《关于林权抵押贷款的实施意见》，明确了林权抵押贷款的抵押对象、抵押周期、抵押用途等多个问题。2015 中国银监会办公厅出台了《关于做好 2015 年农村金融服务工作的通知》，要求扩大林权抵押贷款规模。尽管如此，由于林木资产评估难、抵押林木监管难、贷款出险后处置难等问题，金融机构开展该业务时存在积极性不高、对林权抵押标的物多限制为近成熟用材林、要求抵押面积较大、手续繁琐、利息较高、周期较短等突出问题。

福建省作为林业大省和集体林权改革制度的重要发源地，一直在为破解林权抵押贷款的制约因素积极探索，先行先试。2013 年，福建省政府出台了《关于进一步深化集体林权制度改革的若干意见》，在全国省级层面首次提出鼓励有条件的市、县（区）林业投资公司成立林木收储中心，对农户林权抵押贷款进行担保，对出险的抵押林权进行收储，并对林木收储中心和林业担保机构为林农生产性贷款进行担保的，由省级财政按年度担保额的 1.6% 给予风险补偿。2015 年福建省政府出台了《关于推进林业改革发展加快生态文明先行示范区建设九条措施的通知》，进一步提出要优化林业金融服务，引导有条件的市、县（区）建立林木收储平台，推动林业资源向资本转化。2016 年福建省政府办公厅出台了《关于持续深化集体林权制度改革六条措施的通知》，明确提出要加快林权收储机构建设，有条件的设区市和重点林区县（市、区）都要成立林权收储机构，并规范林权收储机构管理，充分发挥收储、担保、服务等功能作用。提出到 2020 年，全省成立政府主导为主、规范有效运转的林权收储机构 50 个以上，实现重点林区全覆盖，有效防控金融风险。截至 2016 年 10 月底，福建省成立了 1 个省级林权收储担保中心、2 个地区级林权收储担保中心、34 个县（市）级林权收储担保中心。

2016 年 11 月，国务院办公厅出台的《国务院办公厅关于完善集体林权制度的意见》，明确提出建立健全林权抵押贷款制度，鼓励银行业金融机构积极推进林权抵押贷款业务，适度提高林权抵押率，推广“林权抵押 + 林权收储 + 森林保险”贷款模式和“企业申请、部门推荐、银行审批”运行机制，鼓励和引导市场主体对林权抵押贷款进行担保，并对出险的抵押林权进行收储。该文件的出台意味着福建省积极探索林权收储担保制度得到了中央政府的正式认同和推广。

本研究将选取福建省林权收储担保业务开展较好的南平市作为案例，运用对福建省国土厅、福建省林业厅、南平市林业局、顺昌县林业局、邵武市林业局等单位走访座谈会议记录和收集的二手数据资料，对林权收储担保业务的基本情况、运行方式进行分析介绍；对南平市已经为林权抵押贷款开展林权收储担保业务的顺昌县、建阳市、邵武市和建瓯市进行实证；在此基础上，总结林权收储担保业务所取得的成效和存在的问题，并就推进林权收储担保的发展提出政策建议。

实施机制

一、林权收储担保概念界定

林权收储担保是林权收储和林权担保两个概念的组合。林权收储是指对依法流转的森林、林木的所有权、使用权和林地使用权进行非竞争性收购的林权流转行为；林权担保是指担保方为借款人以自有或他人林权作为抵押物向金融机构申请抵押贷款提供（连带）保证责任的行为。因此，林权收储担保是指收储担保机构为林权抵押借款人提供连带保证责任业务，并对借款人未能按合同约定清偿债务的林木资产进行依法收储的行为。林权收储担保的核心业务是为林权抵押贷款提供担保服务，收储业务则仅在担保的林权抵押贷款出现信用违约时才可能发生。

二、南平市林权收储担保机构概况

截至 2016 年 10 月底，南平市共成立了 10 个林权收储担保中心。按照所有制进行分类：政府单独注资的 7 个，混合所有的 2 个，私营的 1 个；按照是否到工商部门注册为独立法人的进行分类：在工商部门登记为独立法人机构的 7 个，作为政府部门附属机构的 3 个；按照注册资金分类：100 万元以下的 1 个，100 万元及以上 500 万元以下的 1 个，500 万元及以上 1000 万元以下的 1 个，1000 万元及以上的 7 个；按照功能导向分类：政府主导的服务型收储担保机构 7 个，市场主导的盈利型收储担保机构 3 个。10 个收储担保机构中，实际开展林权收储担保业务的有 4 个，分别为顺昌县顺林林木收储中心、邵武富源林业发展有限公司、建阳鑫森林业担保有限公司、建瓯市绿瓯农林发展有限公司，这 4 家林权担保收储机构均是政府主导的服务型林权收储担保机构，当地林业局在林权收储担保机构的建立和业务开展中发挥主要作用。

三、南平市实施林权收储担保的具体做法

考虑到 6 家还未发生林权收储担保业务的林权收储担保机构其设定的运行机制、方式方法还未得到实施，本研究主要介绍南平市有林权收储担保业务的 4 家林权收储担保机构主要做法。

（一）林权收储担保机构兜底资产来源与构成

顺昌县顺林林木收储中心、邵武富源林业发展有限公司、建阳鑫森林业担保有限

公司、建瓯市绿瓯农林发展有限公司等4家有开展收储担保业务的收储担保机构均依托于当地的国有林场（采育场）或政府注资企业成立，其兜底资产均来自于当地国有资产，资产构成包括风险基金和国有林木资产。4个收储担保机构获得当地政府或国资办（局）的风险基金分别为500万元、1000万元、1000万元和1000万元，顺昌县进行兜底的国有林木资产估值高达12亿元。林权收储担保机构通过设立风险防范基金、国有林木资产进行兜底担保，由政府信用做背书，防控担保风险，让金融机构吃上定心丸，金融机构不再有后顾之忧，变得积极放贷。

（二）收储担保机构收入（费用）来源

南平市4县收储担保机构的收入来源包括三个部分：①林权收储担保机构收取的担保费：2016年福建省政府办公厅出台了《关于持续深化集体林权制度改革六条措施的通知》，明确林权收储、担保机构为林权抵押贷款提供担保的，可以按照人民银行同档次贷款基准利率的30%以下收取担保费，用于维持机构日常运行。如顺昌县按照抵押资产评估额的0.5‰／月收取担保费。②省级财政拨付的担保风险补偿金。福建省2016年出台的《福建省人民政府办公厅关于持续深化集体林权制度改革六条措施的通知》明确提出林木收储中心和林业担保机构为林农生产贷款提供担保的，由省级财政按年度担保额的1.6%给予风险补偿。获得的担保风险补偿金可直接由担保收储机构支配。③地方政府按年度担保额下拨的林业收储中心运营费用，如邵武市财政按年度担保额的1%下拨林业收储中心运营费用，节余部分转抵森林资源担保风险基金。④地方政府一次性注入的风险基金。风险基金尽管只能在担保收储的林权抵押贷款出现信用违约后偿付给银行，但却对于保障收储担保机构敢于开展收储担保业务、获得金融机构的信任具有重要作用。

（三）收储担保的主要做法与实施步骤

南平市林权收储担保的主要做法是：借款人以林权作为抵押物向金融机构申请贷款，金融机构在林权收储担保中心作为担保方的条件下将贷款发放给借款人；林权收储担保机构以借款人抵押的林权作为反担保物，在其指定的资产评估机构对抵押林权进行资产估价后，综合考虑确定担保金额，为借款人承担连带保证责任；借款人出现信贷违约后，金融机构有权要求林权收储机构偿还贷款本息，同时，林权收储机构有权根据反担保协议处置借款人名下的林权。

具体的实施步骤为：①借款人（林主）以林权做抵押向金融机构申请借款、向林权收储担保机构申请担保；②林权收储担保机构对抵押的林权证和贷款人的资信进行审查；③林权担保收储机构指定专业的评估机构对抵押的林木资产进行估值，将抵押林权作为反担保物并确定担保金额；④金融机构、林权收储担保机构、借贷人（抵押人）三（四）方签订担保借款合同，借款人与金融机构签订《抵押合同》和《借款合同》；⑤收储担保机构向林权管理中心申请林权抵押登记，并获得《林权抵押登记证明书》；⑥金融机构根据借款人提供的相关协议书发放贷款；⑦如若借款人按期还款，则被抵押林权解压，担保责任解除，若出现信用违约，在担保收储机构代偿违约本息后，抵押林权由收储担

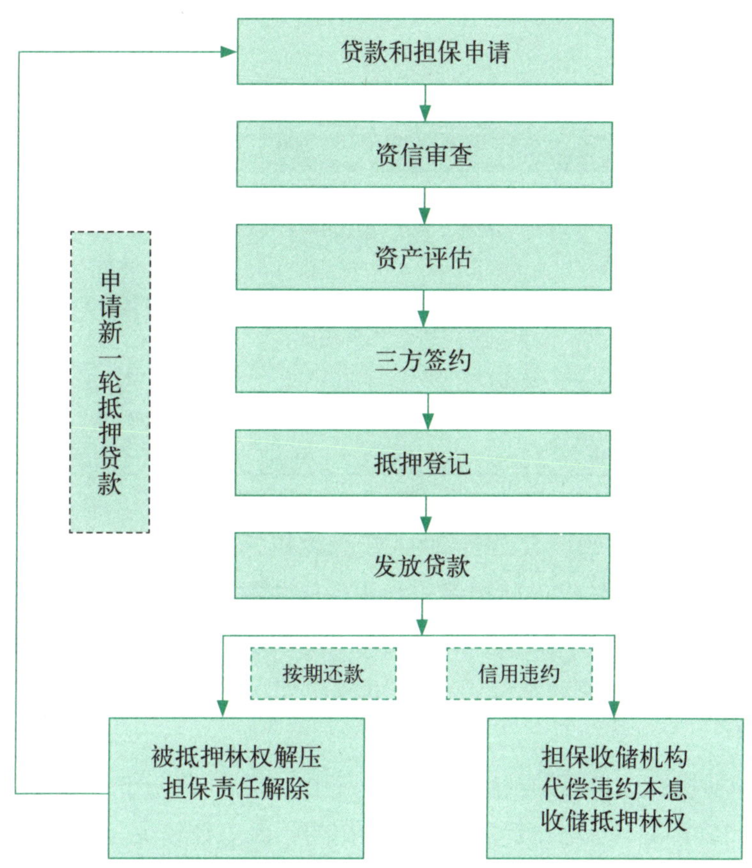

图 4-1　林权收储担保流程

保机构进行处置，处置方式包括按照借款人、抵押人和收储担保机构（事先）协商的价格直接收购、公开拍卖等（图 4-1）。

区别于以往出现信用违约后由于林木处置难而被动收储的情况，林权收储担保中心开展的收储业务由林权收储担保机构提前参与林权抵押贷款评估或对评估过程全程进行跟踪，有效提高评估的准确度和公信力，对于参与评估的林权抵押贷款，林权收储担保机构提供担保服务，出险后及时处置，变被动兜底为主动服务，化解金融风险，同时大力推进森林综合保险、探索将抵押林权委托第三方监管、引导资产管理机构参与处置出险林权，逐步建立起“评估、保险、监管、处置、收储”五位一体的林权抵押贷款风险防控机制，有力化解金融风险。

实证分析

南平市四个有发生收储担保业务的县（市）中，建阳市和邵武市于 2014 年开始开展林权收储担保业务，建瓯市和顺昌县于 2015 年开始开展林权收储担保业务。

截至 2016 年 10 月底，南平市通过收储担保中心担保的林权抵押贷款共 337 笔，抵押宗地数 811 块，抵押林地总面积 12.37 万亩，抵押贷款额 1.97 亿元，亩均林地评估额 4667.32 元，亩均抵押贷款额 2202.28 元，贷款额与评估值的比例为 47.19%，平均贷款周期为23个月（表4-1）。

表4-1 2014－2016年4县（市）林权收储担保变化情况

指 标	2014年	2015年	2016年1～10月	总计
总笔数（次）	72	140	124	336
抵押地块（块）	188	304	319	811
抵押总面积（亩）	36553	48691	38496	123740
贷款总额（万元）	6071.00	7562.30	6071.48	19704.78
亩均评估值（元）	5246.93	4339.09	4701.37	4667.32
亩均抵押贷款额（元）	2576.68	1991.79	2222.53	2202.28
贷款额/评估值（%）	48.53	46.89	46.76	47.19
贷款周期（月）	19	21	27	23

从年度变化看，由于2015年相比2014年为林权抵押贷款进行担保的林权收储担保机构从2家增长到4家，林权收储担保中心担保的贷款笔数和抵押地块明显上升，2016年相比2015年则保持了基本稳定。抵押总面积和贷款总额在2015年大幅度增加后开始减少到2014年的规模。亩均评估值则在2015年出现回落后于2016年开始回升。贷款周期逐年稳步上升。

从4个县的林权收储担保的发生笔数来看（图4-2），建阳市笔数最多，顺昌县紧随其后，分别为135笔和126笔；建瓯市和邵武市的担保笔数较少。

从林权收储担保抵押贷款的林地总面积和块数来看（图4-3），建阳市的贷款总面积远高于其他3个县（市），为同年开展林权收储担保工作的邵武市的2.55倍，担保抵押贷款面积最少的为建瓯市，仅为同年开展林权收储担保工作的顺昌县的26.58%；抵押地块数量情况与面积情况基本一致。

从林权收储担保的贷款总额来看（图4-4），较早开展担保业务的建阳市贷款总额高于另外3个县（市）的总和。从林权收储担保贷款期限来看，建阳市的平均贷款期限较短，仅为15个月，远低于4县（市）的23个月平均水平，说明建阳市开展的担保业务以短期为主。顺昌县平均贷款期限则高达34个月，远高于4县（市）平均水平。

从林权收储担保的亩均评估额、亩均抵押贷款额和抵押额与评估额的比值看(图4-5)，4县（市）的亩均评估额最低的是邵武市、最高的是建阳市，说明邵武市在抵押林木的树龄上要求较低，建阳市要求较高。亩均贷款额与亩均评估额的情况较为一致。从抵押

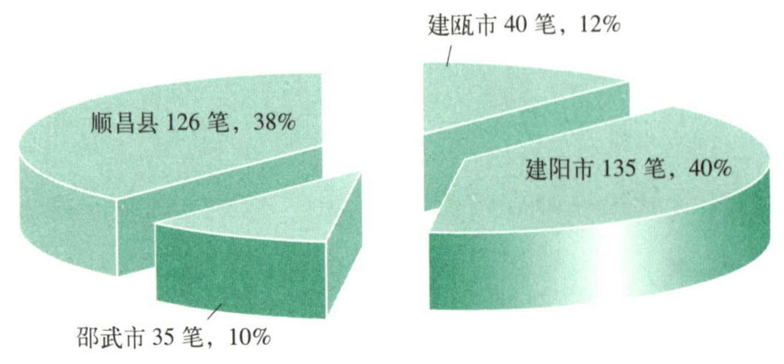

图4-2 林权担保贷款总笔数情况

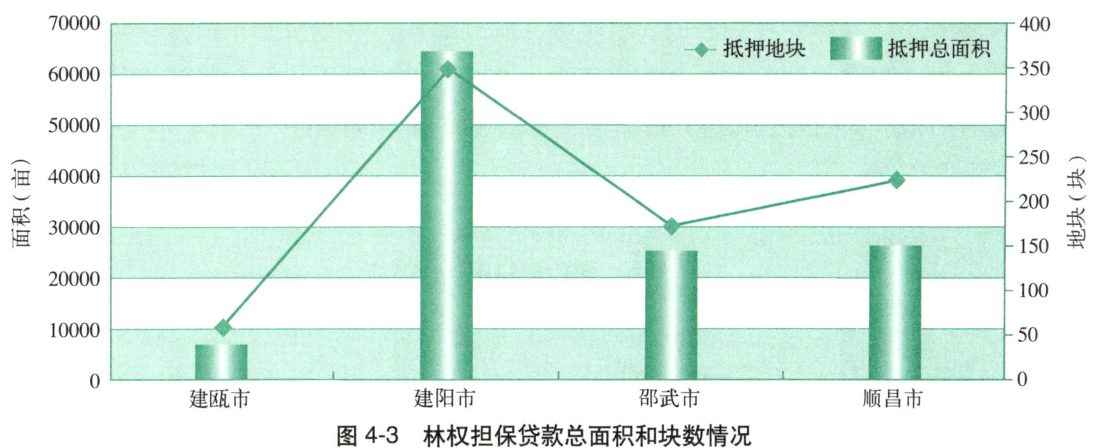

图 4-3 林权担保贷款总面积和块数情况

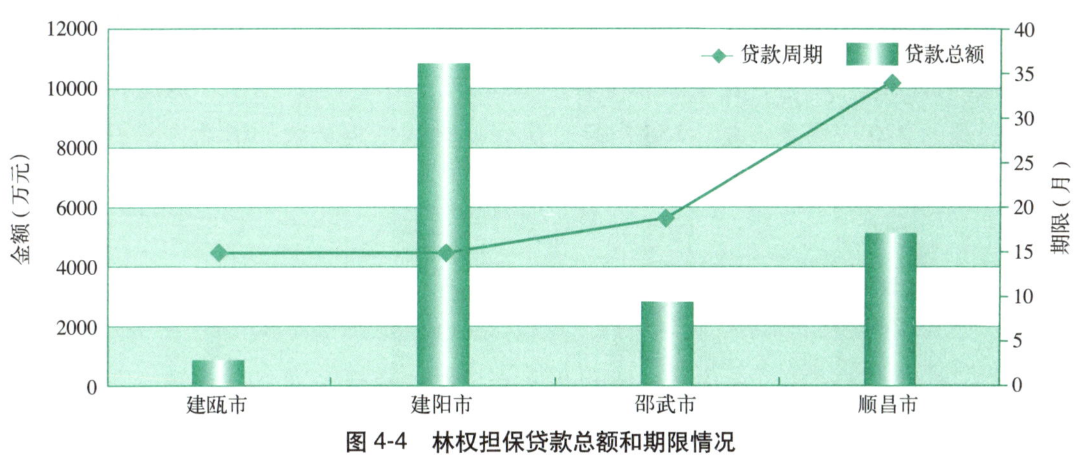

图 4-4 林权担保贷款总额和期限情况

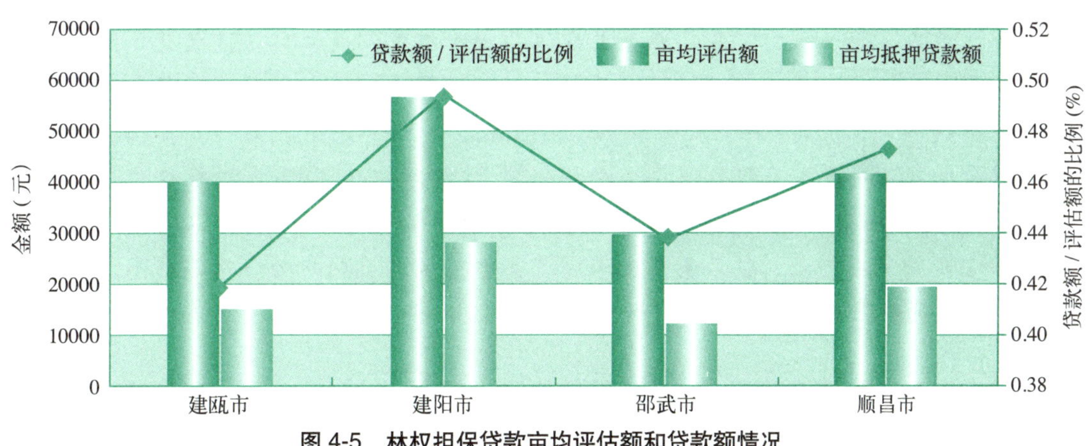

图 4-5 林权担保贷款亩均评估额和贷款额情况

额与评估额的比值看，邵武最低、其次是建瓯，建阳最高，尽管建瓯具有较高的评估额，但却具有较低的贷款额，说明建瓯担保放贷额比例较低，控制较严。建阳尽管具有较高的评估值，但贷款额与评估额的比例也最高，说明在具有优质抵押资产的保证下愿意担保额也较高。

通过以上对福建省建阳市、顺昌县、建瓯市和邵武市关于林权收储担保基本情况的分析，发现4个县（市）在贷款的发生笔数、林地面积、林地块数、贷款总额以及亩均贷款额等方面，存在一定的差距。综合来看，林权担保收储工作开展最好的是建阳市，顺昌县有着后来居上的发展趋势，建瓯市、邵武市发展比较缓慢。

监测成效

一、将银行进行林权抵押贷款的信贷风险转移到收储担保机构，银行放贷意愿明显提升

一是使得银行敢向原来不敢放贷的借款人放贷、使得原来贷不到款的借款人能贷到款。南平市通过林权收储担保机构担保的337笔林权抵押贷款中，为借贷人首次获得林权抵押贷款的198笔，占贷款总笔数的58.75%（图4-6）；南平市通过林权收储担保机构担保的240户借款人中，158户是首次获得林权抵押贷款的借款人，占总户数的65.83%（图4-7）。

案例4-1 收储担保：让借款人从“被拒绝”到“被争抢”

黄先生，顺昌县当地的一个林业大户，经营林地面积3000多亩。2014年，黄先生从林业局听说可以办理林权抵押贷款，于是兴高采烈地抱着自己一堆林权证去顺昌县某地区农商行申请贷款，结果被农信社领导告知他所抱着的一堆林权证根本没有用，不仅被拒绝了，还被狼狈地送出了门外，至今都让黄先生耿耿于怀。但在顺昌县林权收储担保中心成立后，情况就发生了转变。2015年，黄先生通过顺昌县林权收储担保中心的担保很快从顺昌县农商行获得了第一笔100万元的林权抵押贷款，也是黄先生的第一笔贷款；紧接着又从顺昌县农业银行获得了金额分别为250万元和260万元的林权抵押贷款。2016年11月，黄先生的这笔贷款到期了，顺昌县农业银行和农商银行都希望黄先生去贷款，最后黄先生选择了愿意提供更低利率的（基准利率上浮30%）的顺昌县农商银行。

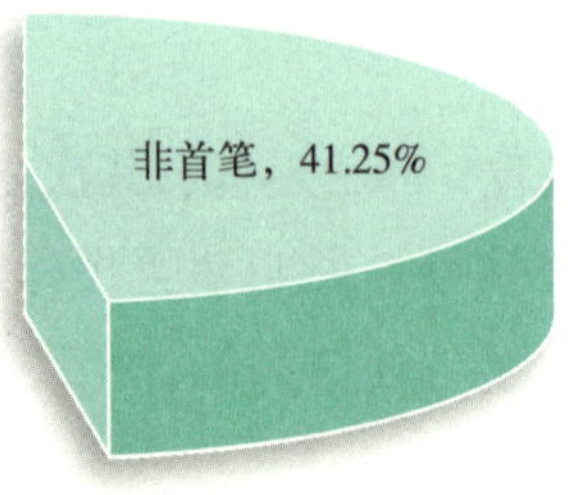

图4-6 林权收储担保贷款笔数中为借款人首笔林权抵押贷款的情况

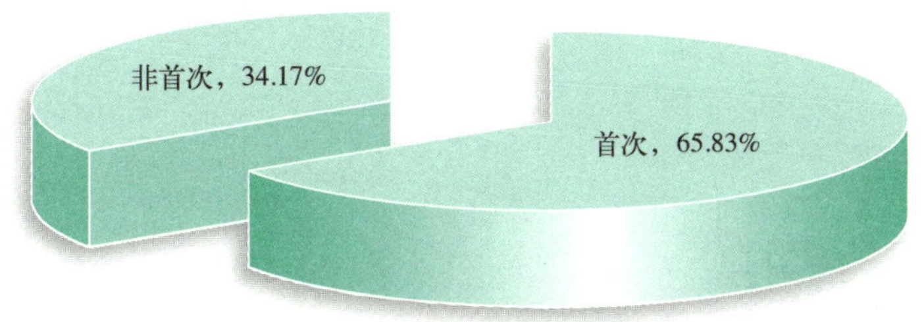

图 4-7 林权收储担保借款人中为首次林权抵押贷款的情况

二是使得原来不愿放贷的银行争相通过降低贷款利率、缩短发放贷款时长、简化贷款手续的方式争取放贷。顺昌县原来只有农商行愿意办理林权抵押贷款，现在农行和邮政储蓄银行都争相开展林权抵押贷款，农商行和邮政储蓄银行的贷款利率也由最初的基准利率上浮 70% 依次降为基准利率上浮 40%、35%，农行的贷款利率现已降到基准利率上浮 30%（表 4-2），农商行和邮政储蓄银行的放贷时长由签订贷款合同后半个月贷款到账提升为 3 日内贷款到账，农行也由 1 个月贷款到账提升到一周内贷款到账，顺昌县办理林权抵押贷款由原来的 9 个文件整合成了一份合同，借贷人只需签订一份文件即可；邵武市邮政储蓄银行的贷款利率也由基准利率上浮 70% 直接降到基准利率上浮 30%。

表 4-2 顺昌各银行林权收储担保贷款开展时间与利率变动

银行	贷款期限 n 年	首笔贷款时间和利率‰/月	第一次调整利率时间和利率‰/月	第二次调整利率时间和利率‰/月	第三次调整利率时间和利率‰/月
农商行	$n \le 1$	2015.9.14，6.51	2015.10.24，6.16	2016.09.01，5.07	2016.09.06，4.89
邮政储蓄银行	$n \le 1$	2016.08.1，4.89	2016.11.11，4.71		
农行	$n \le 1$	2015.12.31 3.63			
农商行	$1<n \le 5$	2015.8.15，7.44	2015.10.24，7.08	2016.09.01，5.54	2016.09.06，5.34

三是使得银行由原来只愿意接受大面积、近熟用材林作为抵押物转变为愿意接受小面积、中林甚至幼林作为抵押物。南平市发生的 337 笔有收储担保的林权抵押贷款中，抵押面积最小的为 16 亩，抵押面积在 50 亩以下的 51 笔，占总笔数的 15.13%；抵押面积在 50 亩及以上 100 亩以下的 91 笔，占总笔数的 27.00%；超过 1/3 的贷款笔数抵押面积在 100 亩以下（图 4-8）。南平市有收储担保的林权抵押贷款中，亩均评估价值 1000

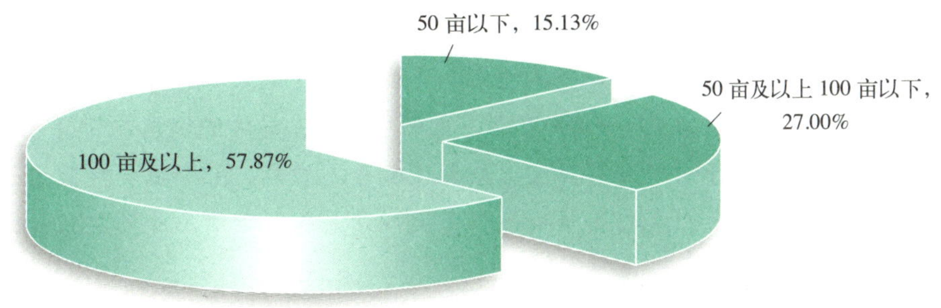

图 4-8 林权收储担保贷款抵押林地面积结构分布

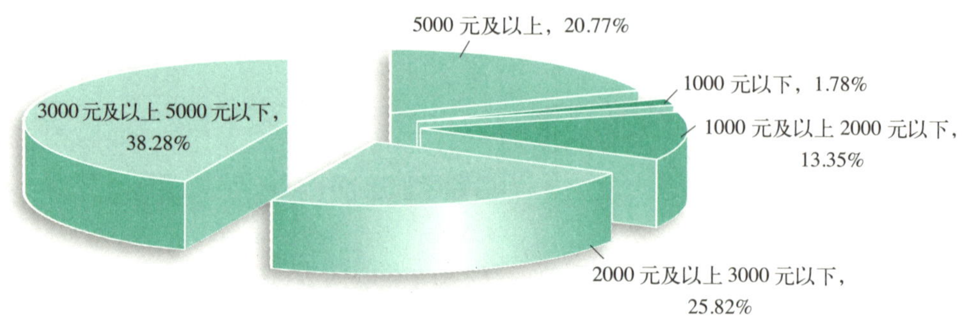

图 4-9 林权收储担保贷款抵押林地亩均评估值结构分布

元以下的 6 笔，占总笔数的 1.78%；1000 元及以上 2000 元以下的 45 笔，占总笔数的 13.35%；2000 元及以上 3000 元以下的占总笔数的 25.82%；5000 元及以上的仅 70 笔，占总笔数的 20.77%，说明可能有 1/3 的抵押林木为中幼林（图 4-9）。

二、收储担保机构具备更高的风险防范和化解能力

一是通过指定当地林业局具有（隐性）约束权力的专业林木资产评估单位进行林木资产评估，防止虚评、假评、高评，防控评估风险。如顺昌县指定国有林场宝山伐区调查设计中心进行资产评估、邵武市指定邵武林业规划队进行资产评估。

二是充分利用县国有林场和乡镇林场的护林员对抵押林木进行监管，严把抵押林权采伐审批、林权变更等关口，防控监管风险。顺昌县国有林场充分发挥分布在全县各乡镇的 8 个下属林场 230 多名护林员的作用，对全县每个村抵押林木资产进行管护，通过林业部门把好采伐审批、林权变更等关口以及加强林政执法等手段，防范乱砍滥伐等人为破坏风险。

三是利用自身所具有资产处置优势和林木经营优势防控处置风险。对出险的抵押林木资产，采取公开拍卖形式，实现出险抵押林木资产快速处置。若抵押物拍卖流拍，则由林权收储担保中心进行兜底收储经营，实现林权资产变现，确保及时还贷。由于相较于普通的担保机构，收储担保中心在防范评估风险、担保风险、监管风险和处置

案例4-2 林木估值严重过高，形成坏账处置难

2012年，顺昌县农村商业银行（下文简称农商行）开展了一笔林权抵押贷款业务，当地的社会资产评估机构评定的林木资产评估值为800万元，授信额度为400万元，2014年贷款到期后借款人无力偿还，农商行无奈只能对抵押物进行处置。通过聘请顺昌县国有林场宝山伐区调查设计中心进行重新评估发现，抵押林木的实际评估值不值400万元，低于抵押额，林木的价值在贷款评估时被严重高估，且由于对林业不熟悉，处置过程并不顺利，至今该笔贷款仍是坏账。该笔坏账的发生严重打击了顺昌县农商行开展抵押贷款业务的积极性，导致其暂停了林权抵押贷款业务。

风险上都具有优势。因此，收储担保机构发挥的不仅是风险转移的作用，还包括降低风险的作用。

问题与建议

一、存在的问题

一是目前还缺乏省级层面的规范文件，缺乏参照标准和依据，业务开展规范性不足。从南平市林权收储担保实践看，4 个开展收储担保业务的县（市）在合同签订、林权价值评估机构选取、林权抵押登记管理、担保费用收取、担保风险补偿金使用、出险时收储林权的方式、收储林权的采伐管理等方面由于缺乏省级层面的指导文件只能各自摸索，缺乏规范性、参照标准和明确的依据，对于借款人出现信用违约后如何协调、保障借款人与收储方之间的利益不够明晰，需要及时出台省级层面的文件进行规范指导。

二是主要依靠地方政府推动扶持，业务量和收入来源整体有限，可持续性还难以保障。目前有开展收储担保业务的 4 家收储担保中心共同特征都是依靠当地政府大力推动才得以有效运行，但由于地方政府政策和支持多变，收储担保的业务量和收入来源整体有限，是否具有可持续性还难以断定。

三是森林保险费用高，周期短。保险部门认为森林火灾风险大，故办理森林保险保费高，增加融资成本，林农反映较为强烈。以邵武市为例，森林火灾保险费率高达担保贷款金额的4.5‰～5‰。森林火灾保险期限只有 1 年期，与林权收储担保贷款期限不匹配。

二、政策建议

（一）尽快制定省级林权收储担保业务管理办法，规范收储担保流程，有效保障各方利益

一是本着合法性、便利性、完备性的原则尽快制定规范的林权收储担保合同示范文本，实现借款人、抵押人、收储担保机构、金融机构之间签订合同文本的标准化、便利化；二是对林权收储担保机构在抵押林权价值评估机构选取、林权抵押登记管理、担保费用收取、保险费用缴纳、担保风险补偿金使用、林权抵押期间的管护责任、出险时收储林权的方式、收储林权的采伐管理等方面进行明晰，制定避免出险后借款人的林木资产被恶意低价收购的有效措施。

（二）发挥地方政府引导、协调功能，推进林权收储担保机构建设

在当前阶段推进林权收储担保机制建设需要政府的介入和引导。一是积极引导有条件的地方政府充分利用国有林场资源、技术和管护优势，鼓励依托当地的国有林场开展收储担保服务；二是推进地方林业部门对进入收储环节的抵押林权在林权变更、采伐管

理和林政执法等方面给予政策支持。

（三）加强对林权收储担保机构的财税支持

一是争取在中央财政方面给予统一支持，为收储担保机构支持林业发展提供有效的机制保障；二是鼓励省级层面和地区级层面给予配套支持；三是支持林权收储担保机构有限收费，激发林权收储担保机构开展担保收储业务的积极性和可持续性。四是对于林权收储担保机构获得的营业收入给予一定的税收减免或优惠。

（四）增加森林保险的供给主体，加强与保险部门之间的信息沟通，实现保险费率的降低和可投保期限的延长

一是力促更多的保险公司参与森林火灾保险，增加森林火灾保险供给主体的数量；二是及时向保险公司提供地方政府、乡村和经营者在森林火灾防范方面采取的措施和实际情况，增加信息供给，减少保险部门与林业经营者之间对森林火灾风险认知的信息不对称；三是鼓励承担政策性森林保险的保险公司带头优化森林保险产品设计，尽可能提供与收储担保贷款期限一致的森林保险产品。

2016

集体林权制度改革监测报告

集体林地生产经营报告

为进一步挖掘集体林权改革红利，降低集体林地经营成本负担，推进林业供给侧结构性改革，提高林业经营效率，优化集体林地经营环境，江西省林业厅根据中共江西省委江西省人民政府《关于开展降低企业成本，优化发展环境专项行动的通知》（赣字〔2016〕22号）适时出台了《江西省林业厅关于降低企业成本 优化发展环境若干措施》（赣林产字〔2016〕148号），文件从“暂停征收育林基金、调整木材凭证运输目录、下放部分行政许可、减少林木种苗生产和经营许可证、加大对林业经营的金融信贷支持和全面优化林业发展环境”等方面出台了13条支持林业经营具体措施，这对于提高江西集体林地生产经营者盈利能力，促进林业经济持续健康发展具有重要意义。但同时在广大集体林区，部分林地产权不清、林业经营基础设置落后、林业融资难等限制集体林地生产经营的因素并没有得到根本性削除，已严重制约集体林区林业生产效率。

监测概况

本专题选取江西省10个重点林业县、50个村、500个定点监测林农样本为研究对象，从林业投入、林业基本生产、林业产出等不同角度综合分析集体林区林业生产经营活动及其动态变化，并对不同经营主体林业生产经营活动进行比较，在此基础上剖析江西集体林地生产经营的限制性因素，提出优化集体林地生产经营的对策建议。

一、集体林地生产经营主体与经营活动

（一）生产经营主体

根据对江西省集体林区的长期跟踪监测，集体林地生产经营主体按照其经营方式划分为5种类型：①一般林农，指通过集体林权制度改革“明晰产权、分山到户”政策经营自家自留山、责任山或租赁林地的经营主体。在江西集体林区，一般林农占七成左右，户均林地一般在100亩以下。②联户经营，指两家或两家以上的多个农户在自主自愿和明确利益分配的基础上，以亲情、友情、技术、资金等为纽带，联合共同承包经营一片或几片的集体林地，利益共享，风险共担，并通过协商达成一致的经营管理办法和利益分配机制等经营形式的经营主体。江西集体林区联户经营占一成左右，经营林地面积在100～200亩左右。③家庭林场，指将承包林地和经流转依法取得的林地集中，规模经营面积在200～2000亩之间，主要以家庭成员为主要劳动力，从事林业规模化、集约化、商品化生产经营，并以林业收入为家庭主要收入来源的新型林业经营主体。集体林权改革以来，监测到的样本林农注册家庭林场的数量在不断增加，从2013年的3家发展到2015年的15家。④公司林场，一般指以盈利为目的，从事林业生产经营活动等而成立的组织，通常由股东共同出资设立股份组建公司，主要目的在于通过公司的林业经营活动获取林业利润。公司林场在江西发展比较慢，2015年监测到样本林农新增2家公司林场，经营面积在300亩以上。⑤林业股份合作经营，指按照合作制的原则，吸收股份合作制的优势，山权不变，林权共享，兼有劳动力、资金、技术和土地等统一经营、统一管理的新型林业经营形式，农户以林地、林木或者劳

动力入股的形式参与经营。集体林权制度改革以来，江西监测样本林农参与股份合作经营的占比一直保持在一成左右，经营规模在100～200亩居多。

（二）生产经营活动

监测显示：集体林区的生产经营活动主要有：①造林。根据对江西样本林农的连续监测表明，集体林权制度改革后林农的造林积极性显著提高，造林面积有较大程度的增长，森林经营可持续增长的趋势初步显现。②抚育。抚育行为是反映农户林业生产行为积极性的一个重要指标，是继造林之后的另一个重要林业生产环节。在江西集体林区，一般造林后要连续抚育3～5年。③采伐。采伐有自己组织采伐和买卖青山两种形式。江西集体林区的森林采伐主要以自己组织采伐为主。为防止森林乱砍滥伐，江西从1987年开始实施森林采伐限额管理制度，有效控制了森林资源过量消耗局面，但集体林权改革后，林农采伐权不足的问题也非常突出，影响到林农的生产经营投入。④林下经济。江西集体林区林下经济主要有4种发展模式：一是林下种植模式，包括林药、林菜、林菌等；二是林下养殖模式，包括林禽、林畜、林下特种动物养殖；三是林下产品采集加工，包括竹笋、野生菌、香料等；四是森林景观利用模式，包括观光休闲、生态疗养、蔬菜果品采摘等。近年来，虽然江西林下经济有了较大发展，但技术、资金、市场等问题仍然制约着江西林下经济持续发展。

二、监测样本情况

（一）一般林农经营占七成以上，家庭林场和公司林场等新型林业经营主体不断涌现

2015年，江西502个被监测林农样本的林业经营主体类型分布为：一般林农387户，占样本总数77.09%；联户经营42户，占8.37%；家庭林场15户，占2.99%；公司林场2户，占0.40%；股份合作经营56户，占11.16%（历年监测林农类型分布见表5-1）。

表5-1 江西样本林农生产经营主体类型分布情况

年份	项目	一般林农	联户经营	家庭林场	公司林场	股份合作	样本量
2009	户数（个）	261	80	0	0	59	400
	比例（%）	65.25	20.00	0.00	0.00	14.75	100
2010	户数（个）	306	127	0	0	59	492
	比例（%）	62.20	25.81	0.00	0.00	11.99	100
2011	户数（个）	390	58	0	0	57	505
	比例（%）	77.23	11.48	0.00	0.00	11.29	100
2012	户数（个）	394	52	0	0	54	500
	比例（%）	78.80	10.40	0.00	0.00	10.80	100
2013	户数（个）	414	35	3	0	48	500
	比例（%）	82.80	7.00	0.60	0.00	9.60	100
2014	户数（个）	431	36	2	0	33	502
	比例（%）	85.86	7.17	0.40	0.00	6.57	100
2015	户数（个）	387	42	15	2	56	502
	比例（%）	77.09	8.37	2.99	0.40	11.16	100

从报告期（2009－2015年）监测林农样本的林业经营主体类型变化来看：一般林农的比例较为稳定并略有增长，联户经营和股份合作经营农户比例逐渐减少，家庭林场和公司林场也从无到有发展起来。这是因为联户经营和股份合作经营农户累积了一定的资源后在原有的经营形式基础上发展成了家庭林场和公司林场。

（二）新型经营主体资源禀赋普遍比较优越

表5-2显示：集体林区林业新型经营主体（如：公司林场、家庭林场）户主一般更加年轻、受教育程度更高，并且普遍具有村干部经历，家中未外出劳动力数量相对更多，林地面积和林地块均面积也更大。

表 5-2　不同类型林农户户主及家庭基本特征与林地资源差异

指　标	一般林农	联户经营	家庭林场	公司林场	股份合作	总体
户主年龄（岁）	55.73	54.17	53.47	43.5	54.29	55.32
户主受教育程度（初中以上%）	61.76	71.43	53.33	100.00	83.93	64.94
大专以上（%）	3.36	2.38	6.67	50.00	5.36	3.78
中专或高中（%）	15.50	30.95	13.33	0.00	21.43	17.33
初中（%）	42.89	38.10	33.33	50.00	57.14	43.82
有村干部经历（%）	37.47	42.86	53.33	50.00	46.43	39.44
家中劳动力数量（人）	3.08	3.48	3.6	2.5	3.78	3.2
常年外出务工（人）	1.38	1.33	0.93	0	1.07	1.32
林地面积（亩）	98.16	168.9	211.76	345	152.34	114.53
林地块数（块）	4.59	5.48	4.47	5.5	5.11	4.72
平均每块面积（亩）	21.41	30.84	47.41	62.73	29.83	24.27

不同经营主体的生产经营状况比较

一、不同经营主体林业生产经营活动的比较

（一）各类经营主体造林积极性都比较高，而联户经营和股份合作经营造林效率更高

从江西监测样本调查数据来看（表5-3），集体林区不同经营主体造林经营行为主要有两点发现：①集体林权制度改革后不同经营主体平均造林面积呈现先减少后增加的变化趋势。造林行为的规律是由于林业经营具有长周期、持续经营的特征，不同于农业生产周期短、农户农业生产行为具有同步性。样本林农的造林活动通常是与其采伐活动相对应，在监测样本中，总体来看，由于样本林农现有林地的造林趋于饱和，因而报告期林农造林活动总体上呈减少趋势。但从林农个体而言，造林户数能够与采伐户数相对应，并且2012年造林林农户均造林面积开始回升，这与2011－2014年采伐量的变化规律也相一致，说明样本农户采伐后及时进行了更新造林，林业生产经营愿望强烈。②联户经营和股份合作林农造林户数的比例和户均造林面积均高于一般林农。这可能是因为联户经营和股份合作农户林地资源情况也优于一般林农。

表 5-3 不同林业经营主体造林活动比较

年份	一般林农		联户经营		股份合作	
	户数占比（%）	平均造林面积（亩）	户数占比（%）	平均造林面积（亩）	户数占比（%）	平均造林面积（亩）
2009	27.20	34.24	21.25	58.29	22.03	36.5
2010	23.86	14.94	27.56	55.27	32.20	30.00
2011	18.46	14.58	56.90	40.36	31.58	24.21
2012	12.44	12.67	7.69	24.5	9.26	22.42
2013	7.97	14.93	14.29	6.10	14.58	81.14
2014	3.94	30.12	11.11	24.05	6.06	109.00
2015	4.13	45.04	4.76	70.00	7.14	49.25

注：由于家庭林场和公司林场样本农户中在报告期均没有造林行为，为简化表格，在表中没有列出这两个类型农户。户数占比指某一类型林农中有造林活动的林农占该类型林农户数的比例（下同），平均造林面积指造林农户的平均造林面积。

（二）各类经营主体林木抚育面积总体呈现扩大趋势，联户经营和股份合作经营林木抚育表现更为积极

从江西监测样本调查数据来看（表5-4），不同经营主体林木抚育经营行为主要表现：一是林农抚育户数比例与平均抚育面积呈曲线波动，但整体上林农抚育面积呈现上升趋势。林农抚育活动呈现的变化规律可能是因为：① 2009－2010年的抚育行为主要针对刚造林或造林后的中幼林进行，而前几年造林的幼苗长势已较为稳定，所以2011年开始农户抚育面积开始减少；② 从2013年开始，林地抚育面积又开始增加，2015年抚育面积，远高于2013－2015年造林面积，这可能是由于林业生产的长期性引起的，林农根据林木生长周期集中对林木进行管护和抚育。反映了林农在监测期间不仅造林后有积极抚育活动，在林木生长过程中也会对林木进行抚育和管护，并且林地分山到户后，监测林农总体上并没有出现将林地弃之不顾的情况，林农一直积极从事林业抚育生产。二是联户经营和股份合作农户的抚育户数占比和抚育面积均值大于一般林农。这与造林面积的差异也较为一致，这也反映了林农抚育活动与造林活动在一定程度上较为一致。

表 5-4 集体林区不同林业经营主体抚育活动比较

年份	一般林农		联户经营		股份合作	
	户数占比（%）	平均抚育面积（亩）	户数占比（%）	平均抚育面积（亩）	户数占比（%）	平均抚育面积（亩）
2009	42.91	28.49	42.50	22.05	52.54	25.47
2010	62.42	32.94	69.29	34.77	69.49	59.44
2011	20.00	25.82	81.03	43.71	38.60	37.73
2012	19.04	26.51	82.69	50.93	40.74	32.00
2013	23.43	29.98	94.29	44.26	52.08	50.30
2014	51.74	28.31	86.11	38.22	54.55	27.30
2015	75.45	38.29	71.43	54.00	89.29	42.00

注：由于家庭林场和公司林场样本林农中在报告期均没有抚育行为，为简化表格，在表中没有列出这两个类型农户。平均抚育面积指林农的平均抚育面积。

（三）集体林区竹木采伐量表现平稳，采伐经营行为逐渐集中到林业大户

对样本林农的竹木采伐监测（表5-5、表5-6），主要有两个特点：①林农竹木采伐户户均采伐量逐年略有增加，木材采伐活动呈现林农集中化的趋势。监测期间，各监测点竹木采伐总量变化并不大，但竹木采伐活动由分散的林农采伐逐渐集中到少部分林农当中。从采伐量数据变化来看，整体没有出现大规模的乱砍滥伐现象，林农竹木采伐活动较为理性。调研也显示现在农民的就业渠道拓宽，外出务工机会增加，在林改及相关配套改革政策持续稳定的情况下，不会出现大规模的乱砍滥伐现象，而现行森林采伐限额管理制度过于严苛，与林农森林经营自主权和收益权相矛盾。②联户经营和股份合作农户的采伐面积均值远远高于一般林农，并且联户经营和股份合作农户的采伐比例也高于一般林农。

表 5-5 集体林区不同林业经营主体木材采伐活动比较

年份	一般林农		联户经营		公司林场		股份合作	
	户数占比（%）	平均采伐量（m^3）	户数占比（%）	平均采伐量（m^3）	户数占比（%）	平均采伐量（m^3）	户数占比（%）	平均采伐量（m^3）
2009	—	—	—	—	—	—	—	—
2010	11.44	17.67	16.54	61.33	—	—	15.25	8.10
2011	8.21	37.40	15.52	13.20	—	—	15.79	49.67
2012	9.64	27.77	9.62	202.80	—	—	11.11	29.33
2013	8.45	63.07	14.29	90.00	—	—	6.25	137.00
2014	4.87	69.69	13.89	248.00	—	—	3.03	400.00
2015	2.84	29.40	4.76	625.00	50.00	100.00	5.36	153.30

注："—"表示没有该项数据，家庭林场类型农户由于没有木材采伐活动，为简化表格，没有列出该项。表中平均采伐量为采伐户户均值。

表 5-6 集体林区不同林业经营主体竹材采伐活动比较

年份	一般林农		联户经营		家庭林场		公司林场		股份合作	
	户数占比（%）	平均采伐量（根）	户数占比（%）	平均采伐量（根）	户数占比（%）	平均采伐量（根）	户数占比（%）	平均采伐量（根）	户数占比（%）	平均采伐量（根）
2009	30.65	900	25.00	777	—	—	—	—	67.80	1249
2010	33.66	1169	25.98	1532	—	—	—	—	42.37	6019
2011	27.69	901	46.55	823	—	—	—	—	40.35	1047
2012	25.13	1573	36.54	1143	—	—	—	—	42.59	1215
2013	26.81	957	37.14	1627	0	0	—	—	47.92	4517
2014	26.22	3487	33.33	710	0	0	—	—	57.58	4521
2015	28.17	1421	26.19	1647	46.67	5271	100	15400	57.14	3929

注："—"表示没有该项数据，表中平均采伐量为采伐户户均值。

（四）林下经济稳步发展，除森林景观利用外的其他林下经济经营更适合一般林农

监测表5-7显示：监测林农中，林下经济正在稳步发展，特别是林下养殖的发展比较快，林下种植和林下产品采集相对稳定，森林景观利用开发处于起步阶段。

表 5-7 集体林区林下经济开展情况

年份	林下种植		林下养殖		林下产品采集		森林景观利用	
	户数（个）	平均收入（元）	户数（个）	平均收入（元）	户数（个）	平均收入（元）	户数（个）	平均收入（元）
2009	—	—	—	—	—	—	—	—
2010	9	5672.22	4	5450.00	0	0	0	0
2011	11	12722.45	6	11440.00	0	0	0	0
2012	20	617.50	8	3438.50	11	19677.27	0	0
2013	25	1776.00	9	10667.67	41	7809.76	1	30000.00
2014	3	66702.67	11	—	8	—	0	0
2015	16	14875.00	21	49786.71	28	7471.43	1	100000.00

注："—"表示数据缺失，平均收入指农户开展林下经济户均收入。

1. 林下种植以一般林农的单户经营为主

林农发展林下种植主要有：林药、林菌、林菜。总体（表5-8）来看，林下种植主要表现出两大特点：一是开展林下种植的林农户数和效益不稳定。监测数据反映林农开展林下种植受经济效益因素影响较大。如，2011年开展林下种植农户的平均收入达到1万元，2012年和2013年农户数量分别增长到20户和25户（表5-7、表5-8），但是可能由于选种、技术以及销售等方面的影响，2012年和2013年林下种植的经济收入并不高；2014年开展林下种植农户的数量降至3户，但当年林农户均林下种植收益高达66702元，因而2015年林下种植林农的数量又回升到16户。二是一般林农经营户数和比例明显高于其他类型农户，但联户经营、家庭林场、股份合作经营规模更大，效益相对更高。这可能是由于样本林农林下种植都是以林药为主，这些类型林农更容易形成规模种植和生产，并且对产品销售渠道的掌握也更加充分，同时收入滞后性、市场变动以及收成大小等因素影响林下种植业发展。

表 5-8 集体林区不同林业经营主体林下种植比较

年份	一般林农		联户经营		家庭林场		股份合作	
	户数占比（%）	收入（元）	户数占比（%）	收入（元）	户数占比（%）	收入（元）	户数占比（%）	收入（元）
2009	—	—	—	—	—	—	—	—
2010	2.29	6978	1.57	1100	—	—	0	0
2011	2.56	12522	1.72	14722	—	—	0	0
2012	4.82	578	0.00	0	—	—	1.85	1350
2013	5.07	1433	8.57	4767	0	0	2.08	0
2014	0.70	66702	0.00	0	0	0	0	0
2015	3.10	3750	2.38	15000	13.33	14000	1.79	150000

注：公司林场没有林下种植，为简化表格，没有列出此项，"—"表示缺乏相关数据。

2. 一般林农发展林下养殖经营收益更高

监测区的林下养殖主要为林蜂、林畜、林禽。在不同林业经营主体中（表5-9），发展林下养殖业的一般林农户比例增长趋势尤为明显，并且一般林农经营林下养殖的规模和收益也高于其他类型农户。与林下种植相比，林下养殖的收入更加稳定。这可能是由于不同于林下种植，林下养殖的风险一般更大，为了更好规避风险，林农在开展林下养殖前都会进行一定的技术和资金储备，如通过向当地林下养殖专业户进行技术咨询、市

表 5-9　集体林区不同林业经营主体林下养殖比较

时间	一般林农（户）		联户经营		家庭林场		股份合作	
	户数占比（%）	收入（元）	户数占比(%)	收入（元）	户数占比(%)	收入（元）	户数占比(%)	收入（元）
2009	—	—	—	—	—	—	—	—
2010	0.98	6267	0.79	3000	—	—	0	0
2011	1.28	11128	1.72	13000	—	—	0	0
2012	1.78	3929	1.92	0	—	—	0	0
2013	1.45	13167	5.71	8500	33.33	0	0	0
2014	2.55	—	0.00	0	0	0	0	0
2015	3.88	67367	4.76	5000	6.67	0	5.36	8333

注：公司林场没有林下养殖，为简化表格，没有列出此项，"—"表示相关数据缺失。

场信息调查等，因而林下养殖户的收益比林下种植户更加稳定。

3. 一般林农林下采集经营更有优势

监测区的林下产品采集主要有竹笋、山野菜、野生菌。监测样本林下采集表现出（表5-10）：一是开展林下产品采集的林农户数占比比较少，不同经营主体的林下产品采集活动都呈"大小年"变化；二是一般林农林下采集的收益高于其他类型农户。对于一般林农户而言，林下产品采集的收益呈现逐渐减少的趋势。这是因为，林下采集收益主要依靠农户家庭劳动力投入，随着劳动力外出务工增加，林业相关的劳动力投入逐渐减少，因而林下产品采集收益逐渐减少。

表 5-10　集体林区不同林业经营主体林下产品采集比较

年份	一般林农		联户经营		家庭林场		股份合作	
	户数占比（%）	收入（元）	户数占比（%）	收入（元）	户数占比（%）	收入（元）	户数占比（%）	收入（元）
2009	—	—	—	—	—	—	—	—
2010	—	—	—	—	—	—	—	—
2011	—	—	—	—	—	—	—	—
2012	2.28	23939	1.92	1000	—	—	1.85	—
2013	7.25	16563	8.57	11000	66.67	—	12.50	1717
2014	1.62	—	0	0	0	0	3.03	—
2015	3.88	9647	14.29	4417	0	0	12.50	5429

注：公司林场没有林下产品采集，为简化表格，没有列出此项，"—"表示相关数据缺失或不存在。

4. 森林景观利用更适宜合作经营

监测区样本林农对林下景观利用意识开始显现，在2013年和2015年分别有1户从事森林景观利用产业，主要从事小规模农家乐性质的旅游餐饮经营。2013年森林景观利用林农为联户经营农户，2015年森林景观利用林农为股份合作农户。这也反映了森林景观利用经营需要一定的森林资源、启动资金和经营理念。

二、不同经营主体林业生产经营投入的比较

（一）林业生产投入主要是资金和劳动力投入，劳动力投入占八成左右

林业生产经营活动投入要素主要包括"资金、劳动力、土地和经营者能力"四个方

面。江西监测样本林农林地流转意愿调查数据显示，林农普遍流转意愿不强，且林户林业经营能力在短期内基本稳定。因此，监测样本林农的“林业资金和劳动力”成为当前林农林业投入的主要要素。

林农家庭林业投入主要包括：种苗、化肥农药、家庭自投劳动力、雇佣劳动力、机械或蓄力、其他要素。从监测数据（表5-11）来看，报告期林农户林业生产投入呈起伏变化，样本林农林业投入均值最高是2010年达到10920元，最低是2014年为4552元。

表 5-11　集体林区农户林业生产投入结构及动态变化

年份	项目	种苗	化肥农药	家庭自投劳动力	雇佣劳动力	机械/畜力	其他	合计
2009	金额（元）	638	284	7265	2651	3	79	10920
	比例（%）	5.84	2.60	66.53	24.28	0.02	0.73	100
2010	金额（元）	453	211	4380	1261	11	25	6341
	比例（%）	7.15	3.32	69.08	19.88	0.18	0.39	100
2011	金额（元）	479	217	2833	1303	23	61	4916
	比例（%）	9.74	4.41	57.63	26.51	0.47	1.24	100
2012	金额（元）	343	174	3661	2486	494	991	8149
	比例（%）	4.21	2.13	44.93	30.51	6.06	12.16	100
2013	金额（元）	294	380	2706	1654	153	618	5805
	比例（%）	5.06	6.55	46.61	28.49	2.64	10.65	100
2014	金额（元）	200	300	1259	1761	48	984	4552
	比例（%）	4.39	6.60	27.66	38.68	1.05	21.62	100
2015	金额（元）	211	276	4035	3320	396	1637	9875
	比例（%）	2.14	2.79	40.86	33.62	4.01	16.58	100

从林业投入要素比例来看：①种苗投入。林农户种苗投入的样本均值和比例逐渐减少。种苗主要用于造林，种苗投入的起伏与林农户造林行为基本契合。②化肥农药投入。从数据来看，林农户化肥投入占样本林农户总投入的比例较小，报告期样本林农户对化肥农药的投入起伏波动，但总体变化不大。③家庭自投劳动力。家庭自投劳动力是林农户林业生产投入的主要方面，2009年达到样本林农户总投入的66.53%，2014年样本总投入占比为27.65%。④雇佣劳动力。雇佣劳动力是林业投入的一个重要部分，在报告期，雇佣劳动力占总投入的比例仅次于家庭自投劳动力，并且在2014年还超越了家庭自投劳动力所占比例。雇佣劳动力的样本均值呈“W”型曲线变动，雇佣劳动力在总投入中所占比例逐渐增加。⑤机械或畜力。机械或畜力在样本林农户投入中所占的比例基本可以忽略不计，说明江西林业整体机械化程度不高。

从样本林农户林业投入构成及动态变化数据整体来看：人工投入（包括自投和雇佣）是农户林业生产投入的最主要部分，平均占到林业投入的79.32%；而机械或畜力在农户林业投入中占的比例比较低。说明样本农户林业生产主要还是依赖人力，整体机械化程度较低。

（二）林农林业资金投入意愿逐渐增强，一般林农资金投入规模呈上升趋势

监测（表5-12）显示：①监测样本林农林业资金投入户数和规模都呈起伏变化，但总体上投入资金呈增加趋势，投入意愿逐渐增强。林业资金投入户数和投入规模呈起伏

变化，这可能是由林业生产的周期性决定的。②一般林农林业资金投入户数的比例要低于其他类型农户，但是一般林农资金投入均值有明显增加趋势，而联户经营和股份合作农户资金投入均值波动更大。2015年资金投入最高的是家庭林场，户均投入资金为14700元，其次是一般林农农户，为9738元。这是因为这一类型农户当年有2个样本有林下养殖的启动投入，分别为23万元和54万元，因而这一类型农户资金投入均值偏大。

表 5-12　集体林区不同林业经营主体资金投入均值

年份	一般林农		联户经营		家庭林场		股份合作	
	户数占比（%）	平均资金（元）	户数占比（%）	平均资金（元）	户数占比（%）	平均资金（元）	户数占比（%）	平均资金（元）
2009	41.00	1385	42.50	1791	—	—	55.93	5832
2010	32.03	1804	40.16	2656	—	—	32.20	1694
2011	24.87	3039	34.48	2456	—	—	35.09	2516
2012	38.32	5103	50.00	7906	—	—	55.56	4147
2013	33.33	3672	48.57	8434	66.67	4750	50.00	2619
2014	32.25	4552	33.33	1552	0.00	0	33.33	8906
2015	28.94	9738	23.81	4050	13.33	14700	35.71	5214

注：表中的平均资金指有资金投入的农户的投入均值。

（三）新型林业经营主体的劳动力投入不断增强，一般林农表现出劳动力短缺现象

林业劳动力投入包括自投劳动力和雇佣劳动力。监测显示：一般林农户林业劳动力投入比例在报告期相对稳定，但林业新型经营主体的劳动力投入意愿不断增强。不同类型经营主体劳动力投入均值由大到小分别为，公司林场>家庭林场>股份合作>联户经营>一般林农；一般林农、联户经营农户、股份合作农户，这三类经营主体劳动力投入均值都逐渐减少，家庭林场劳动力投入均值逐渐增加（表5-13）。2015年家庭林场林业户均劳动力投入427个工日，一般林农仅为75个工日。

表 5-13　集体林区不同林业经营主体劳动力投入均值动态变化

年份	一般林农		联户经营		家庭林场		股份合作	
	户数占比（%）	均值（工日）	户数占比（%）	均值（工日）	户数占比（%）	均值（工日）	户数占比（%）	均值（工日）
2009	77.78	125.02	82.50	156.30	—	—	76.27	308.60
2010	85.29	80.01	88.19	90.74	—	—	79.66	77.50
2011	73.08	67.05	72.41	59.62	—	—	89.47	81.16
2012	77.66	76.95	80.77	95.71	—	—	79.63	73.67
2013	63.77	56.98	65.71	88.17	66.67	149.5	81.25	93.08
2014	43.85	61.93	72.22	59.65	50.00	120	54.55	98.94
2015	77.78	74.89	88.10	83.46	73.33	318.54	92.86	117.92

注：公司林场 2015 年劳动力投入户数占比 100%，均值 427 工日，为简化表格，未单独列出。

林业资金投入与林业劳动力投入相比较也存在较大差异。第一，样本农户林业资金投入比劳动力投入更加小心谨慎。林业资金投入农户所占比例明显低于林业劳动力投入所占比例。第二，资金投入总体上为增加的趋势，而劳动力投入则为减少趋势，这可能是由于监测区劳动力外出务工比例较高，从而引起劳动力投入较为缺乏。

三、不同经营主体林业生产经营效益比较

（一）林农家庭来自林业收入不断提高，林业多种经营不断发展

林农家庭林业收入主要包括：用材林收入、竹林收入、经济林收入、林下经济收入、涉林打工收入、财产性收入、转移性收入、其他收入。从监测样本林农户调查数据（表5-14）来看，报告期林农家庭林业收入不断攀升。2009年样本农户平均林业收入为8821元，2015年上升至14883元。

表 5-14 林业收入结构均值动态变化

年份	项目	用材林	竹林	经济林	林下经济	涉林打工	财产性	转移性	其他	合计
2009	收入（元）	4515	3437	363	207	—	—	—	299	8821
	比例（%）	51.18	38.96	4.12	2.35	—	—	—	3.39	100
2010	收入（元）	1655	3775	2206	148	1200	393	165	876	10418
	比例（%）	15.89	36.24	21.17	1.42	11.52	3.77	1.58	8.41	100
2011	收入（元）	2371	3582	1090	340	596	122	352	255	8708
	比例（%）	27.23	41.13	12.52	3.90	6.84	1.41	4.04	2.93	100
2012	收入（元）	5176	4060	795	633	1007	342	348	544	12905
	比例（%）	40.11	31.46	6.16	4.91	7.80	2.65	2.70	4.22	100
2013	收入（元）	4542	3894	985	1403	1022	63	592	402	12903
	比例（%）	35.20	30.18	7.63	10.87	7.92	0.49	4.59	3.12	100
2014	收入（元）	1762	3927	2420	2219	696	202	2736	1849	15811
	比例（%）	11.14	24.84	15.31	14.04	4.40	1.28	17.30	11.69	100
2015	收入（元）	2290	6598	1356	2725	546	465	865	37	14882
	比例（%）	15.39	44.33	9.11	18.31	3.67	3.13	5.81	0.25	100

从林农户家庭林业收入结构（表5-14）来看：①用材林收入。样本林农户用材林收入呈起伏变化，并且用材林收入所占比例逐渐减少。②竹林收入。与用材林相比，竹林收入变化较为稳定，并且总体上呈上升趋势。③经济林收入。经济林在林农户林业收入中所占的比例较小，并且较不稳定。④林下经济收入。林下经济收入均值以及在林业收入中比例都呈稳定上升趋势。⑤涉林打工收入。涉林打工收入均值以及在林业收入中比例比较少。⑥财产性和转移收入。财产性收入在林业收入中所占比例一直较低。转移性收入在农户林业收入中所占的比例相对稳定，但有一定起伏，2014年出现极值2736元，占林业收入比例的17.30%。这可能是由于林业转移支付的收入到账时间经常出现滞后。

根据监测数据可以看出：农户林业收入开始呈现多元化趋势。采伐不再是唯一林业收入来源，林业收入多元化的发展趋势符合林区农民增收、资源增长的林改“双增”目标。

（二）所有经营主体林业收入总体表现上升趋势，公司林场等新型主体收益更高

监测数据（表5-15、表5-16）显示：①报告期不同林业经营主体的林业收入都有增加的趋势；②不同林业经营主体的林业收入都呈起伏变化，以一般林农为例，报告期林业收入最高的是2014年的14678元，最低的是2011年，仅有7041元。③公司林场经营收益比较高。以2015年为例，不同经营主体林业收入由高到低排序为：公司林场>股份合作>家庭林场>联户经营>一般林农。公司林场户均收入达到231523元，其林业收入占总收入的83.42%；一般林农9259元，其林业收入仅占总收入的12.48%。

表 5-15　不同林业经营主体林业收入均值

元

年份	一般林农	联户经营	家庭林场	公司林场	股份合作
2009	7937	6201	—	—	16281
2010	9780	10719	—	—	13078
2011	7041	6666	—	—	22201
2012	10404	30945	—	—	13789
2013	8656	10430	7033	—	51691
2014	14678	17933	30300	—	27440
2015	9259	21370	28241	231523	37567

表 5-16　不同林业经营主体林业收入占总收入的比例

%

年份	一般林农	联户经营	家庭林场	公司林场	股份合作	总体
2009	31.42	27.04	—	—	33.77	31.30
2010	21.56	20.30	—	—	25.48	21.70
2011	10.28	9.37	—	—	20.86	11.75
2012	13.68	22.22	—	—	12.53	14.96
2013	12.35	7.54	34.53	—	40.21	12.32
2014	18.11	16.25	10.21	—	18.82	17.92
2015	12.48	18.40	26.78	83.42	27.90	17.26

问题与建议

一、集体林地生产经营的主要限制性因素

根据监测调查获取的信息以及集体林地生产经营限制性因素实证模型分析（模型构建及结果参见附件）可知，尽管报告期农户林业生产经营有一定程度的发展，但在发展过程中遇到的困难较多，依靠外部支持和帮助的需求较大。当前，集体林区林地生产经营主要限制性因素集中在以下几个方面。

（一）林地资源细碎化程度高，影响林地生产经营投入

专题组构建的模型分析显示，林地块数与林业投入资金具有显著正向关系，而与林业生产劳动力投入关系并不显著。这是因为当林地块数越多时，农户林地面积一般也越

多，因而其资金投入也会增多，而林地块数越多，则林地细碎化程度越高，林地可达性越差，因而林业劳动力投入并不会显著增加。

林地块均面积对林地资金投入和林地劳动力投入都具有显著促进作用。并且比较系数可知，林地块均面积对资金投入的促进作用更大。这反映了林地块均面积越大越能够有效促进林业投入以及林业的规模经营。而江西监测区农户林地细碎化程度较高，监测显示：样本农户户均林地4.72块，块均面积24.27亩，并且由于调研过程中对林地地块进行编码录入，当农户地块大于12块时，将类型相似的地块进行合并，所以林农实际林地细碎化程度更高。这在一定程度上限制了林农对集体林地生产经营投入。

另一方面，农户生产经营理念保守，监测农户林地流转意愿低，这在一定程度上加深林地资源细碎化。2015年83.60%的受访农户表示不想进行林地流转。林地流转能够汇集林地等生产要素，促进林业集约化生产和规模化生产，对林业生产力水平的提高具有重要的现实意义。监测显示开展规模化经营的公司林场、股份合作经营以及家庭林场农户林业经营效率和经营收益要远远高于一般林农。而监测区林地细碎化程度高，农户林地流转意愿低则不利于林业开展集约化、规模化经营。而在农户不愿流转土地的原因当中，占比例最高的是“自有资产，不能随便转出去”，为57.11%（图5-1）。这反映了农户林地流转意愿偏低主要受其思想观念的影响。

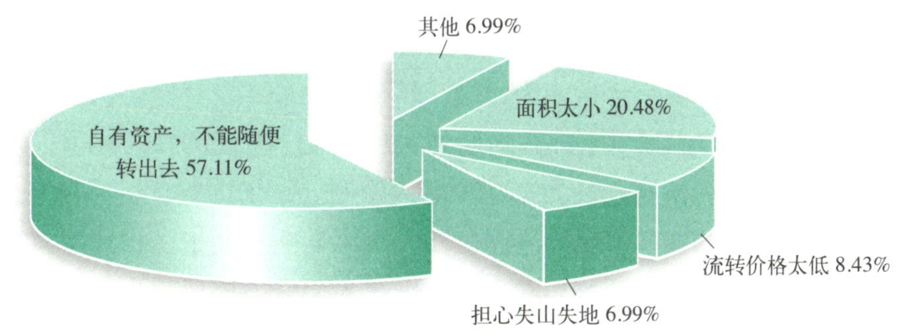

图 5-1　农户不愿流转土地的原因

（二）林业经营者素质普遍不高，影响林业可持续经营

监测与模型分析显示：户主年龄偏大、受教育程度不高对林地经营能力和经营形式构成限制。户主年龄对林业劳动力投入具有显著负影响。这是因为随着户主年龄增大，其劳动能力也较为有限，投入到林业生产的劳动力也相应减少。另一方面，年龄较大的户主其经营形式多为一般林农，一般林农的林业劳动力投入也相对较少。户主受教育程度对农户资金投入具有显著促进作用。这是因为受教育程度越高的农户，其思维和想法也相对更加活跃，并且视野也更加开阔，这与监测林业新型经营主体户主一般更加年轻、受教育程度更高也相一致。监测显示：2015年户主平均年龄高达55.32岁，受教育程度主要为小学、初中，这对林农经营能力和经营形式多样化构成较大制约。

模型分析显示家庭外出劳动力数量对林业资金投入具有显著副作用，而家中未外出劳动力数量越多，林业资金和劳动力投入会显著增加。这反映了劳动力外流对林业经营具有不利影响。同时，家庭自投劳动力是农户林业生产投入的主要方面，但在报告期，家庭自投劳动力数量不断减少，尽管雇佣劳动力有增加的趋势，但总体上劳动力投入仍然在减少。并且，有一定数量的林农表示开展林下经济的限制因素是因为缺乏劳动力。在林业收入最低的农户类型一般林农当中，其外出务工的平均人数最高，这在一定程度上也体现了劳动力缺乏对林业生产经营的负面影响。调查显示，2015年，外出务工的劳动力占劳动力总数的53.07%，并且外出劳动力主要是受教育程度较高的青壮年，并且大部分为男性。监测农户样本特征分析也反映了一般林农与其他类型农户的差异不仅在于林业经营规模，也存在于户主年龄、受教育程度以及家庭劳动力数量。目前，林业经营的劳务主体是留守村民，整体年龄偏大，并且受教育程度不高。认知观念的制约、落后观念的制约、无技术支撑发展的制约等对林业经营开展产生来自于多方面的负面影响。同时模型分析也显示未外出劳动力数量对林业劳动力投入并没有显著影响。本报告认为，林业经营限制性因素的本质不在于劳动力的缺乏，而在于缺乏有素质、有能力、会经营的林业劳动力。劳动力外流程度比较高，一方面使得劳动力缺乏，另一方面更是高素质能力型人才的外流；而后者引起的后果则更为严峻，严重影响林业可持续经营。

（三）集体林区部分林地产权不清，消减农户经营积极性

模型分析显示：林权纠纷与农户林业资金、劳动力投入都呈极其显著正相关（结果参见附件），也就是说有林权纠纷的农户林业资金投入和劳动力投入都更高。由于模型分析是相关分析而非因果分析，因而这一结果反映了农户林业经营投入较大时更容易产生林权纠纷。表5-17也显示有林权纠纷的农户资金、劳动力投入比例以及投入均值都明显高于没有林权纠纷的农户。当进一步对纠纷调处结果进行分析时则发现（表5-18）：林权纠纷全部解决的农户资金投入和劳动力投入均明显高于林权纠纷部分调解和未调解的农户；并且林权纠纷未调解的农户劳动力投入最低。这显示林权纠纷会显著消减农户林业经营积极性。统计显示，2015年监测样本县林地权属或经营纠纷累计12336起，因而要加强林权纠纷调处力度，否则将大大消减农户林业生产经营积极性。

表 5-17 林农林权纠纷与林业经营投入

指　标	有林权纠纷	没有林权纠纷
农户数量（户）	53	449
资金投入比例（%）	52.83	27.17
资金投入均值（元）	15457.74	2781.05
劳动力投入比例（%）	94.34	78.40
劳动力投入均值（工日）	133.90	62.42

表 5-18 农户林权纠纷调处结果与林业经营投入

指　标	全部解决	部分解决	都未调解
农户数量（户）	24	9	20
资金投入均值（元）	26833.33	477.78	2398.15
劳动力投入均值（工日）	183.08	104.22	76.85

（四）林业经营基础设施落后，制约现代林业经营发展

计量模型分析显示，林地到乡镇距离与农户林业资金、劳动力投入都呈负相关。也就是说，到乡镇距离越远，农户林业经营投入的意愿也越低。这是因为到乡镇越远，林产品运输不便，并且受乡镇、县级经济辐射也越弱。监测样本农户大多为偏远山区，样本村中到乡镇最远的有23千米，50个样本村到乡镇平均距离为7.32千米。并且到乡镇越远，道路、通水、通电等基础设施也越差，对现代林业的经营发展构成较大限制。监测显示：2015年对通路、通水、通电有需求的农户分别占83.66%、56.18%、55.38%（图5-2）。

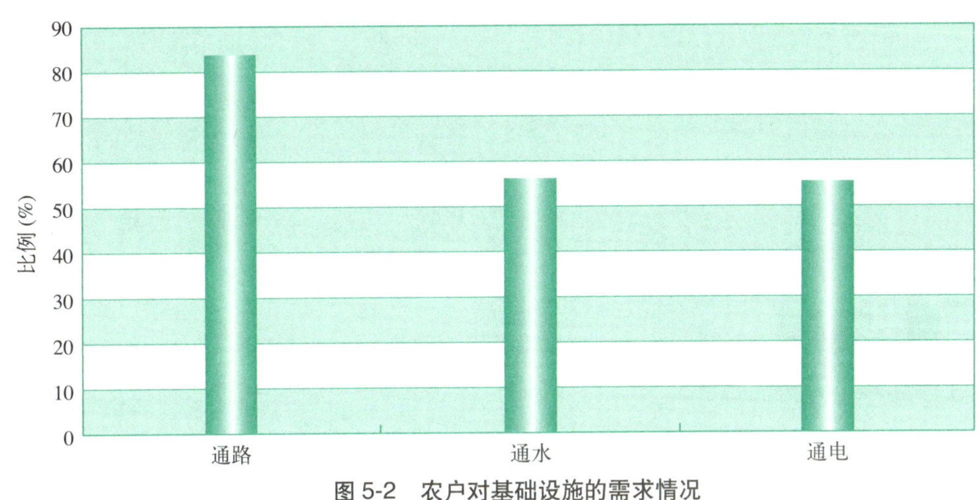

图 5-2　农户对基础设施的需求情况

（五）林业融资难，制约了林业发展空间

模型分析显示，农户林业收入对农户林业资金和劳动力投入规模具有显著促进作用，究其原因，就是林业收入较高能够为林业生产经营提供较大资金支持，并且农户林业资金和劳动力投入较大时，其林业收入也会显著增加。本专题分析显示，农户林业生产经营资金投入比例最高的一年（2009年）林业经营资金投入的农户占样本总数43.5%，而2015年仅有28.69%的农户有林业经营资金投入，这其中很重要的一个原因就是资金的缺乏。调查显示，82.07%的农户期望政府能够给予资金补贴支持，排在政策需求的首位（图5-3），并且绝大部分受访农户表示如果有启动资金，愿意投入到林业经营当中。

模型分析显示，贷款对农户林业生产经营投入具有显著促进作用。这也反映了林权抵押贷款开展，有效地解决了农户贷款抵押物不足，需求抑制问题。然而，林权抵押贷款行为所占比例较小，农户家庭对林权抵押贷款的潜在信贷需求旺盛。调查显示，2015年样本林区农户有159户有林权抵押贷款的需求，占样本总数31.67%，而申请了抵押贷款的仅17户，成功获得抵押贷款的仅有12户，其中仅有3户享受贴息。另外，林区林权改革还处于初级阶段，尚有诸多不完善之处，如森林资源资产难以评估，贷款条件太高等，这些问题限制了林权抵押贷款顺利开展。在农户未申请抵押贷款的原因中，条件太高排在首位，占56.34%，其次是贷款少，占21.13%（图5-4）；而在申请了贷款的农户

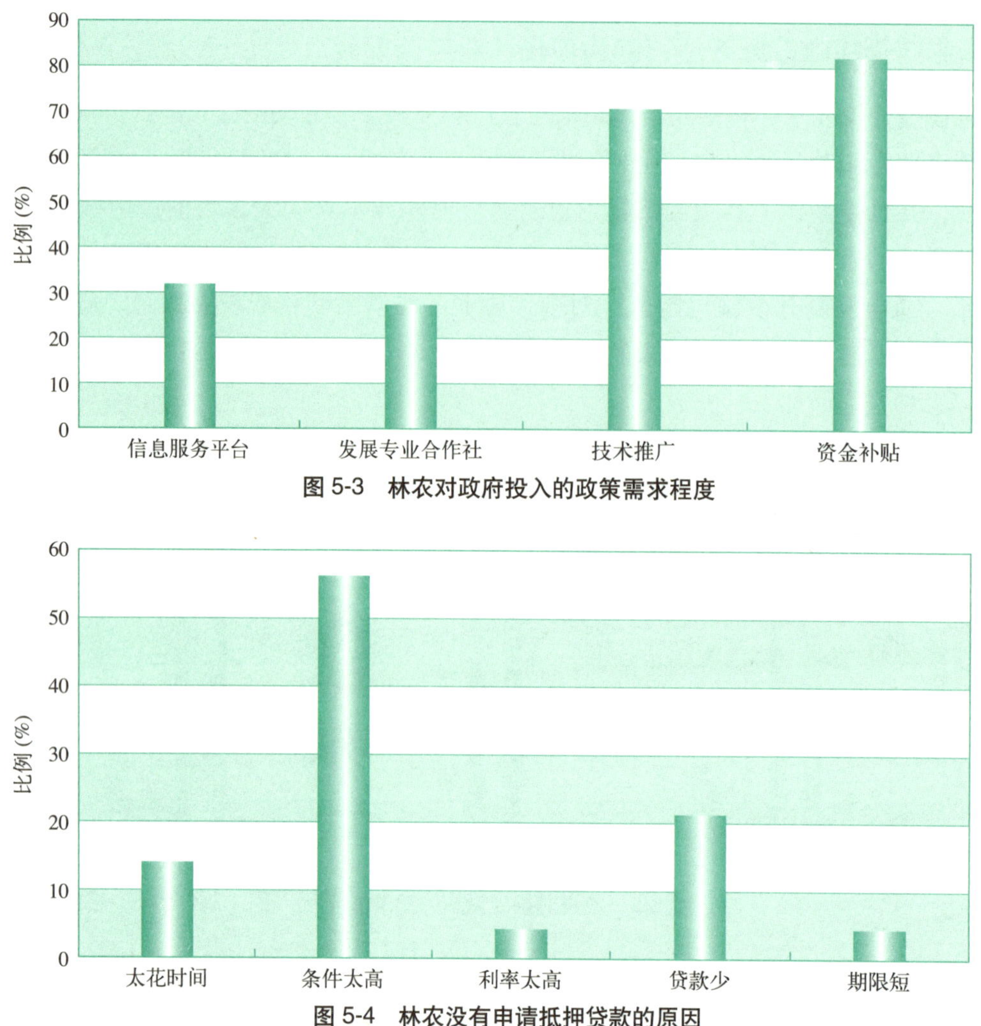

图 5-3 林农对政府投入的政策需求程度

图 5-4 林农没有申请抵押贷款的原因

当中，认为贷款容易获取的也仅占32.29%。此外，金融机构贷款供给对象呈现极端的趋势，林业企业以及林业大户拥有较大的优势，获得了较大规模的贷款，这也是现实中大部分一般农户的信贷需求未得到满足的原因之一。同时，林权抵押贷款方面都有各自的交易流程，形式上比较规范。但是很多地区的林权抵押贷款交易办理手续较为繁琐，并且相当部分有贷款需求的农户仅仅在申请贷款这一流程中就花费了大量的时间和精力，一定程度上挫伤了他们办理贷款的积极性。在未申请抵押贷款的原因当中，太花时间占14.08%，排在第三位。

案例 5-1 林农贷款困难案例

武宁县莆田乡一位受访林业大户表示，在当地办理林权抵押贷款难度较大，而在别的县则很容易就办好了，他的贷款就是在别的县（德安县）办理的，并且当地办理的贷款不能享受贴息政策，在别的县办理的可以享受贴息。他表示贷款能够很好解决林业经营资金周转问题，希望政府能够对林权抵押贷款提供更大的支持。

（六）集体林区林农组织化程度低，影响林业可持续经营

专题模型分析显示，林业科技培训对林业经营投入没有显著影响，这与已有的研究结果不同，这可能是由于江西集体林区林农组织化程度低，林业科技培训的供需不对应，林业科技培训未起到应有的作用。调查显示，监测样本农户中，74.55%的农户表示需要林业科技服务，并且非常需要林业科技服务的占55.56%（图5-5）。而实际受过林业科技服务或培训的仅占29.28%（图5-6）。反映了林业科技服务的供需缺口较大。林业技术培训需求方面，排在前三位的为：病虫害防治、造林、林下种植，分别占35.06%、31.08%、17.53%（图5-7）。

农户对于政府投入的政策需求方面，技术推广排在第二位，占70.92%（图5-8），仅次于资金补贴需求。并且调查显示，样本林区林下经济产品，如毛竹、笋等，全部都是以直接销售原材料为主，缺乏产品的深加工利用，产品附加值低，还未建立商品品牌。

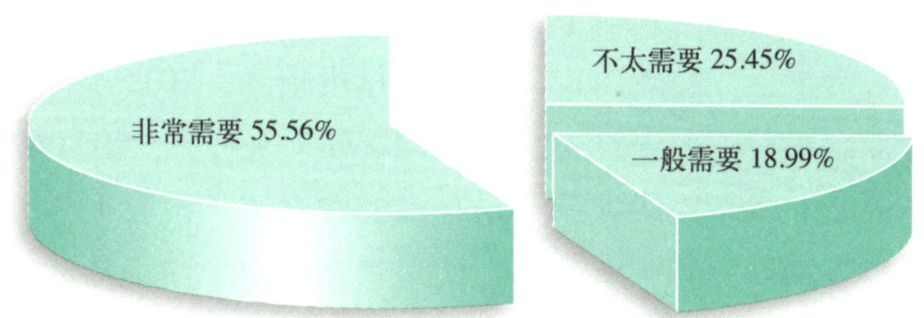

图 5-5　农户对林业科技服务的需求情况

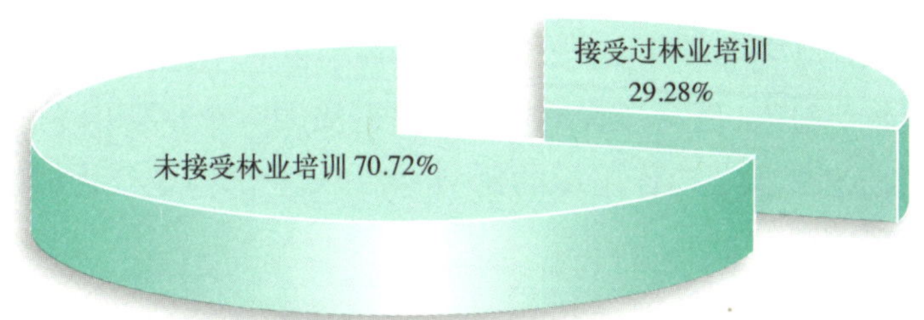

图 5-6　农户接受林业培训情况

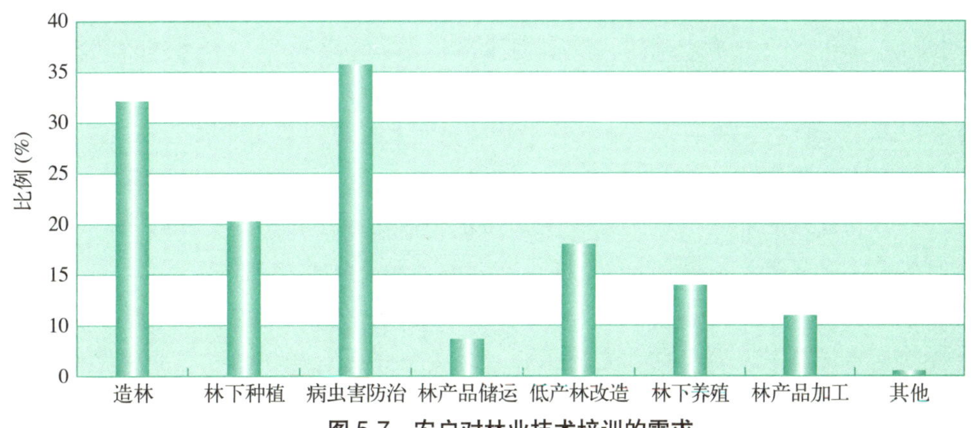

图 5-7　农户对林业技术培训的需求

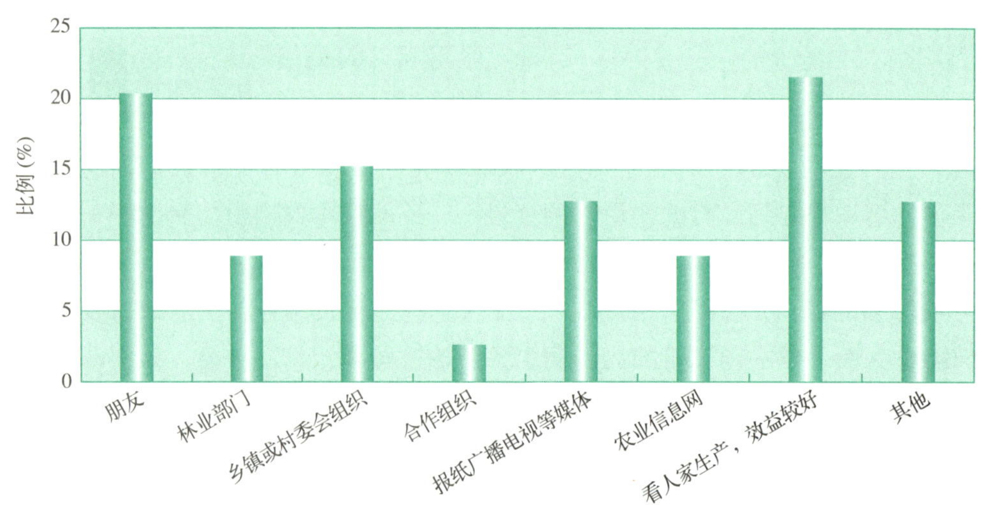

图 5-8　样本农户开展林业经营信息来源

合作社、林业大户的示范带动作用不强，森林景观利用率低。实证分析显示，加入合作社对农户林业生产经营投入具有显著促进作用，而当地缺乏榜样效益，对合作社、林业大户培植不够，合作社、林业大户示范带动作用不强。2015年村级检测数据显示，有13个村有林业专业合作社，仅占样本村比例的26%，入社农户有806户，仅占3.93%；并且，监测区的林业专业合作组织大部分是林农的联合体，没有很强的政策保障及政府支撑，资金、技术和管理能力都相对较弱，使得其在林业生产经营活动中未能有效发挥其应有的“专业合作”性质。2015年，有9个村有林业大户，仅占样本村比例的18%；林业大户共有25户，仅占0.12%。并且调研样本村中，仅有3个村开展了森林景观利用，占样本村比例的6%。连续监测农户数据也显示，样本农户中发展林下经济农户的比例较低，而在已经开展林下经济的农户当中，最主要的信息来源是“看人家生产，效益较好”，占21.52%（图5-8），反映了农户林下经济开展的一个重要因素就是从众效应，而农户开展林业经营信息来源于合作组织的比例为0，林业部门也仅占8.86%，这也反映了合作社示范带动作用不强。

案例 5-2 林农林业经营组织化发展案例

林农开展林下经济组织化程度低案例：永丰县鹿冈乡前村的监测农户开展了林药种植，但都为单户种植，缺乏相关组织带头，并且由于缺乏相关种植技术，产量较低，加上规模不大，林药的销路也并不好，农户的林药种植业基本处于粗放生长状态，并未为当地农户增收带来明显经济效益。

林业合作社带动作用弱案例：一位受访农户表示，当地成立了林业合作社，合作社成立之初他们也满怀希望，但是合作社并没有发挥实际作用，成立之初还发过宣传册之类的，但这两年没有开展过相关技术指导和培训。

“林改第一村”森林景观利用发展模式案例：有着“林改第一村”美誉的武宁县罗坪镇长水村，位居九岭山脉中段武宁岩向北延伸的一支分脉之中，

（续）

案例5-2 林农林业经营组织化发展案例

全村被群山环抱，峰峦秀耸，古木参天，是一个典型的林区村。长水村地域面积84平方千米，其中耕地面积1380亩，山林面积12.4万亩，森林覆盖率达93.7%。先后被评为“全国生态文化村”“国家级生态村”“全国绿色小康示范村”“全国生态示范村”和“江西省文明村镇”。

长水村两委会倾力打造原生态宜居宜业宜游和谐新长水，同时引导农民参与创办农家特色餐饮店，垂钓场，突出“吃农家饭、游农家园、赏神奇山水、领略民俗风味”的农家乐旅游特色，以此带动村民增收致富。游客不仅可观光、采摘、收获农产品、体验农作、了解农民生活、享受乡土情趣，而且可住宿、度假、游乐，甚至部分劳动过程可以让旅游者亲自参与、亲自体验。休闲农业可以增加长水农业与农村发展的功能，增进民众对农村与农业的体验，提升旅游品质，并提高农民收益，促进农村发展。目前已初步形成以餐饮、休闲、娱乐、农特产品销售于一体的休闲农业旅游发展框架。

长水村通过“一带、一心、三区”的模式发展休闲农业——一带：生态水域风情观光带；一心：旅游接待与集散服务中心；三区：民俗文化采风区、户外运动休闲区、农家田园体验区。不断加大投入，完善各项旅游基础设施，项目区内道路通畅，路标、说明牌、路灯、停车场、餐厅、住宿一应俱全。消防、安防、救护等设备完好、有效。建立了符合环保标准的农村垃圾无害化设施。长水村在大力发展休闲农业与乡村旅游的同时，十分注重对景区生态环境的保护，努力实现生态保护与经济发展双赢。

此外，大力发展林下经济，引导林农养蜂、养鸡及生产香菇、板笋、山栗、野生猕猴桃等林副产品，使林农收益比以前大大提高。2015年，全村人均纯收入达到13400元（其中林农产业人均纯收入3000元），高于全县平均水平。

（七）限制性采伐政策和惠林政策普惠性不高，影响林业可持续投入

根据本报告的分析结果，江西省监测农户并未出现乱砍滥伐的情况，且采伐行为更加理性。从前篇分析的林业基本生产过程可看出，农户造林和采伐行为逐渐减少，而抚育行为保持不变并有增加趋势，并且采伐在农户林业收入中所占比例也逐渐下降。其次，模型的分析也显示农户对采伐政策的评价与林农林业生产经营投入呈显著正相关关系，也就是说，农户对采伐政策评价越高，林业投入积极性也会越高。再次，监测显示对采伐政策满意的农户比例不高，仅占44.42%，并且有农户表示，森林采伐限额管理制度过于严苛，并不利于林地资源的更新。第四，林业补贴偏低，82.07%的农户期望政府能够给予资金补贴支持，排在政策需求的首位。林地确权到户以后，林农都会用主人翁意识对待自家林地，不会出现乱砍滥伐现象，可以适当放宽森林采伐限额制度，提高补贴政策普惠性。

二、激活集体林区林农林业经营积极性的政策建议

尽管存在众多限制集体林地经营的因素，但江西集体林区林业发展总体比较稳定，只要不断完善集体林权改革，增加对集体林区生产经营公共性基础投入，加大基层林业科技服务体系建设，充分落实各项惠林政策，搞活林业经营，就能够推进集体林区林业产业的发展和森林资源增长。因此在今后的工作中，应紧抓以下几个方面的工作。

（一）规范和创新集体林地流转模式，降低林地资源细碎化对林业经营的负面影响

规范林地流转制度，引导林地流转走上健康和良性的发展道路，以及促进中介服务市场得到发育，充分发挥村集体和村小组在林地流转当中的促进作用。对于当前的私下流转，应进一步落实流转规定，强制流转双方办理产权变更登记，以消除未来产生林权纠纷的隐患。推动中介服务市场的形成，一方面要求管理部门逐步淡化中介服务角色，另一方面则需管理部门引导和规范中介服务组织的发育。农户普遍对村集体和村小组较为信赖，调查显示，尽管农户林地流转意愿低，仅为16.40%，但对于村集体和村小组统一组织的流转，农户的接受程度则大大提高，愿意流转的比例为52.33%，因而在流转过程中充分发挥村集体和村小组作用。并且通过林业专业合作组织或股份合作经营引导农户进行林业规模化经营，提高林业经营效益。

（二）加强农村人力资本投资和科技培训力度，提高林业生产者尤其是女性林业生产者的生产能力

农村人力资本投资包括提高农户受教育水平和加强林业生产实用技术的培训，同时也要注意到人力资本投资的普及性及持续性。现代林业的发展，需要一批掌握先进的林业生产技术，且具有高素质的人才队伍，所以有必要对广大农户进行定期和不定期的专业技能及实用技术的培训，提高农民自身觉悟和受教育水平，以促进林业新技术和新方法在农村地区的顺利推广，这种人力资本投资有利于农户自身从根本上提高林业生产要素配置效率水平。另外，需要注意的是，在加大对林农林业技术需求的培训时，培训内容和培训形式的选取一定要切合林业发展实际，并注重女性劳动力的参与，使广大林农能够以更低的成本接受先进林业技术。此外，还需加强对林业科技推广人员的培训力度，提高科技推广人员的素质水平，使得先进林业技术的推广和接收都能以较低的交易成本进行紧密相连。

（三）集中力量依法依规处理集体林区林权纠纷，全面推行集体林地“三权”分离制度

加强林权纠纷的调解力度。一是建立健全机制，构筑“大调解”格局，健全农村基层调纠组织，充分发挥村、组干部的一线调处职能，着力调解组与组、组与户、户与户

之间的山林纠纷。二是规范调纠程序，提高调纠效率。通过深入实地踏查，查找历史凭据和历史见证人，听取各方面的意见，摸清纠纷形成的原因，以相关法律政策为依据，努力做到双方当事人满意，不留后患。对争议双方证据不清、四至不详的，在做好双方思想工作的同时，维持原定界线不变，维持林地管理现状不变，待条件成熟后再予以调处。坚持调解为主，确权为辅的原则。

在坚持家庭承包经营长久不变基础上，推行集体林地所有权、承包权、经营权“三权分离”。一是完成集体经济组织林地清产核资及量化确权工作，弥补集体林权制度主体改革中遗漏问题，彻底扫清障碍。二是开展集体林地所有权、承包权、经营权“三权分离”，制定《集体林地经营权流转管理办法》，办理《集体林地经营权流转证》，赋予经营权流转证抵押、担保、贷款等更多权能。三是出台相应扶持政策，制定林业大户、家庭林场、股份制林场等经营主体认定标准，培育新型林业经营主体。

（四）加强林业基础设施建设，全力打造林业新貌

我国林业作为国家的战略性生态产业，其基础设施建设相对薄弱，且地方政府重视程度也亟待提高，相关管理部门应该切实加强林业基础设施建设，改善林业生产条件。在发展林业基础设施时，一要科学规划，保证林业基础设施与林业经济协调发展；二要加大政府的财政投入力度，尽快解决林业基础设施的落后状况。应坚持以政府提供为主，同时引入民间资本参与林业基础设施的投资，或者采取政府与私人共同投资。政府可以通过补贴的方式吸引社会资金积极进行林业基础设施投资或通过明晰产权，按照“谁投资、谁受益”的原则，鼓励民间资本进行林业基础设施投资，实现在投资主体、资金来源和投资方式上多主体、多渠道和多方式共存的投资模式。加强以下三个方面的工作：①推进防洪、防火、防虫等自然灾害预警机制的建立；②改善林区道路、用电等基础设施；③加强林业技术的推广和应用，使森林病虫鼠害的防治率得以提高。

（五） 根据林农需求构建不同林权抵押贷款类型，采取政府贴息等办法创新集体林区林权抵押贷款制度

在目前林权抵押贷款信贷交易市场上，资金需求的一方不仅有林业企业和林业大户，也有很大一部分小型林农家庭。因此，林权抵押贷款模式的选择需要区别对待。一方面，对林业企业和林业大户等主体而言，其具有较为雄厚的经营资产，与金融机构的联系密切，在获取政策信息等方面具有较强优势，此类资金需求者能够在金融市场中敏锐地获取交易信息，在市场主导下，自发地寻求融资渠道，林权抵押贷款政策作为新型的融资方式，对于此类市场主体而言，能够主动与金融供给方合作，获得所需资金。因此，可采用“市场主导型”发展模式，另一方面，对一般的小型林农户而言，在获取金融机构的信息上处于被动地位，小型林农户的资金需求额度又相对较少，拥有的资产一般都是面积较小的山林以及少部分农田，缺乏其余经营资产，此类资金需求者更多的是在维持现有生产经营水平基础上，略微盈利。从资金供给方而言，由于担心贷款的收回风险，在推动小额林权抵押贷款上缺少积极主动性，甚至禁止向小额资金需求者贷款。

因此，在此种现实情况下，可采用“政府主导型”发展模式，实现林权抵押贷款政策的“普惠性”，使得一般农户的资金需求亦能得到满足。采取政府贴息等办法创新集体林区林权抵押贷款制度，促进林权资本化发展。

为解决单个林农户在获取融资政策信息上处于相对劣势以及获取相关信息的成本较高等问题，政府应该鼓励村集体经济（特别是以村合作经济组织）等合作经济组织在农村进一步发展，一方面可以解决正式金融机构面对分散林农户的信息和交易成本等问题，另一方面又可以将林权抵押贷款政策的信息切实有效地传递给具有贷款需求的林农户，从而能够积极地引导林农户盘活其森林资产，获得所需的资金。

（六）切实提高林业产业组织化程度，打造集体林区富民产业模式

首先，政府在鼓励和支持工商资本参与山林开发的同时，更要鼓励工商资本进入林产品的深加工业，引进一些具有较高科技含量的企业进入林产品精深加工产业，以提高山林开发的综合效益，使其真正成为山区的富民产业。例如，针对竹子的可再生性、竹材加工的可循环性、竹产业发展的可持续性及竹子的广泛用途，把竹产业当做“子孙产业”来打造，使其成为县域经济的重要增长点，将竹变成能吃、能喝、能居、能穿、能游的时尚用品，走出一条科学发展、跨越发展的民富县强的道路。

其次，大力推广林业多种经营，充分调动各方面积极因素，有组织地制定合理和完善的林下经济发展规划，研究和制订具有当地地方特色的林下经济发展的激励机制。比如：建立新型林业经营组织，如合作社等，形成共同发展、共同管理的合力；明确有条件发展林下经济行政区域的目标和任务，把林下经济发展成绩纳入地方领导干部政绩考核的范围内，制定和实施严格的奖惩制度，竭尽全力为实现林下经济快速稳定发展创造良好环境。

第三，充分利用集体林区森林景观优势，积极引导发展乡村旅游业，完善集体林区富民产业模式，树立典型，示范带动森林乡村旅游业发展。如中国“集体林权制度改革第一村”江西武宁县长水村，利用优美的山水环境，建设林区乡村旅游示范点，使林业成为山区人民真正的富民产业。打造森林乡村旅游“样板工程”，充分发挥其示范引领作用，放大综合效益，推动合作共建，集中精力连片打造“美丽乡村”。选择具有一定发展基础和特色优势资源的乡村，建设乡村旅游示范点，通过建设“林业科技生态示范园”和“森林休闲观光体验园”等乡村森林旅游示范点，加强对乡村旅游开发的引导和规范管理工作。在妥善保护自然生态、原居环境和历史文化遗存的前提下，合理利用资源，加强乡村森林旅游产品的层次性开发和产业链扩张，通过发挥示范点的典型带动作用，推动乡村森林旅游业健康发展，并待试点成熟后在区域范围内推广。

最后，加强对林业合作组织的扶持力度。林业专业合作组织包括林业专业协会和林业专业合作社。由于林业专业合作组织的形成集结了大量利益相关的农户，增加了林农在林产品供给市场上的谈判地位，因此林业专业合作组织在对抗市场风险，降低交易成本，提高市场交易效率等方面发挥着重要的作用。但是，江西监测区的林业专业合作组织大部分是林农的联合体，没有很强的政策保障及政府支撑，资金、技术和管理能力

案例 5-3 发展林下养蜂产业

养蜂产业比较适合南方生态条件好的边远山区，是南方一大特色优势林下经济产业。发展林区养蜂产业，要遵循以下原则：一是，当地适宜发展什么，就种什么。比如枇杷、脐橙，适宜种植在海拔较低的中低山、光照充足的丘陵地区，坡向以朝南或东南为宜，这样结果好，果实大；木荷、檫木、树参、柃则混生于常绿阔叶林中，种植地选择范围较宽，乌桕、荆条则适宜种植在海拔较低的石灰岩地区、河流沿岸，这样流蜜较好；而结倍较好的天然倍树林，都是上层为倍树与其他少量偏湿性常绿乔木混生，中层有稀疏的常绿灌木（可以种植柃）荫地以阻止禾本科杂草覆盖地面，底层为藓丛着复层混交林结构；倍树的复层结构是确保同一林地阴、阳性植物共生，确保结倍和小气候环境协调的重要条件。二是，一补二扩三结合。一补是在在充分利用原来天然蜜源的基础上，补充种植其他蜜源植物，在品种、开花期上进行搭配，比如，在果园周围或蜂场周围种植拐枣、盐肤木、板栗、千里光，在园果中撒播的白三叶；二扩是指在原来的基础上成片种植扩大野桂花、千里光等优质蜜源林；三结合是结合发展林果业、经济林，种植对养蜂有蜜源价值的果树或其他林木，比如枇杷、脐橙、盐肤木等。三是，必须结合当地农业、林业结构调整的总体思路与布局，统一规划种草植树，涵养蜜源，所选择的树种、草种，应和当地的农林业结构调整的总体思路、布局相吻合，这样才能形成规模，符合产业化发展的方向，实现产、供、销、技术服务一体化。以免出现林、果产品难卖的问题。四是，实行规模化种、养殖无论是养蜂，还是种草植树（种果树或发展蜜源林），都必须形成一定规模，才能调节和改善环境，产生规模经济效应。一般来说，要求每户饲养中蜂规模在20～50群，至少拥有自然或人工补充种植的蜜源林3～6公顷。

都相对较弱，使得其在林业生产经营活动中未能有效发挥其应有的“专业合作”性质。因此，林业专业合作组织亟须政府或其他经济组织的大力扶持，以使得其在新型市场竞争中能长久的存在并发展下去；而且，林业专业合作组织的相关制度政策也需要尽快完善，以使得林业专业合作组织能有效集合组织内部的资金、劳动力、技术等多种资源信息，统一改善林业生产基础设施，提高林业经营的生产要素配置效率水平，达到组织内林业生产增效的目标。另外，需要注意的是，目前广大农户对林业专业合作组织的认识不足，没有真正了解到合作组织为林农带来的切实利益，所以大都持观望和无所谓的态度，所以，政府应将林业专业合作组织的功能宣传到位，积极引导农户参与其中，切实享受到专业合作组织为林业经营带来的有关技术、市场、信息等方面的优势。通过合作社对农户林业生产经营进行统一引导。

（七）规范和改革木材采伐限额管理制度，落实和完善各项惠林政策措施

木材采伐限额管理制度的主要目的是为了平衡国家发挥森林生态效益目标与林农户

林业经营短期利益最大化之间的矛盾，故木材采伐限额管理制度本身不一定是主要矛盾，真正的矛盾在于如何满足各利益主体的效益最大化需求。即促进林农林业增收，实现林业收入来源多元化，降低采伐在家庭林业收入中的比例，进而满足国家和社会追求的生态、社会效益的最大化。具体的对策建议：首先，将木材采伐指标“阳光”分配，消除林农对木材采伐指标审批的心理“恐惧”，才能积极配合林业部门的限额采伐管理，从而积极地进行林业生产投入；第二，政府应逐步赋予林农木材自主采伐权利，进一步降低木材采伐限额，特别是对商品林；第三，政府应通过鼓励发展林下经济等方式，促使农户家庭林业收入的多元化，降低木材采伐在林业收入中的比例，以缓解不同主体间经济效益与生态效益最大化的矛盾。从本文分析结果来看，农户林下经济在农户家庭林业收入比例中不断增大，这需要进一步维持和巩固，特别是对具有短、平、快特点的林下经济和经济林的发展和引导。

其次，充分落实各项惠林政策，增加对林农林业经营的各类补贴，并加强林业基础设施建设。在对农户问卷调查时也发现，部分农户营林积极性低下的原因就是林业工程补贴额过低，整个林业市场萎靡，农户觉得营林没有前途，所以大都选择放弃林业经营或仅是靠天吃饭，不对林业经营进行过多的要素投入。因此，基于林农的小农属性，其风险承受能力低下，他们看不到林业经营的长期稳定收益，需要政府提供直接快捷的利益，才能在一定程度上调动广大林农的营林积极性。提供林业补贴的形式要结合林农的实际需求，可以采取工程项目、现金、技术、种苗等多样化的林业补贴投入形式。

附件：集体林地生产经营限制性因素计量分析模型构建及主要结果

（一）模型构建

集体林权制度改革后，一些原来限制集体林区林业生产经营发展的因素正在逐渐消失或减轻，如：林地产权、税费、流通限制、政策性投入等因素。但是，林业生产经营仍然受到林农资金、技术、劳力、林地资源可获得性、林业政府补贴、林业收入预期等因素的限制。特别在当前的经济环境下，林农户作为“理性经济人”，更愿意把资金、劳动力等投入到比林业产出有更高回报的领域。经济学理论认为，林改后农户林业生产投入规模的大小主要取决于农户对林业投入期望效益（E）。当每单位林业投入所产生的边际效应大于边际成本时，或者林业投入的期望效益大于零（E>0）时，林农会选择不断扩大林业生产投入；反之，则不会增加，甚至收缩林业投入规模。

综上所述及监测显示，林农户林业经营投入规模存在较大差异。本专题将从多方面对林业投入规模的影响因素进行综合分析，设置模型如下：

$$Y=b_0+b_1x_1+b_2x_2+\cdots+b_nx_n+u \quad (1)$$

式中：Y表示林业经营投入规模；自变量x表示影响林农林业投入的因素；自变量x前面的系数表明自变量和因变量的正相关或者负相关关系；u是随机误差项。

（二）变量界定

1. 因变量界定

本专题研究因变量Y为农户林业生产经营的投入规模，分别从农户资金投入规模和劳动力投入规模两个方面进行分析。林业资金投入包括种苗、化肥农药、机械和畜力、税费等货币支出（单位：元）。劳动力投入规模包括自投和雇佣劳动力，为了避免不同地区因工日价格不同而产生的差异，使数据更加客观、具有可比性，林业劳动力投入采用的单位不是金额“元”，而是“工日”表示（表5-19）。

表 5-19　变量界定

变　量	变量说明
因变量	
1. 林业资金投入规模	包括种苗、化肥农药、机械和畜力、税费等（元）
2. 林业劳动力投入规模	包括自投和雇佣劳动力（工日）
自变量	
1. 林地特征	
林地块数	农户林地块数（块）
块均面积	平均每块林地面积（亩）
2. 户主特征	
年龄	户主年龄（岁）
教育	户主受教育程度，1= 小学及以下，2= 初中，3= 高中（中专），4= 大专及以上
村干部经历	户主是否有村干部经历，1= 有，0= 否
3. 农户家庭特征	
家庭劳动力	家庭劳动力数量（人）
未外出劳动力	家庭未外出劳动力数量（人）
林业收入	家庭全年与林业相关的收入，包括采伐、涉林打工等（元）
林权纠纷	是否有林权纠纷，1= 是，0= 否
4. 政策要素	
到乡镇距离	到乡镇距离（千米）
贷款	是否接受过贷款，包括林权抵押贷款、信用贷款等，1= 是，0= 否
林业科技培训	是否接受过林业科技培训，1= 是，0= 否
林业合作社	是否加入林业合作社组织，1= 是，0= 否
林业补贴	家庭全年获得的林业方面的补贴金额（元）
采伐指标评价	对林木采伐指标的评价，0= 不清楚，1= 不满意，2= 一般，3= 满意

2. 自变量界定

自变量的选取遵循全面性、重点性、科学性、可获得性和相关性原则。在综述前人研究的基础上结合监测调研实际，模型设置中将自变量分为4组（表5-20）。

表 5-20 农户林业资金和劳动力投入主要影响因素 Tobit 模型实证结果

项目	资金投入模型	劳动力投入模型
变量	系数（Robust 标准误）	系数（Robust 标准误）
林地特征		
林地块数	0.482（0.162）***	0.039（0.033）
块均面积	0.017（0.008）**	0.008（0.002）***
户主特征		
年龄	−0.0003（0.048）	−0.016（0.009）*
教育	1.156（0.617）**	−0.001（0.117）
村干部经历	−1.050（1.032）	0.148（0.187）
农户家庭特征		
外出劳动力数量	−0.760（0.359）**	0.052（0.067）
未外出劳动力数	0.677（0.354）**	0.192（0.074）***
林业收入	0.363（0.134）***	0.177（0.024）***
林权纠纷	4.126（1.324）***	0.707（0.221）***
政策要素		
到乡镇距离	−0.194（0.087）**	−0.030（0.016）*
贷款	1.499（1.192）	0.466（0.213）**
林业科技培训	0.582（1.041）	0.228（0.184）
林业合作社	−0.614（1.413）	0.518（0.228）**
林业补贴	0.161（0.155）	−0.037（0.028）
采伐指标评价	−0.107（0.458）	0.082（0.041）*
截距项	−11.427（3.411）***	1.377（0.672）**
Sigma	8.143（0.349）	1.852（0.078）

注：*、**、*** 分别表示在 1%、5% 和 10% 的水平上显著，分析过程中对资金投入规模、劳动力投入规模、林业收入、林业补贴 4 个指标取对数处理。

林地特征。主要用来描述农户林地细碎化程度，分别用林地块数和块均面积表示。

户主特征。户主在家庭决策中有重要影响力，研究分别用户主年龄、教育、村干部经历3个指标表示。

家庭特征。家庭的基本情况会影响到农户能否进行林业投入，以及林业投入规模。分别用家庭劳动力、未外出劳动力、林业收入、林权纠纷4个指标表示。

政策等外部要素。林改后林农户成为集体林区新的林业经营主体，政府为巩固和深化林改成果、维护林农利益，实施了一系列的林改配套政策。这一系列政策是通过农户主观评价和参与，进而影响农户林业生产投入。根据政府林改配套政策推进方向，本文选择林农户对配套政策主观评价和参与度的6个指标：到乡镇距离（由于样本农户多为偏远山区，调查显示到乡镇距离越远，道路等基础设置也相对更差，因而用这一指标代替农户评价反映基础设施情况更加准确）、林业合作社、林业科技培训、贷款、林业补贴、采伐指标评价。

3. 估计方法

对于林农户林业投入规模问题，研究数据的截取点为C=0，即因各种情况导致农户没有进行林业生产投入时，因变量Y_i=0。此时，因变量的概率分布变成由一个离散点与一个连续分布所组成的混合分布。在这种情况下，如果使用OLS来估计，无论使用的是整个样本，还是去掉离散点后的子样本，都不能得到一致估计。Tobin（1985）提出使用MLE估计模型，该方法被称为“Tobit”。因此，研究采用Tobit模型来估计林农户林业投入规模影响因素。

（三）模型结果

本专题报告结合STATA11.0软件，采用Tobit模型分析林业经营投入的影响因素。模型检验都十分显著，实证结果如表5-20所示。

林农户林业资金投入规模的影响因素：

①林地特征。林地块数和块均面积与林业资金投入都具有显著正相关关系。

②户主特征。户主受教育程度对林业资金投入具有显著促进作用。

③农户家庭特征。家庭劳动力数量对资金投入规模具有显著负向影响，而未外出劳动力数、林业收入与资金投入都呈正相关关系。林权纠纷也呈显著正相关，说明有林权纠纷的农户资金投入规模要显著大于没有林权纠纷的农户。

④政策要素。政策要素中基础设施与资金投入显著负相关。

农户林业劳动力投入规模的影响因素：

①林地特征。块均面积对林业劳动力投入具有显著正向作用。

②户主特征。户主年龄对农户劳动力投入规模具有负向作用。

③农户家庭特征。林业收入、林权纠纷都与林业劳动力投入规模呈正相关关系。

④政策要素。到乡镇距离与林业劳动力投入负相关，贷款、林业合作社、采伐指标的评价都与林业劳动力投入规模呈正相关关系。

2016

集体林权制度改革监测报告

森林保险体制与机制报告

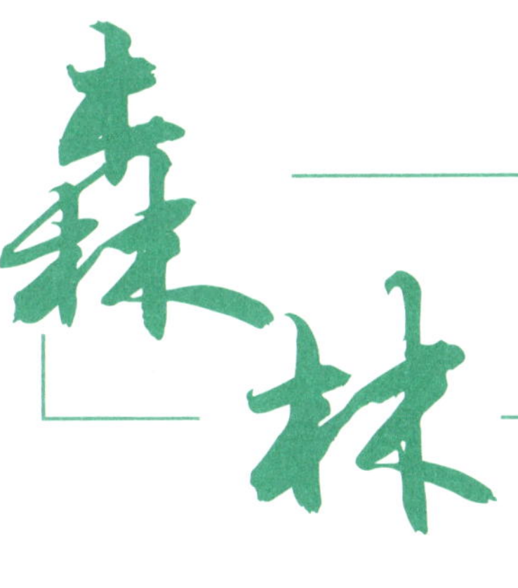

监测背景

一、问题提出

林业是一种生产周期长、风险性高的产业，在漫长的生产周期里，既易受到火、雪、旱、涝、病虫害等自然灾害袭击，又易遭到乱砍滥伐、毁林开荒等人为破坏，严重影响着森林生态系统的稳定与安全，制约着林业的可持续发展。伴随着不断深入的集体林权制度改革，林地分包到户，如果没有一项有效制度来化解和降低营林生产过程中的风险与不确定性，林农的营林收益就无法得到保障，与此同时，也会对林农的林业生产积极性带来负面影响。为了保障林业生产经营者的利益，降低林农生产经营风险，减少其因灾害带来的损失，需要建立良好的森林保险制度。

1982年，我国开始进行森林保险理论与方法的探讨，并在1984年进行了森林保险试点工作。此后，中央及地方政府对森林保险工作日益重视。2009年，财政部、国家林业局把森林保险纳入到国家政策性农业保险试点范围，在集体林权制度改革较快的福建、江西和湖南3省开展政策性森林保险试点工作；2010年，中央1号文件指出“要逐步扩大政策性保险试点范围”，为了落实这一指示精神，2010年5月，国家又增加了浙江、辽宁和云南等省作为试点，并将公益林保险的中央财政补贴提高至50%，地方财政补贴提高至40%。这些政策为森林保险的发展提供了良好的条件。时至今日，森林保险财政补贴试点工作已经过了风风雨雨的7年，政策性森林保险的运行绩效如何？当前政策性森林保险在运行过程中存在哪些体制与机制方面的问题？应该如何化解这些问题？为促进我国森林保险工作的可持续发展，亟待对政策性森林保险运行情况进行深入的调查研究。

二、湖南省现行政策性森林保险的主要政策措施

湖南省是首批取得国家政策性森林保险试点资格的省份之一。2009年在中央政府各职能部门的支持和指导下，湖南省启动了政策性森林保险试点工作。为此，湖南省先后制定并出台了《湖南省森林保险实施方案》《湖南省森林保险条款》《湖南省森林保险灾害损失现场查勘定损规程（试行）》和《湖南省公益林保险承保理赔操作规程》等政策文件，对政策性森林保险的试点范围、具体实施方案、承保责任、保险理赔细则等具体内容做出了明确的规定，为试点工作的深入开展提供了制度保障，使湖南省的政策性森林保险工作做到了有据可依（表6-1）。

表 6-1　湖南省政策性森林保险实施规范

项目	内　容
保险标的	省级以上公益林和符合投保条件的商品林
被保险人	林木所有权者（林主）
保险期限	一年一定

（续）

项目	内　容
保险责任	综合险：包括森林火灾、水灾、旱灾、冻灾和病虫鼠害等造成被保险林木的流失、掩埋、主干折断、死亡或者推定死亡，损失亩数超过承保面积的 10%（最高不超过 10 亩）以上的部分，按保险合同约定负责赔偿
保险金额与费率	公益林：保额每亩 400 元，保费费率 0.4% 商品林：保额每亩 800 元以下，费率 1% 以内，由保险双方协商确定
保费	公益林每亩 1.60 元
财政补贴	公益林：中央 50%、省 30%、市（州）县（市、区）10%+ 商品林：中央 30%、省 25%、市（州）县（市、区）10%
赔偿处理	（1）为了便于操作，湖南省设定因灾损失面积达到承保面积的 10% 起开始赔付 （2）将“推定死亡”纳入到保险责任中
风险准备金	保险承保公司按保费收入的 25% 计提灾害风险准备金
承保机构	公益林：人保财险湖南分公司和中华联合财险湖南分公司 商品林：各县市区可自行选择承保机构

专题调查与分析

2016年，国家林业局集体林权制度改革监测项目湖南小组承担了森林保险体制与机制专题研究，采用随机抽样方法获得了10个样本县50个样本村500个样本农户的有效调查数据。此次调查对象包括县林业局、村集体和农户，重点考察了农户对森林保险需求、森林保险服务满意度评价、受灾赔偿情况及森林保险效率等方面的相关内容。

一、样本农户基本情况分析

为深入分析森林保险的相关影响因素，对林农的个体特征、家庭基本情况及特征进行了深入地调查与分析。

（一）林农个体特征

林农个体特征是指被访林农的个人情况，包括年龄、文化程度、是否从事与林业生产经营有关的活动、是否村干部等。调查数据显示，被调查林农的个体特征表现为：林农的平均年龄为57岁，平均文化程度为初中，从事与林业有关经营活动的林农占76.80%，其中有26.80%的被访林农为村干部（表6-2）。

表 6-2　被调查林农的个体特征

年龄（岁）	30 岁以下	31 ~ 40	41 ~ 50	51 ~ 60	60 岁以上
比例（%）	1.20	4.20	22.00	29.80	42.80
受教育程度	小学及以下	初中	高中或中专	大专及以上	
比例（%）	45.00	42.20	11.80	1.00	
是否从事与林业有关的经营活动	是	不是			
比例（%）	76.80	23.20			
是否村组干部	是	不是			
比例（%）	26.80	73.20			

从被访林农个体特征来看，被调查林农能够符合信息采集的基本要求，调查数据具备较高的采信度和分析应用价值。

（二）样本农户家庭基本情况与特征

1. 样本农户家庭基本情况

截至2015年底，样本农户家庭总人口2720人，户均人口5.44人，劳动力总数1568人，占总人口的57.65%，抚养比①为73.47。42.47%的家庭劳动力外出打工，66.20%的农户家庭以务农为主（表6-3）。

表 6-3　样本户家庭基本情况

户均人口（人）	户均劳动力（人）	农户家庭职业结构（%）					
		务农	务农兼打工	务农兼工副业	长期外出打工	固定工资收入者	其他
5.44	3.14	66.20	16.00	3.60	5.00	5.80	3.40

2015年，样本农户户均总收入55981元，其中林业收入约占总收入的7.17%；农户家庭收入来源主要靠打工的占68.60%，靠农业生产的占18.00%，靠林业生产的只占3.20%（表6-4）。

表 6-4　样本户家庭收入及主要来源构成

户均总收入（元）	农户家庭收入主要来源构成（%）						
	靠打工	做生意	靠固定工资	靠农业生产	靠林业生产	靠政府补助	其他
55981	68.60	3.40	3.20	18.00	3.20	0.80	2.80

2015年农户家庭耕地总面积1785亩，户均耕地3.57亩，人均耕地0.66亩。样本户林地总面积24181亩，户均林地48.36亩（人均林地8.89亩），林地依然是农户家庭的重要生产资料。2015年农户家庭户均林业收入3444.46元，其中，经济林收入占29.55%，林下经济收入占19.63%，用材林收入占16.70%，涉林打工收入占13.39%，转移性林业收入占12.27%，竹林收入占4.91%，其他收入占3.55%（表6-5）。

表 6-5　农户家庭林业收入情况

分类项目	户均收入（元）	所占比例（%）	比例排名
林业总收入	3444.46	100.00	—
其中：用材林收入	575.38	16.70	3
竹林收入	169.00	4.91	6
经济林收入	1017.90	29.55	1
林下经济收入	676.28	19.63	2
涉林打工收入	461.06	13.39	4
转移性林业收入	422.54	12.27	5
其他收入	122.30	3.55	7

① 抚养比也称劳动力负担系数。是指总人口中非劳动年龄人口数与劳动年龄人口数之比，说明100名劳动年龄人口大致要负担多少名非劳动年龄人口。

2. 样本农户家庭特征

从农户家庭总的数据特征（表6-6）看，家庭人口5～6人最多，占43.60%；家庭劳动力2～3人最多，占54.20%；林地规模小于20亩的农户最多，占样本户的49.00%，其次是20～60亩，占样本户的28.40%，家庭林地规模超过150亩的农户占7.44%，其中，有27户被调查农户林地规模超过200亩（占样本户的5.40%），1家林业大户家庭林地规模超过1000亩（占样本户的0.20%）。林农家庭年收入在3万～6万元的比例最高，占样本户的37.20%；其次是3万元以下的占样本户的28.20%；家庭年收入在9万元以上的只占样本户的16.40%。林业收入方面，38.00%的农户家庭基本上没有收入，36.60%的农户家庭年收入在1000元以内，年收入1万元以上的家庭只占样本总数的6.20%。

表 6-6　被调查林农的家庭特征

家庭人口（人）	1～2	3～4	5～6	7～8	9人以上
比例（%）	6.60	28.00	43.60	12.40	9.40
劳动力数量（人）	≦1	2	3	4	≧5
比例（%）	9.40	27.80	26.40	22.00	14.40
林地规模（亩）	20亩以下	20～60	60～100	100～150	150亩以上
比例（%）	49.00	28.40	10.60	4.60	7.40
家庭收入（万元）	3万元以下	3～6	6～9	9～12	12万元以上
比例（%）	28.20	37.20	18.20	7.80	8.60
林业收入（万元）	0	0～0.1	0.1～0.5	0.5～1.0	1万元以上
比例（%）	38.00	36.60	14.60	4.60	6.20

（三）样本农户参与森林保险情况分析

在样本农户中，2015年有298户购买了森林保险（占样本总数的59.60%）；参保林地面积为11390亩。其中，样本农户拥有的公益林面积7840亩全部参保， 商品林参保面积为3550亩，参保面积占商品林总面积16341亩的33.77%（表6-7）。

表 6-7　样本农户参与森林保险情况

项目	参保数	总数	参保数占比（%）
农户（户）	298	500	59.60
公益林（亩）	7840	7840	100.00
商品林（亩）	3550	16341	21.72

对于参保农户，当问及参加森林保险的原因时，59.40%的农户反映为“政府要求统一购买”；30.87%的农户表示“有政府的保险补贴”；9.06%的农户表示为“减少灾害损失”；0.67%的农户表示为“方便获得林权抵押贷款”（表6-8）。

表 6-8　2015 年样本农户参加森林保险的原因分析

参保原因	农户数（户）	占比（%）	排序
政府要求统一购买	177	59.40	1
有政府保险补贴	92	30.87	2
减少灾害损失	27	9.06	3
方便获得林权抵押贷款	2	0.67	4
合计	298	100.00	—

当问及参保农户参加森林保险的途径时，94.30%的农户表示为“政府统保”，表示为“家庭自主投保”的农户只有2户，占参与森林保险农户总数的0.67%（表6-9）。农户家庭自主投保的主要目的就是为方便获得林权抵押贷款。

表 6-9　2015 年样本农户参加森林保险的途径

参保途径	农户数（户）	占比（%）	排序
政府统保	281	94.30	1
村小组或村集体投保	12	4.03	2
合作组织投保	3	1.00	3
家庭自主投保	2	0.67	4
合计	298	100.00	—

二、基于农户视角的现行森林保险工作评价

（一）林农对森林保险总体认知情况分析

林农对森林保险的实施目的、实施程序和实施内容的认知程度，直接影响到森林保险的开展情况与实施效果。

1. 林农对森林保险的认知情况

随着政策性森林保险工作的不断推进，各级政府通过各种渠道向农户发布森林保险的相关信息，这些渠道包括电视、广播、报纸、宣传册等传统的大众媒体，也有网络等现代传播媒体，以及乡村干部、亲朋好友、公司等的人员传播渠道。但调查数据显示，当前林农对森林保险的认知程度并不高；在被调查的样本户中，明确表示“了解森林保险政策”的农户只占样本户的40.00%；表示“知道政策性森林保险”的农户占样本户的36.40%；此外，调查数据还显示，截至2015年底，占77.60%的样本农户表示从未购买过任何形式的商业保险（表6-10）。由此可见，农户对森林保险知晓度不高，对其他商业保险了解得更少。

表 6-10　被调查林农对森林保险的认知情况

项　目	了解森林保险吗		知道政策性森林保险吗		购买过其他商业保险吗	
	了解	不了解	知道	不知道	没有	有
农户数（户）	200	300	182	318	388	112
比例（%）	40.00	60.00	36.40	63.60	77.60	22.40

2. 林农对政策性森林保险保费补贴的认知情况

湖南省自2009年开始实施政策性森林保险，中央、省、市、县四级财政按照不同比例承担了公益林90%以上、商品林65%的保费，林农只承担了公益林不到10%[现实中对于公益林保险，很多县（市）财政包揽了该农户承担的部分保费]、商品林35%的保费。政府对森林保险保费补贴，是党和政府新时期一项重要的惠民政策。林农对政府保费补贴政策的认知程度，不仅能够极大地促进森林保险的广泛开展，更为重要的是让林农感受到政府对林业和林农利益的重视和保护。

但调查数据表明，农户对当前的保费补贴政策知晓情况并不乐观。占39%的农户表

示“完全不知道有保费补贴”，占51.60%的被访林农表示“知道有保费补贴，但不知道保费补贴比例”；只有占9.40%的农户表示“知道有保费补贴，并清楚政府保费补贴比例”（表6-11）。

表 6-11　农户对森林保险保费补贴政策的知晓情况

知晓情况	农户数（户）	占比（%）
知道有保费补贴，并清楚政府保费补贴比例	47	9.40
知道有保费补贴，但不知道政府保费补贴比例	258	51.60
完全不知道	195	39.00

对于“清楚政府保费补贴比例”的林农，当进一步问及“各级政府保费补贴的比例”时，只有4户（占0.80%）能够完全知晓国家、省、地市、县财政补贴的具体比例。通过林农的回答我们可以看出，通过林业站和村干部的宣传发动，林农虽然参与政策性森林保险的意识较强，但是林农对国家森林保险保费补贴政策的了解情况并不是太好。

3. 林农对政策性森林保险条款内容的认知

林农对森林保险条款内容的深入了解，一方面能强化林农的保险意识，另一方面也有助于森林保险工作的有序开展。为进一步了解林农对森林保险条款内容的认知程度，湖南组针对样本农户开展了相关问题的调查研究。

农户调查数据显示，对于森林保险合同的具体条款、保险业务流程及保险责任范围的知晓度较低。对于森林保险合同的主要条款，只有占2.60%的农户表示“了解得比较清楚”；其他有不到1/3的农户表示“大体了解”和“有些了解”，还有约占2/3的农户表示对保险合同条款“根本不了解”（表6-12）。对于办理森林保险的业务流程，81.80%的被访农户表示“不知晓”；对于是否了解保险责任范围，64.40%的农户表示“不知晓”（表6-13）。

表 6-12　林农对森林保险合同主要条款的知晓度

是否了解森林保险合同主要条款	农户数（户）	占比（%）
了解得很清楚	13	2.60
大体了解	48	9.60
有些了解	117	23.40
根本不了解	322	64.40
合计	500	100.00

表 6-13　林农对森林保险业务流程、保险责任范围的知晓度

是否知晓保险业务流程	农户数（户）	占比（%）	是否知晓保险责任范围	农户数（户）	占比（%）
知晓	91	18.20	知晓	168	33.60
不知晓	409	81.80	不知晓	382	66.40

调查中，当问及林农“保险公司业务人员是否以口头或书面形式告知您办理保险的业务流程”时，85.20%的农户表示“没有”；而对《保险法》明确规定的强制要求——“保险业务人员必须向被保险人书面或口头解释免责条款”，被调查林农回答“没有”的比例竟高达86.40%（表6-14）。

表 6-14　林农对基层森林保险工作的评价

有无被告知保险业务的流程	农户数（户）	占比（%）	是否被告知保险免责条款	农户数（户）	占比（%）
有	74	14.80	有	68	13.60
没有	426	85.20	没有	432	86.40

数据显示，被访农户对森林保险条款内容的认知度较低，但其中少数家庭林地较多的“林业大户”“林业专业户”却表现出令人欣喜的结果。例如沅陵县官庄镇太平村的刘某、茶陵县思聪乡烈星村的邓某、蓝山县荆竹瑶族乡新寨村的赵某等，他们这些家庭林地面积成百上千亩的林业大户，都表示对森林保险条款内容“了解得很清楚”，不仅如此，他们还能对森林保险的现有条款提出一些质疑性的问题来，比如对于近熟林和成熟林，森林灾害发生后损失究竟是按林木蓄积还是按面积赔偿更为合理的问题；这些问题的提出，反映出“林业大户”“林业专业户”他们对于森林保险条款都进行了一定程度的研究，同时也对森林保险实施方案的进一步细化提出了明确的要求。

小结：通过以上分析可以看出，大部分林农对森林保险的了解程度很低，林农对森林保险合同的责任条款和投保条款等重要问题并不十分清楚；林农对政策性森林保险虽然有一定程度的认知，但认知水平并不高。政策性森林保险作为一项重要的惠农政策，只有林农对其获得深入认知并切身感受到政策的好处，才能提高其参与森林保险的积极性，进而促进森林保险得到更好的发展。故此，提高林农对森林保险相关政策的认知程度，对于开展森林保险来说不仅意义重大，而且还是一项长期的艰巨性工作。

（二）林农对现行森林保险主要条款的评价

森林保险制度设计中的保险责任、保额和保费等主要条款是否合理，直接影响到林农参与森林保险的积极性，因此要促进森林保险工作的有效开展，就要分析这些条款内容是否设计合理、是否符合林农的需求。林农作为森林保险服务的消费者，其评价能够直接地反映出这些条款内容的合理性，林农评价的满意度越高，说明林农对森林保险的认可度越高，参与的可能性就会越大。

1. 林农对现行森林保险责任条款的评价

目前，湖南省政策性森林保险政策规定的保险责任是综合险，包括森林火灾、水灾、旱灾、冻灾和病虫鼠害等造成保险林木的流失、掩埋、主干折断、死亡或者推定死亡，损失亩数达到承保面积的10%（含，最高不超过10亩），按保险合同约定负责赔偿。调查数据显示，对此条款有占48.80%的被访农户表示“满意”和“比较满意”，只有占1.20%的农户表示“不满意”，还有占50.00%的被访农户表示“不清楚”（表6-15）。

表示对现行森林保险责任条款“不满意”的农户，通过进一步的访谈得知，他们主要是对“损失亩数达到承保面积的10%（含，最高不超过10亩）”此款内容不满意。一些受灾林农认为此款对起赔点设置太高，他们建议不设起赔点，凡受损1亩以上就应理赔。表示对现行森林保险责任条款“不清楚”的农户，主要源于两个方面的成因：一是有占相当数量的未参保农户，对何为“保险责任”都没弄清楚概念；二是少数参保了的

表 6-15　农户对现行森林保险责任条款的满意度评价

对保险费率是否满意	农户数（户）	占比（%）
满意	141	28.20
比较满意	103	20.60
不满意	6	1.20
不清楚	250	50.00
合计	500	100.00

农户，由于他们参保的是公益林政策性森林保险，政府给予的是“统保”，他们从来就没有真正关心过保险责任的问题，对保险责任条款自然也就“不清楚”了。

通过以上分析可以看出，对于关心过森林保险责任条款的农户来说，对条款的主要内容绝大多数农户是“满意”和“比较满意”的，说明当前湖南省森林保险责任条款的设定基本上是符合林业生产经营者参与森林保险的现实需求的。

2. 林农对现行森林保险保额的评价

不管公益林还是商品林，目前湖南省政策性森林保险执行的保额都是400元/亩。在征询林农对现行森林保险保额是否满意的调查中，有46.40%的农户分别表示“满意”和“比较满意”，有占7.4%的农户表示“不满意”，还有占46.20%的农户表示“不清楚”（表6-16）。

通过访谈得知，表示对保额条款“不清楚”是否满意的农户，基本上都是从未参保的农户家庭，他们大多也没有接触过商业保险，对于保险金额的概念都不清楚。对森林保险金额表示“不满意”的农户，他们不满意的原因都是认为保额设定太低。访谈得知，政策性森林保险金额400元/亩的设定确实有些偏低，据测算，现在营造1亩用材林其成本已达1000～1500元（含3年抚育），远高于400元。因此，调查中有不少基层林业干部建议，应将保险金额至少提高到1000元/亩，保险费率应降至0.2%左右。

表 6-16　农户对现行森林保险金额的满意度评价

对保险金额是否满意	农户数（户）	占比（%）
满意	122	24.40
比较满意	110	22.00
不满意	37	7.40
不清楚	231	46.20
合计	500	100.00

3. 林农对现行森林保险保费及保费补贴措施的评价

林业是一个高风险弱质产业，在没有政府补贴的情况下，林农需要缴纳较高的保费才能享受到森林保险降解经营风险的效用，所以对森林保险保费进行补贴，在很大程度上能够促进林农对森林保险的现实需求。

据调查，无论是公益林还是商品林，目前湖南省政策性森林保险政策执行的保费率都为0.4%，保费为1.60元/亩。10个样本县实行的都是公益林保费补贴90%（少数县实行了全额补贴）、商品林保费补贴65%的政策性森林保险，农户家庭实际需缴纳的保费很少。在此情况下征询林农对森林保险保费率条款的满意情况，数据显示，有占49.80%的农户表示“满意”和“比较满意”，只有3.00%的农户表示“不满意”，还有占47.20%的农户表示“不清楚”（表6-17）。

表 6-17　农户对现行森林保险保费（率）的满意度评价

对保险费（率）是否满意	农户数（户）	占比（%）
满意	145	29.00
比较满意	104	20.80
不满意	15	3.00
不清楚	236	47.20
合计	500	100.00

数据分析得出，表示“不满意”的林农参保的全部为商品林；他们参保的原因或是为了获取林权抵押贷款或是为特殊的商品林（珍贵树种）降解风险，对比保费补贴90%以上的公益林保险，认为商品林保费补贴太少，所以不满意。对保费措施表示“不清楚”是否满意的农户，他们家里只有商品林，而且面积不多地块分散，当地政府根本没有把商品林纳入政策性森林保险范围，所以，他们对政策性森林保险保费补贴措施普遍反映“不清楚”，进而也就“不清楚”对保费措施究竟是满意还是不满意了。

小结：通过调研发现，当前湖南省政策性森林保险条款内容的设定基本上是合理的，符合广大投保农户的基本需求，得到了广大参保农户的积极认可；对森林保险政策设计的保险责任范围、保险金额和保费（率）等主要条款内容，绝大部分参保农户都给予了较高的评价，说明湖南省森林保险政策制定基本上符合当前本地区林业生产的客观实际，总体能够满足林业生产者降解经营风险的现实需求。与此同时，农户普遍认为应降低当前森林保险责任面积的规定标准（10 亩以上）；在森林资源相对丰富地区，有不少林农对保险金额标准（400 元 / 亩）提出了较多的质疑。

（三）林农对现行森林保险服务的评价

1. 林农对政策性森林保险服务的总体评价

随着森林保险工作的不断深入，森林保险的法律法规、政策制度及实施规则都在不断完善之中，因而，农户对现行森林保险服务的总体满意度较高。调查数据显示：2015年参保样本户中有142户（占比达47.65%）表示对森林保险总体“满意”；有98户（占比为32.89%）表示对森林保险“很满意”，表示“不满意”和“很不满意”的农户数分别为16户和9户，合计占比仅为8.39%（表6-18）。

表 6-18　农户对政策性森林保险的总体满意度

总体满意程度	农户数（户）	占比（%）
很不满意	9	3.02
不满意	16	5.37
一般	33	11.07
满意	142	47.65
很满意	98	32.89
合计	298	100.00

2. 农户对保险合同签订工作的评价

保险合同的签订是开展森林保险工作的基础环节，保险合同的签订能否得到林农的认可与信赖直接关系到森林保险工作能否顺利开展。在保险合同签订前，保险公司的工作人员应该深入乡村对农户进行广泛的政策宣传；在保险合同签订过程中，保险公司的工作人员应该与农户进行广泛的业务沟通；在广泛宣传和业务沟通的基础上，保险公司应该直接与农户家庭签订保险业务合同。

课题组在对2015年参加过森林保险的298户农户的调查中，当问及“在保险合同签订前后是否见过保险公司的工作人员”时，回答“见过”的农户数只有64户，回答“没有见过”的农户数达127户，还有107户回答为“不清楚”（表6-19）。

表 6-19　被访林农是否见过保险公司工作人员

是否见过保险公司人员	林农数（户）	占比（%）
见过	64	21.48
没有见过	127	42.62
不清楚	107	35.90
合计	298	100.00

当进一步问及农户森林保险合同是否由家庭成员签订时，只有89户回答是自己家庭成员签订，有167户回答不是自己家庭成员签订，还有42户对是否家庭成员签订“不清楚”（表6-20）。

表 6-20　被访林农家庭森林保险合同签订情况

是否家庭成员签订	林农数（户）	占比（%）
是	89	29.87
不是	167	56.04
不清楚	42	14.09
合计	298	100.00

上述调查数据反映，在签订保险合同前后见过保险公司工作人员的农户数不足1/4，肯定保险合同由家庭成员自己签订的农户数不足30%。这就充分说明，在森林保险业务工作中保险公司对农户的政策宣传发动工作是不够的，与农户的业务沟通是十分欠缺的。调查了解到，现实中森林保险业务由乡镇林业站工作人员和乡村干部代办现象十分普遍。

3. 林农对勘查、定损工作及理赔满意度评价

湖南省自2009年开展森林保险工作7年来，监测样本户中累计有119户（占7年来累计参保农户数的5.70%）得到过森林灾害保险赔款。进一步访谈得知，在7年来累计得到过灾害赔款的119户中，有64户反映见过勘查定损人员，有43户表示没有见过，还有12户表示“不清楚”（表6-21）。

对于灾后定损情况的评价，在受灾理赔农户中有占14.29%的农户认为“很合理”，有占65.55%的农户认为“基本合理”，有占13.44%的农户认为“不太合理”，还有占2.52%的农户认为“很不合理”（表6-22）。

表 6-21　受灾农户是否见过勘查定损人员

是否见过	7年来累计发生农户数（户）	占比（%）
见过	64	53.78
没见过	43	36.13
不清楚	12	10.09
合计	119	100.00

表 6-22　农户对灾后勘查定损工作的评价

是否家庭成员签订	农户数（户）	占比（%）
很合理	17	14.29
基本合理	78	65.55
不太合理	16	13.44
很不合理	3	2.52
不清楚	5	4.20
合计	119	100.00

在得到过灾害赔款的农户中，有占21.21%的农户认为赔付“很及时”，有占41.18%的农户认为“基本及时”，认为“不及时”和“很不及时”的农户数占28.79%（表6-23）。

表 6-23　农户对灾后赔款及时性的评价

是否家庭成员签订	农户数（户）	占比（%）
很及时	24	21.21
基本及时	49	41.18
不及时	27	17.87
很不及时	13	10.92
不清楚	6	5.95
合计	119	100.00

综合受灾查勘定损、理赔的整个过程，因灾获得赔款的农户对于灾后赔付情况总体满意度较高，表示“满意”和“基本满意”的农户数达到了81.51%，表示“不满意”的农户数只占11.77%（表6-24）。

表 6-24　农户对灾后赔付情况满意度评价

总体满意程度	农户数（户）	占比（%）
满意	54	45.38
基本满意	43	36.13
不满意	14	11.77
不清楚	8	6.72
合计	119	100.00

4. 林农对保费补贴效果的评价与建议

湖南省自2011年起对省级以上公益林实行统保，保费补贴政策为：中央财政补贴50%，省财政补贴30%，市县财政补贴10%，林权权利人负担10%（可由市县财政承担）。对于商品林保险采取市场化运作，保费补贴政策为：中央财政补贴30%，省财政补贴25%，鼓励市县财政给予保费支持。调查中了解到，少数地区对于公益林保险市县财政完全承担了林权权利人的保费负担；换句话说，就是林权权利人无需负担任何保费。

课题组就森林保险保费补贴政策效果情况对农户进行了调研。数据表明（表6-25），有272户（占54.40%）认为效果“很好”，能降低参保成本，促进农户参保；有94户（占18.80%）认为效果“一般”，有一定作用但不很明显；还有134户（占26.80%）认为效果“较差”。

表 6-25　农户对保费补贴政策效果评价

保费补贴效果	农户数（户）	占比（%）
很好	272	54.40
一般	94	18.80
较差	134	26.80
合计	500	100.00

进一步分析发现，认为效果“较差”的主要是未参保农户，可能是因为他们家里没有公益林、没有能够享受到保费补贴政策的红利；认为效果“一般”的主要是有参保、但未发生过森林灾害的农户，他们认为森林保险保费补贴的直接受益者实际上为保险公司而非农户。对此，当问及这些认为保费补贴效果“一般”或“较差”的农户“保费补贴政策该如何改进”的时候，有97户建议“由农户自主购买，政府补贴给农户”；有69户建议“扩大补贴范围，全面惠及农户”；有56户建议“取消补贴，把各级财政补贴经费用以加强林区的“三防”基础设施建设”，还有6户建议“由农户自主购买，政府再补贴给公司”（表6-26）。农户的这些建议，反映出当前农户对森林保险保费补贴政策的不同理解，具有不同的价值取向。

表 6-26　农户对保费补贴政策的改进建议

建　议	农户数（户）	占比（%）
自主购买，政府补贴给公司	6	2.63
自主购买，政府补贴农户	97	42.54
扩大补贴范围，全面惠及农户	69	30.26
取消补贴，用以加强林区“三防”建设	56	24.57
合计	228	100.00

小结：通过调研发现，湖南省自政策性森林保险开办以来得到了广大林农的认可，森林保险受益面较广，投保林农对参保政策性森林保险总体比较满意；各级政府财政对林农购买森林保险投入了大量的保费补贴，大大降低了林农负担，对促进农户参保起到了积极的推动作用。通过林农对森林保险服务的评价可以看出，有相当多的农户在保险合同签订前后没有见过保险公司工作人员，在得到过受灾赔偿的农户中有超过 1/3 的林农没有见过勘查定损人员，森林保险经营机构的服务并不完善。

（四）农户参与森林保险的意愿分析

1. 农户对参与森林保险的重要性认识及需求分析

林农对于森林保险重要性的认识，是开展好森林保险工作的重要基础。本次调查，在针对农户关于森林保险重要性认识程度的调查中，有412户认为森林保险“重要”，88户认为“不重要”；认为“重要”的农户数占82.40%（图6-1）。

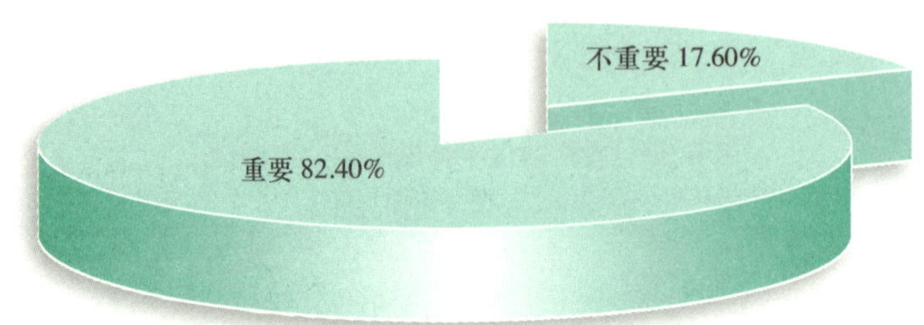

图 6-1 林农对森林保险重要性的认识情况

当进一步问及“您家对森林保险是否有现实需求”时，29.60%的农户表示有“很高需求”，39.60%的农户表示“有一般需求”，有保险需求的农户数占样本总数的69.20%，30.80%的农户表示“没有需求”（表6-27）。可见，即使在当前政府财政补贴扶持条件下，依然有近1/3的农户对森林保险缺乏现实的需求意愿。

表 6-27 政府财政补贴扶持下农户对森林保险的需求评价

对森林保险有无现实需求	农户数（户）	占比（%）
有很高需求	148	29.60
有一般需求	198	39.60
没有需求	154	30.80
合计	500	100.00

对农户进一步问及“如果没有政府财政补贴，您家是否还会继续参加森林保险”时，表示“会”的农户数只有197户，占样本户总数的39.40%；表示“不会”的农户数为303户，占样本户总数的60.60%（表6-28）。数据表明，如果缺乏政府财政补贴政策措施的激励，将会导致绝大多数农户丧失参与森林保险的意愿。由此可见，现阶段农户对森林保险实际的有效需求依然严重不足。

表 6-28 缺乏政府财政补贴扶持下农户对森林保险的有效需求

对森林保险有无需求意向	农户数（户）	占比（%）
有	197	39.40
没有	303	60.60
合计	500	100.00

2. 农户未参与森林保险的原因分析

数据显示，2015年农户未参与森林保险的原因排序见表6-29。反映“对森林保险不了解”的未参保农户数占33.66%，他们普遍反映既不了解森林保险是什么、投保为什么，也不了解怎样才能获得保险补贴，更不知道怎样去投保。这一方面反映出基层森林保险业务的宣传发动工作很不到位，同时也反映出林农接受政策宣传的能力（诸如年龄、文化程度、对林业生产经营的关心程度等）对参保意愿也有重要影响。反映“没必要”的未参保农户数占27.23%，他们普遍反映家庭林地少、地块分散，林业收入低，因此没必要投保；由此可见，家庭林地规模及其分散程度，是影响林农参保意愿的又一个重要因素。反映“想投保没渠道”的未参保农户数占19.80%，他们反映的主要是当地未开展商品林政策性森林保险，而他们想参与商品林的政策性森林保险却没有渠道；这实质上跟“全为商品林，投保没有补贴”而未参保的农户（占10.89%）反映的是同一个问题，即能否获得保费补贴；由此可见，能否获得保费补贴是影响林农参保意愿的一个极为关键的因素。

表 6-29　2015 年未参与森林保险的原因调查

原　因	农户数（户）	占比（%）	排序
对森林保险不了解	68	33.66	1
收益低，没必要投保	55	27.23	2
想投保没渠道	40	19.80	3
全为商品林，投保没补贴	22	10.89	4
理赔麻烦	8	3.96	5
保费高	4	1.98	7
其他	5	2.48	6
合计	202	100.00	—

当前，农户普遍把提高家庭收入作为第一要务，因而更多地去追求工资性收入，林业比较收益低使得农民已经不再重视林业生产经营，在“田都不愿意种”的态势下，可以认为农户的投保目标已经不再满足于保生产成本，而是要提高森林保险的保障水平，逐步由成本保险向收入保险转变。在假设森林保险保费补贴不变的情况下，随着保障水平的提高，势必会增加农户投保成本，那么农户是否还有意愿购买森林保险，关键是农户是否具有对所承担保费的投保能力。

对策建议

一、明确建立市场化运作的森林保险体制

（一）厘定商品属性，正确看待政府保费补贴的效能与作用

前述调查与分析得出，财政保费补贴政策确实是推动森林保险快速发展的至关重要的因素，但是我们不能从根本上忽视森林保险的商品属性。尽管各级政府有对森林保险保费的财政补贴，但是，森林保险同现实中的养老保险、医疗保险、失业保险等保险产品是有根本性区别的。养老保险、医疗保险、失业保险等保险产品的供给方是政府，它们是政府提供给社会公众的一种福利性保障。而森林保险产品的供给方是保险公司，同

普通的财产保险产品一样，它们是保险公司为社会提供的一种服务性商品。既然是服务性商品，森林保险就有服务价格；这种服务价格，要由森林保险的供给方——保险公司和森林保险的需求方——林业生产经营主体共同约定，明确各自的权利与义务，并通过签订保险合同的形式确定下来，进行相互约束。同时，森林保险作为一种商品，它要受到供求关系的影响并接受价格机制的调节。各级政府对森林保险提供保费补贴，在一定程度上对市场机制的作用产生了影响，但没有也无法从根本上取代市场机制。政府的财政补贴作为保费的组成部分，最终由提供森林保险服务的保险公司获得，财政补贴的作用在于弥补森林经营主体支付意愿与保险公司提供森林保险服务“价格”之间的差额。由于森林经营主体的支付意愿存在差别，就算没有财政补贴，仍然可能存在对森林保险服务的需求，财政补贴的作用在于提高了对这种服务的需求，扩大了森林保险的市场规模，将原来没有购买森林保险服务意愿的森林经营主体转变成了森林保险服务的购买者与消费者。尽管政府财政补贴对于森林保险的发展具有重要的推动与支持作用，但政府财政补贴只能是补充作用，而不能取代森林保险市场内在的发展规律。要彰显森林保险内在的发展规律，就必须厘定森林保险的商品属性，明确森林保险的市场主体地位。

（二）排除影响，确立森林保险服务的市场化体制

森林保险的发展究竟要依靠市场还是依靠政府，既是对森林保险发展驱动的不同观点，也是两种截然不同的体制运行模式。针对各种利益相关方的调研表明，由于森林保险的发展得到了各级政府财政投入的支持，为数不少的农户以及林业部门的管理人员，都认为政府是森林保险发展的驱动力，森林保险应该继续依赖政府的支持以实现进一步的发展。尽管这种观点在森林保险实践中广泛存在，但这种制度取向不仅与开办森林保险业务的初衷相悖，而且还有悖于森林保险发展的内在经济规律以及我国经济社会改革与发展的战略目标。《关于做好森林保险试点工作的通知》[财政（2009）165号]第三条指出：“在森林保险试点工作中，政府的职责应体现在通过保费补贴等政策手段引导林农参加保险，并为保险公司提供技术和服务平台，而不是主导保险业务或干预保险公司的正常经营。中央财政实施森林保险保费补贴政策的目的是鼓励林农自愿参保，支持地方政府开展工作，促进森林保险的市场化运作，发挥财政资金‘四两拨千斤’的政策效果”。保险公司作为森林保险的经营主体，理应遵循保险市场规律的内在要求开办保险业务，使得自身盈利与发展目标同森林经营管理目标得以同步实现。党的十八届三中全会决议明确指出，要实施“发挥市场在资源配置中的决定性作用”的经济社会发展战略，根据中央的这一指示精神，也必须确立森林保险发展的市场主体地位，建立健全市场主导的森林保险运行体制。

当前在少数地区，由于政府部门的深度介入，已经导致了森林保险呈现出垄断市场和“垄断经营”，只有一家保险公司提供森林保险服务，保险公司成为森林保险产品及价格的制定者，严重破坏了市场竞争机制，并导致森林保险业的低效运行。为此，应在确立森林保险市场主体地位基础上，进一步分离政府职能，逐步将政府从森林保险市场经济活动中退出来，改为森林保险发展的监管者和服务者，保障市场信息对称，保护双

方合法权益。同时，应推动森林保险的市场竞争，允许有条件的保险公司都能参与提供森林保险业务，激活森林保险市场的竞争机制，促进保险公司降低森林保险供给成本，降低保险费率，扩大森林保险需求，更好地推动森林保险市场的规模效益。

（三）创建“中介人”服务组织，排除市场化体制障碍

基于建立市场化森林保险体制的目标，必须逐步理清林业管理部门在森林保险开展过程中不应行使的行政职能，要逐步建立起开展森林保险服务的“中介人”组织，把当前林业管理部门介入较深的协助保险合同签署、协助灾后查勘定损等职能工作逐步交由这些“中介人”服务组织来承担，将林业管理部门作为推动森林保险发展的主体角色逐步淡出，重新确立其在森林保险业务开展过程中的协调者与监管者身份。森林保险“中介人”服务组织的建立，有望为林农提供更为热情周到的服务，有望降低保险公司开展森林保险业务的运行成本，同时也利于防范体制性腐败。有鉴于此，在森林保险体制建设中，创新建立森林保险“中介人”服务组织势在必行。

创建森林保险“中介人”服务组织，就是要在保险公司和林农之间建立起业务沟通的桥梁组织；一方面，他们作为保险公司的“代理人”，接受保险公司的委托，在乡村开展森林保险投保、灾后查勘定损及理赔工作；另一方面，他们又作为投保林农的“受托人”，接受农户的委托，在森林保险业务开展过程中为农户争取权益。作为森林保险的“中介人”服务组织，也可以是作为第三方的森林资源信息核查或森林资源资产（含灾害损失）评估机构；一方面，他们可以专门负责对拟参保的森林资源质量进行评估，确保投保人投保的森林资源信息无误，并以此作为保险公司承保的依据；另一方面，对发生灾害后的资源损失进行评估，以作为保险公司进行理赔的依据。此外，保险公司还可以通过建立“中介人”组织，对森林保险合同履行过程进行监督，防范在森林保险过程中可能发生的道德风险。

二、优化森林保险服务运行机制

（一）创新“市场合约”，促进森林保险产品设计的宽泛化

森林保险业的发展，取决于森林保险产品能否符合市场规律要求，一方面满足保险公司的供给意愿与能力，另一方面满足林农的支付意愿与能力。一度以来湖南一些地区开展的森林保险只有单一的火灾险，林农缺乏支付意愿与能力，导致森林保险业务长期停滞不前。目前，在政策型森林保险政策的激励下，全省开展的都是综合险，森林保险责任范围得以拓宽，森林保险业得到了快速发展。然而，对于商品林保险，无论是过去的火灾险还是现在的综合险，都存在保险品种的单一性，林农都只有两种选择，购买或不购买。由于森林保险产品具有商品属性，林农的支付意愿存在较大差异；部分林农希望得到保险责任较为全面品质更高的森林保险产品，从而具有较高的支付意愿，同时也具有较高的支付能力；也有部分林农希望得到保险责任只为某一方面或几方面的森林保险产品，支付意愿和支付能力都相对较低。面对林农差异性的支付意愿，若保险产品单一，不仅无法满足支付意愿和支付能力高的林农需求，更无法满足支付意愿和支付能力

较低的林农需求。小规模农户的支付意愿和支付能力都相对较低，难以成为现行森林保险产品的有效需求者，从而有可能被人为地排除在森林保险市场之外。对于红豆杉、金丝楠木等林木的经营者而言，森林经营主体通常具有很高的森林保险支付意愿，现行的最高800元/亩（保费率1%以内）的保险金额就失去了风险规避的实际意义，因此对于这样一些森林经营主体也可能会因为保额设置太低而放弃购买森林保险。

为使得森林保险更好地发挥森林风险降解和规避的作用，应推动森林保险产品设计的宽泛化，形成高端、中端、低端三类森林保险产品，分别服务于不同的森林经营主体。就低端产品而言，可以设定较少的保险金额和保险费率，对发生的损失也给予更少的赔偿，使得普通林农需要缴纳的保险费更低，保险公司需要承担的经营成本也相对更少。诚然，保险产品的设计不仅要满足不同经营主体的需要，也要满足保险公司的经营需求。为此，保险公司应加大对森林保险市场的调查研究，以确保森林保险产品设计的科学性、合理性。

（二）推行“弹性”价格机制，满足不同林主保险需求

湖南省现行的政策性森林保险采取了固定价格机制，根据公益林和商品林的差异分别设定了其综合险的保险金额、保险费率和免责条款。但在现实中，大多数地区的商品林森林保险与公益林保险执行的是同一标准，即保额为400元/亩，保费为1.6元/亩。对于这种固定的定价机制已经反映出存在着较为严重的问题。

首先，从保额来看。目前，湖南省平均造林成本已达700～1000元/亩，即使不考虑成林因素，与现行每亩400元的保额保障也相差甚远，保险赔付远远不能满足灾后重新造林的实际需要，更无法对林业经营收益提供保障。

其次，从保费来看。0.4%的保费率设定，似乎保费不应该成为制约农户参加森林保险的因素，但理性的计算一下就会发现实际上保费支出是一项数额不少的经营支出。以平江县为例，样本农户户均林地面积为121.15亩，那么购买森林综合险的保费支出户均接近200元/年，以杉木林为例，如果按照25年的轮伐期计算，那么户均保费总支出将达到5000元左右。农户访谈表明，农户认为自己不是每年都有产出，但保险费却要年年缴纳，觉得划不来；同时由于签订保险合同、缴纳保费、理赔申报、查勘定损、落实赔付等程序多，手续繁杂，故此普通农户自愿参保的积极性很难得到提高。

对于上述农户而言，其投保森林保险的期望保险金额远远高于现行的森林保险金额设定，其保费的支付意愿也可能要低于现行的保费率要求，但需求的也可能不同于现行的森林保险产品。由于农户认为单年份风险发生率低，在保险产品定价时，可以考虑将农户购买的保险有效期限延长至两年；或者在不发生灾害情况下，对保险费采取逐年递减的定价方式；或者推出设定更小的保险金额、更小的保险费率的森林保险产品，对发生的灾害责任也给予更小的赔偿。不仅如此，在营林实践中，也存在部分林主可能具有较高的支付意愿，希望经营的森林风险能得到更好的规避和保障。为此，可以实行更高的保险金额和保险费率，满足此类林主差异性的产品需求。由于保险公司与林主之间可能存在的信息不对称，尤其是森林灾害发生率的信息不透明，为避免保险公司成为“价格独裁者”，成为森林保险市场的垄断者，确保林主的正常权利，应发挥保险监督部门

和林业管理部门的监督职能，制订出具有“弹性的”、更具科学性和合理性的森林保险金额、保险费率标准。

（三）构筑市场化投保服务平台，优化森林保险的投保机制

森林保险业具有显著的规模效益，只有参加森林保险的林主数量足够多，森林保险才能在有效的发挥风险降解功能的同时提高森林保险的经营收益，林主才能得到性价比更高的森林保险产品，因此优化森林保险的投保机制具有更为重要的现实意义。

当前，湖南省对森林保险的投保方式规定为：公益林保险以市、县为单位统一投保，由市州、县市区林业局作为投保人与保险公司签订保单；商品林保险签单投保由承保机构与投保人自行签订。现实工作中，一些县市区域，除对公益林实行统保外，对商品林也实行了统保；投保过程中，通常通过林业管理部门下设的林权管理服务中心、林业站办理森林保险业务。而对于非统保的商品林，一般由保险人直接到保险公司的营业场所办理森林保险。对于“非统保”的商品林保险来说，这就意味着投保农户需要从所在的乡（镇）、村前往县城办理投保事项，面临由此产生的往返交通、食宿等办理费用，如果一次办理不成，则还需再次前往县城办理，由此费用进一步增加。由此，也就不难理解为什么绝大多数的普通农户家庭对商品林缺乏投保意愿了。而对于“统保”的森林保险来说，可能使得农户投保的成本显著降低，农户投保的便利程度大幅提高，但林业管理部门发挥了森林保险市场服务中介的功能，混淆了“裁判员”和“运动员”的身份，不利于森林保险市场的健康发展。

为优化森林保险的投保机制，降低农户参与森林保险的交易成本，保险公司应基于县级营业场所，推动建设代办机构，发展保险“中介人”服务组织，构建便捷的投保网络体系。建议在“承包到户”和“理赔到户”的原则基础上，对于“统保”的公益林森林保险，明确在县市级林业局指导下建立专门负责森林保险业务的“机构或服务平台”，实行森林保险业务的招投标运作机制。这样既能减轻基层保险公司拓展业务和保费收缴方面的运作成本，也能调动基层林业部门开展森林保险的积极性，同时，也能引入市场竞争机制，使森林保险业务更加公开透明，促进其公平与公正。而对于商品林，则坚持“农户自愿”的原则，在县市林业局“森林保险机构或服务平台”组织森林保险招投标基础上，由村干部组织农户以村为单位进行投保。对于林业大户、林业企业和林业专业合作组织，应逐步采用纯商业化的运作模式，在双方协商的基础上，运用林木市场价格法去确定保额和保费率，以满足不同投保主体的差异化需求。在部分森林资源信息数据库完好，森林资源动态管理体系健全的地方，可以对未发生灾害的森林保险续保开展在线或电话投保服务方式，进一步降低投保环节的交易成本。

总之，要通过建立市场化的投保服务平台，促进竞争性保险市场的形成，构建市场化的森林保险投保机制。

（四）制定查勘定损统一规程，优化灾害定损赔付机制

2013年，湖南省林业厅课题组《森林保险查勘定损问题及对策研究报告》表明，目前湖南省森林保险查勘定损存在的问题主要有以下四个方面：

一是查勘定损主体资格问题。从调查的书面报告和实地调研的情况看，目前参与森林灾害现场查勘定损的单位和人员有保险企业、被保险人或投保人、林业主管部门、财政主管部门、森林公安、具有专业技术资质的单位或专业技术人员、乡镇林业站、乡镇财税所、乡镇财政协管员、村委会等（当然不是所有大小案件都有这么多单位和人员参加）。涉及的单位和人员太多，开支成本不少；是不是这些单位和个人都必须是森林保险灾害查勘定损的主体呢？答案显然是否定的。

二是森林灾害查勘定损技术鉴定费问题。实践中由于保险公司缺乏林业勘查技术知识和专业技术人才，需要委托具有林业专业技术资质的单位或专业技术人员进行现场查勘定损，这种委托不同于司法机关的委托，司法机关委托的技术鉴定费用依法由败诉方当事人承担，而保险企业委托的技术鉴定费用必须依法由委托方与被委托方签订委托合同约定。但目前各地的做法不一，只有少数地方是根据查勘定损的工作量按标准支付技术服务费，绝大多数地方的查勘定损技术服务费就包含在保险公司拨付给林业部门的工作经费中，这种由保险公司从展业费中拨付工作经费的做法是有违市场法则的。

三是理赔手续繁琐，时间周期太长。公益林赔款分两次拨付，首付50%后，要待3年后，经林业部门对造林验收合格才支付另一半。这样做不利于灾后林木及时恢复再造，这种暂扣林农所得赔款的做法也缺乏法律依据。有些县对商品林实行两次定损，操作程序复杂，使得赔偿金要拖欠半年以上才能兑现到位。

四是对起赔点标准的执行有误区。湖南省规定，只有当灾害损失面积达到承保面积的10%（含，最高不超过10亩）以上，保险公司才予以立案进行查勘定损赔偿。由于公益林保险是以县为单位实行的统保，全县就一个保单；商品林是以村为单位签订保单，在实际操作中导致出现这样的情况：保险公司按保单约定的“承保面积”核算10%的起赔面积，使得起赔面积数在数百亩、数千亩甚至数万亩，最后只得执行最高不超过10亩的规定，实际上全省执行的起赔点标准就是10亩。从严格意义上讲，森林保险虽实行统保签单，但实际投保人是“承保分户清单造册”上的各农户，“承保面积的10%”理应为各农户投保面积的10%。但保险公司则跟农户玩文字游戏，逃避赔付责任，林农反响不少。

为优化森林保险的灾害定损与赔付机制，首先，建议制定国家层面的森林保险灾害查勘定损规程，并制定不同险种查勘定损的分类标准；这样做，既有利于统一标准，规范操作，严肃规程，更有利于确保查勘定损质量。其二，建议明确由具有财政部、国家林业局联合颁发的《森林资源资产评估管理暂行规定》资质条件的森林资源评估机构作为森林保险灾害损失的查勘、定损专业机构，采取有偿服务的方式介入到森林保险受灾理赔业务之中。同时，县级林业部门的森林保险机构或服务平台应注意保护林农利益，积极督办灾害查勘、定损工作。其三，在赔付机制方面，应利用好现行的惠农卡，实行转账拨付赔偿方式，缩短赔付时间；在赔付的同时，记录森林灾害情况，建立参保森林资源数据库，开展动态管理，掌握特定地区和森林经营主体的风险发生概况，为以后开展森林保险工作奠定基础。同时，上级林业主管部门应对下级林业部门的森林保险工作开展定期与不定期的督查工作，杜绝与防范林业部门与保险公司“串通”合谋侵吞林农利益的事件发生。

三、优化森林保险服务的运行环境

推动森林保险发展对于林业生产经营风险的降解与规避具有积极作用，为促进森林保险的发展，必须为其构建良好的运行与发展环境，着力解决制约森林保险发展的环境因素与问题。

（一）厘清观念，正确发挥森林保险服务的作用与效能

当前，在开展森林保险工作中存在一种错误观念，将购买森林保险完全等同于林业经营风险和灾害的防范与降解。实际上，对于林业生产经营者来说，购买森林保险只是灾后损失的降解与规避手段，它只对购买森林保险的那部分林地业主具有效用，在一定程度上减少灾害发生后面临的经济损失。对于林业管理部门和全社会来说，发展森林保险，并不意味着森林灾害风险的消除；更不意味着国家和地区的森林资源就得到了有效维护和保障。因此，对于森林保险的参保者来说，如果因为参保而降低了对林地的管护与经营，丧失了对森林灾害的防范措施，那么就有可能会使得森林灾害风险发生的概率更大、频率更高，在森林保险金额既定条件下，只会使自身利益受到更为严重的损害；对于林业管理部门来说，如果只一味地强调森林保险规模的扩大和政府财政资金对森林保险的追加投入，而忽视了林区的“三防”基础设施建设，懈怠了“三防”工作的具体落实，那么，不仅不能发挥公共财政对国家生态和林业建设的支撑与保障作用，更会带来财政资金的浪费、森林资源的破坏和全社会福利的损失。因此，无论是林业生产经营者还是林业管理部门，都要清醒地认识到，森林保险只是降解和防范林业生产经营灾害损失的一种手段，而不是消除森林灾害发生的“灵丹妙药”。在推行森林保险发展的同时，更要强化对林地的经营管护和对林区“三防”工作的重视与落实。

（二）推动合作组织建设，开创农户“合伙”购买森林保险的新局面

当前，小规模农户参加森林保险的意愿较低，难以从国家政策性森林保险保费财政补贴政策中受益。小规模农户难以参与森林保险可能缘于以下两个方面的因素：一是无法满足森林保险的最小规模要求，二是面临较高的森林保险交易成本。在林业生产经营实践中，小规模农户无法参加森林保险，也就意味着难以获取林权抵押贷款及其他政策惠益。为促进小规模农户积极参保，就必须鼓励发展各种形式的林业合作经济组织，把小规模经营的农户组织与联合起来，开展规模化生产经营，在满足森林保险的投保要求的同时，降低保险交易成本。在发展林业专业合作组织方面，可以把购买森林保险作为合作社的一项要素服务，把所有社员的家庭林地联合起来，形成一个大的森林保险投保单位“合伙”购买森林保险，按照各自林权证的林地信息明确社员在其中的权利与义务。当森林灾害风险发生时，合伙购买森林保险的社员，可以根据林权证和保险单据获得相应的损失赔偿。

（三）完善法律法规，促进森林保险健康发展

法律法规的制定和完善，是政策性森林保险发展的前提和保证。遗憾的是，我国除1982年颁布的《森林保险条款》对森林保险有简单规定外，有关森林保险的具体法律和行政法规至今尚未出台。在无法可依的情况下，森林保险的诸多问题出现真空，比如森林保险的性质没有作出规定，政府、地方林业局和保险公司的责任不明确，保险金额、保险费率、赔付率以及偿付能力保障等也缺乏法律规范，这就严重制约了我国森林保险的发展。

借鉴其他国家的森林保险运作模式均离不开政府的资金支持和政策支持。美国在纯商业化森林保险无法开展的情况下依赖Clarke-Mc Nary法案扭转了森林保险业务的困境；日本开办森林保险业务之初就依赖于《森林保险法》的法律效力；芬兰是在《森林改良法》的制定下强化森林保险业务的发展。成功的森林保险模式均离不开法律的约束，同时也保障了政府对林业的资金投入和政策支持。森林保险相关法律法规的制定与完善，将有利于森林保险的规范化、法制化和可持续发展。

当前，我国森林保险立法条件已基本具备，建议尽快建立我国森林保险的专项立法，在注意立法目标、组织制度和利益诱导等问题的基础上，从我国林业和农村经济发展的实际出发，科学界定森林保险的性质、组织体系、经营范围、基金管理、费率制度、赔付标准等，并以法律的形式进行规范，以便将整个森林保险业务纳入法制化轨道，明确政府和地方林业局在森林保险业务开展中的职能责任，从而保障森林保险业务的稳定、持续、健康有序的开展。

2016

集体林权制度改革监测报告

林业合作社经营能力报告

监测概况

2013年，中央一号文件《中共中央国务院关于加快发展现代农业进一步增强农村发展活力的若干意见》首次提出了新型经营主体这个概念。作为大农业的重要领域，林业也有大量新型经营主体。随着集体林权制度改革的不断深化，云南林业发展迎来好的机遇，但也面临新的问题和困境。如何改变云南“大资源、小产业”的林业现状，撬动云南林业经济发展潜力，云南新型林业经营主体将承担着更多的责任。目前，云南新型林业经营主体以农民林业专业合作社、林业企业为主，其中，农民林业专业合作社大量出现于集体林权制度改革之后，其规模相对小，竞争力相对弱，扶持政策依赖性相对强。如何加强政策体系构建和落实，精准培育云南农民林业专业合作社是摆在云南林业可持续发展道路上的一个重要问题。

一、农民林业专业合作社培育的现有政策概况

（一）国家层面的政策

从2013年中央一号文件起，新型经营主体逐渐成为热词。新型林业经营主体无论是从理论层面还是实践层面都是集体林权制度改革中的关键领域之一。为推进农民林业专业合作社在内的新型林业经营主体建设工作，国家陆续出台相关政策，大力扶持其发展。

林业经营是林业发展的重要方面，林业经营主体地位重要。新型经营主体一词出现之后，国家层面的政策针对新型林业经营主体普遍存在的发展资金等动力不足问题，主要从采伐、财政补助、金融、社会化服务等方面加大扶持力度，有效促进其发展。2014年5月，国家林业局出台了《关于进一步改革和完善集体林采伐管理的意见》，改善集体林采伐管理环境。新型林业经营主体也成为各林业补助补贴的扶持对象，如2014年6月实施的《中央财政林业补助资金管理办法》中规定，造林补贴对象为国有林场、农民和林业职工（含林区人员）、农民专业合作社等造林主体；林业贴息贷款服务对象为林业龙头企业、各类经济实体、国有林场（苗圃）、国有森工企业、自然保护区、森林公园、农户和林业职工。同年11月，国务院出台《关于创新重点领域投融资机制鼓励社会投资的指导意见》，支持符合条件的农民合作社、家庭农场（林场）、专业大户、林业企业等新型经营主体投资生态建设项目；并探索采取信用担保和贴息、业务奖励、风险补偿、费用补贴、投资基金，以及互助信用、农业保险等方式，增强农民合作社、家庭农场（林场）、专业大户、农林业企业的贷款融资能力和风险抵御能力。

2015年12月，国务院办公厅出台《关于推进农村一二三产业融合发展的指导意见》，在培育多元化农村产业融合主体、建立多形式利益联结机制、健全风险防范机制、创新农村金融服务等方面，都给出了针对新型经营主体的指导性意见。此后，新型林业经营主体工作持续加速，《国家林业局2016年工作要点》将全面深化林业改革放在首位，并强调积极培育家庭林场、股份合作林场、专业合作组织等新型经营主体，健全

林业社会化服务体系，促进多种形式的适度规模经营。2016年4月，国家林业局总工程师封加平在全国首届林业改革处长、林业产业处长培训班的讲话中指出，集体林权制度改革已进入“深水区”，要全面推进林业改革和林业产业发展，培育壮大林业规模经营主体，大力发展民营林场和林业专业合作组织。国家持续强化新型林业经营主体建设的决心依旧，力度不减。《林业发展“十三五”规划》提出了十大战略任务，其中的做优做强林业产业和全面深化林业改革两大战略任务中都提到新型林业经营主体扶持和培育问题。上述典型政策的出台，有效形成了国家培育和发展新型林业经营主体的合力。

农民林业专业合作社作为新型林业经营主体的重要组成部分，国家陆续出台有多项专门政策扶持其发展（表7-1）。

表 7-1　国家促进农民林业专业合作社发展的部分相关政策信息

序号	施行时间	文件名
1	2007 年 6 月	《关于农民专业合作社登记管理的若干意见》 《农民专业合作社登记文书格式规范》
2	2007 年 7 月	《农民专业合作社登记管理条例》
3	2007 年 7 月	《中华人民共和国农民专业合作社法》
4	2008 年 1 月	《农民专业合作社财务会计制度（试行）》
5	2008 年 7 月	《关于农民专业合作社有关税收政策的通知》
6	2013 年 9 月	《关于加快林业专业合作组织发展的通知》
7	2013 年 12 月	《国家农民专业合作社示范社评定及监测暂行办法》
8	2014 年 11 月	《关于公布国家农民合作社示范社名单的通知》

上述农民林业专业合作社政策，鲜明呈现出国家大力发展农民林业专业合作社的一贯思路，并且极为重视其规范化和品质化发展。

（二）云南省层面的政策

云南省重视发展新型林业经营主体，在政策上给予大力扶持。早在2004年2月，云南省就出台了《关于加速林业发展的决定》，决定中就指出要积极培育一批市场前景广阔、关联度强、科技含量高、综合效益好的龙头企业，要大力扶持和培养民营林业的各类专业合作社和专业协会等中介组织，为云南省大力发展新型林业经营主体奠定坚实的方向基础。2006年9月，《关于深化集体林权制度改革的决定》继续重申了云南省扶持和培育各类专业合作社和专业协会等中介组织、林业龙头企业，进一步彰显了云南省政府发展新型林业经营主体的决心。此后，在政策方面，云南省依培育需要，不断制定出台有关新型林业经营主体培育的细节性政策，如2007年11月的《关于进一步加大集体林权制度主体改革和稳步推进配套改革的意见》指出要改革林业经营方式，积极探索新型林业经营主体多种经营模式，增强其活力；2014年7月《关于进一步深化集体林权制度改革的意见》出台，更进一步细化了扶持农民林业专业合作社、林业企业、家庭林场的政策，使得新型林业经营主体扶持政策更具具体指导意义和可操作性；2015年5月，云南省林业厅下发《关于促进全省经济平稳健康发展的意见》，提出包括培育林业新型经营主体在内的10个方面意见，要求“各地要加快发展林业龙头企业，积极协调各级财政部门，建立林业龙头企业专项扶持资金，加快组建成立农民林业专业合作社联合社，推进林业产业经济平稳发展。”2016年，云南将认真开展林业产业省级龙头企业和农民林业专业合作社省级示范社的认定和监测工作，建立林业专业合作社年报制度和省级示范社网络申报平台，进一步发展壮大林业龙头企业和新兴经济组织纳入林业工作要点。

在系列政策的推动下，云南林业新型经营主体建设取得良好成绩，尤其是林业企业和农民林业专业合作社发展迅速。“十二五”期间，云南林业企业由8300多户发展到目前的1.5万多户，其中国家级龙头企业13户，省级龙头企业596户；成立农民林业专业合作社近5000家，其中国家级示范社46家，省级示范社467家[①]。

本研究以合作社为例，对相关发展政策梳理如下。

作为集体林权制度改革先行省份之一，云南高度重视农民林业专业合作社发展工作。2010年10月，云南省下发《云南省人民政府关于推进农民林业专业合作社发展的意见》，明确发展农民林业专业合作社的重要意义、指导思想、基本原则和发展目标，科学规划云南农民林业专业合作社发展工作。此外，意见还进一步明确农民林业专业合作社发展的财政扶持、税费优惠、信贷支持、林木采伐管理、森林保险、品牌管理、项目扶持、流转、用地和林产品运输、人才方面的十大政策保障措施。2011年1月，云南省林业厅、云南省供销合作社联合社下发《关于加快发展农民林业专业合作社的实施意见》，提出依托优势和特色产业发展农民林业专业合作社等在内的7条举措，加快农民林业专业合作社发展，同时，明确了加大资金扶持力度、加大项目扶持力度、加大人才支持力度、推进示范社建设活动的措施加大农民林业专业合作社的发展建设。同月，云南省林业厅、云南省供销合作社联合社又联合印发《云南省农民林业专业合作社章程（示范本）》（试行），进一步规范农民林业专业合作社组织建设。为激励农民林业专业合作社的发展，云南省在2012年2月出台《云南省农民林业专业合作社省级示范社认定和管理办法》，明确省级示范社应做到社员资格明确、组织机构健全、章程制度完善、社务管理民主、会计核算规范、盈余返还合法、档案管理规范、经营服务统一、经营效益良好、具有较好示范和带动作用，同时明确省级示范社在财政、税收、贷款等6个方面的优惠政策。2014年，云南省级财政首次将农民林业专业合作社省级示范社建设纳入年度预算，并给予专项资金补助，用于补助2012年底首批认定的137家农民林业专业合作社省级示范社，每家补助10万元，帮助其提高基础设施建设水平，引导农民林业专业合作社省级示范社引进新品种、新技术，增强市场竞争力。2015年，省林业厅开发建设的“云南省农民林业专业合作社综合管理信息平台”正式投入使用，该平台将承担全省农民林业专业合作社备案、省级示范社申报及监测等工作，逐步提升云南省农民林业专业合作社管理的信息化网络化水平。2016年，省林业厅、省财政厅、省供销合作社联合社联合下发《关于开展农民林业专业合作社备案及省级示范社申报和动态监测工作的通知》，除了正式启动第五批农民林业专业合作社省级示范社申报及动态监测工作外，又进一步强调要对全省范围内已成立并正常开展林业生产，但之前未在平台进行备案的所有农民林业专业合作社

① 冷华．争当生态文明建设排头兵，为全省全面建成小康社会作出林业新贡献——在2016年全省林业局长会议上的讲话[EB/OL].http://www.ynly.gov.cn/8415/30180/105444.html,2016-01.

进行备案。

除上述政策外，新型林业经营主体的发展离不开整体林业的发展，离不开林业各项工作的开展。随着集体林权制度改革的不断深入，相关配套改革政策日趋完善，涉及森林生态效益补偿、森林抚育补贴、造林补贴、林木良种补贴、林业科技推广示范补贴、林权抵押贷款、林业贴息贷款、森林保险、林业税收等方面，这些相关政策也影响着新型林业经营主体的发展。

云南省在严格执行国家相关政策的同时，为适应省情林情工作需要，也相应出台了一些地方政策法规（表7-2），为全省林业发展规范化奠定坚实基础。此外，2012年森林火灾保险试点工作覆盖全省，有效降低新型林业经营主体营林风险水平。林业金融方面，也给予新型经营主体倾向性优惠，如中国人民银行昆明中心支行在云南省2015下半年林权抵押贷款业务的工作要求中明确，农民林业专业合作社在信贷业务办理中将获得重点支持。

表 7-2　云南省林业发展相关政策简表

文件名	出台或施行时间
《云南省林木种子条例》	2004 年 10 月
《云南省集体林地林木流转管理办法（试行）》	2008 年 12 月
《云南省地方公益林管理办法》	2009 年 4 月
《云南银行业林权抵押贷款管理暂行办法》	2010 年 4 月
《云南省林木种苗质量检验证书和标签管理办法》	2010 年 7 月
《云南省林地管理条例》	2010 年 10 月
《关于做好集体林地林木流转工作的通知》	2010 年 10 月
《云南省核桃、油茶定点采穗和定点育苗管理办法》	2011 年 8 月
《云南省主要林木品种审定办法》	2011 年 8 月
《云南省人民政府办公厅关于推进农村金融产品和服务方式创新的实施意见》	2011 年
《关于加强林木种苗工作的实施意见》	2013 年 12 月
《云南省人民政府办公厅关于印发加快推进林权抵押贷款工作意见的通知》	2013 年 12 月
《关于加快林下经济发展的意见》	2014 年 7 月
《云南省森林生态效益补偿资金管理办法》	2014 年 9 月
《云南省森林资源资产评估管理暂行办法》	2014 年 11 月

目前，云南省层面对农民林业专业合作社的培育扶持，充分立足于云南省农民林业专业合作社发展起点低、后续发展动力缺乏、典型力量薄弱等现实问题，重点在财政补助、税收优惠、项目扶持、金融支撑、信息化建设与服务、示范社评选和管理等方面，对国家层面相关政策进一步省域化、具体化，使政策更具云南地方发展需要。

（三）州市县级层面的政策

云南地处云贵高原，地理情况复杂，立地条件差异明显，云南省各州市在新型林业经营主体发展中，切实严格执行相关政策，并根据当地实际情况，进一步落实政策操作执行问题，使得各项林业工作正常顺利开展，并取得一定成绩。例如，截至2016年8月，文山壮族苗族自治州农民林业专业合作社总数达到293家，其中国家级示范社1家，省级示范社19家；林业产业龙头企业总数达到26家，其中，国家级重点龙头企业2家，省级重点龙头企业24家；家庭林场数量达到110家；林业专业大户总数达到150户[①]。

云南省集体林权改革跟踪监测涉及10个样本县，每个样本县又隶属于不同的州或市（表7-3），根据实地调研、网络资源等所获资料，整理出以下政策情况（表7-4）。

表 7-3　样本县所属州市情况

样本县	景谷	景洪	腾冲	禄丰	麻栗坡	建水	大关	罗平	弥渡	永胜
所属州/市	普洱市	西双版纳州	保山市	楚雄州	文山壮族苗族自治州	红河州	昭通市	曲靖市	大理白族自治州	丽江市

表 7-4　样本县所属州市部分政策概况

州/市	文件名
保山市	《保山市农民林业专业合作社市级示范社认定管理办法》《腾冲市市级林业龙头企业评选认定和管理办法》
普洱市	《普洱市加快林下经济发展的意见》
文山壮族苗族自治州	《文山壮族苗族自治州林业管理条例》《文山壮族苗族自治州农民合作社示范社评选办法》《文山壮族苗族自治州发展农民合作社考评激励办法（试行）》
昭通市	《昭通市市级龙头企业监测管理认定办法（试行）》
大理白族自治州	《大理白族自治州林业局关于规范集体林权流转管理的意见》
丽江市	《丽江市林业产业市级龙头企业认定和监测管理（试行）办法》

上述政策从不同侧面进一步加强了当地新型林业经营主体建设。如2016年8月，大理白族自治州林业局出台《关于规范集体林权流转管理的意见》，鼓励通过林权流转发展林业专业合作社、“公司+基地+农户”等多种形式的林权合作经营模式。《丽江市林业产业市级龙头企业认定和监测管理（试行）办法》，对丽江市市级龙头企业申报条件、申报办法、认定程序、监测管理等问题做了详细规定。此外，为了加大政策执行力度，确保政策落地，在各级党政工作考核中也把相关内容纳入考核范围。如文山壮族苗族自治州，森林覆盖率、森林蓄积量、森林防火、造林绿化和林业改革被纳入全州“三农”发展大规划和县市党政领导考核指标体系，“林业双增”目标考核被纳入省州林业工作考核，油茶提质增效“以奖代补”、林业改革和退耕还林、公益林兑现补偿等被列入州委州政府重要督查考核事项，构筑政策执行责任墙，有利带动政策及时执行和覆盖。由此，农民林业专业合作社扶育政策在云南各地州真正落地、推进。

二、农民林业专业合作社培育现有政策体系特点

由上述简要的政策梳理可知，目前，云南农民林业专业合作社培育政策呈现出整体性和层次性的突出特点。

① 刘健伟. 文山壮族苗族自治州积极扶持培育新型林业经营主体 [EB/OL]. http://www.ynly.gov.cn/yunnanwz/pub/cms/2/8407/8415/8552/8553/108251.html，2016-08

（一）整体性

农民林业专业合作社的发展除涉及主体建立以外，更多牵涉到主体持续经营过程中的各个环节，因此，政策层面需要全方位覆盖，形成一个有机的整体。目前，农民林业专业合作社培育政策已经包括了整体政策、专项政策和辅助政策三大块（图7-1），有效推动了云南新型林业经营主体发展。

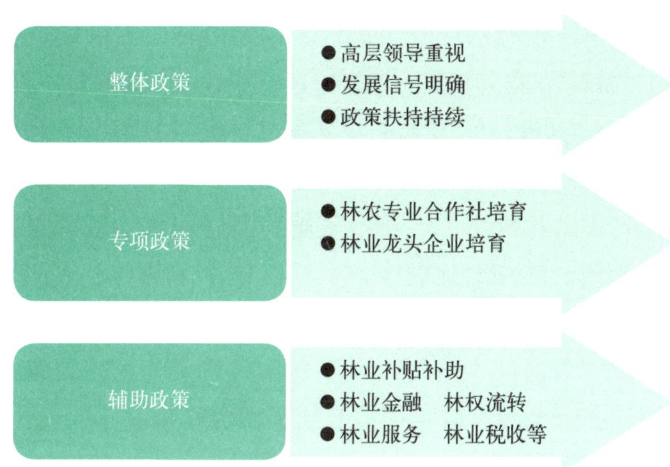

图 7-1 云南农民林业专业合作社培育政策体系

（二）层次性

纵向看，云南农民林业专业合作社培育政策体系具有明显的层次性，从高层级到低层级层层具体化，使国家、省、州市县各级政府在政策制定上保持高度的连贯性，有效减少执行效率损失。目前，云南农民林业专业合作社政策典型地分为国家层面、省级层面和州市县3个层次（图7-2），兼顾国家顶层设计和地方省情林情的需要，使得相关政策操作性进一步得到提升。

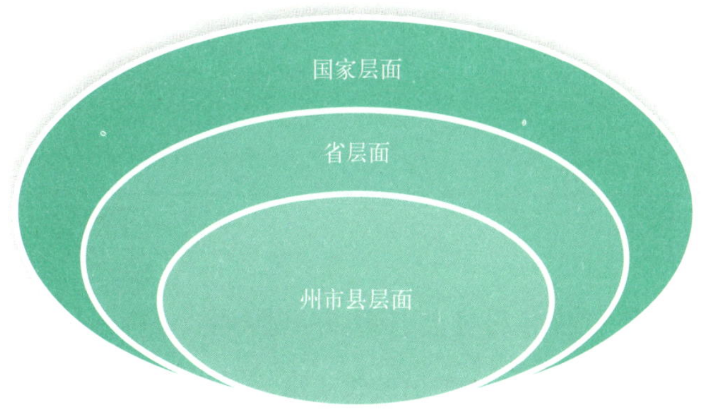

图 7-2 农民林业专业合作社培育政策层次性

云南省农民林业专业合作社发展现状分析

一、林权流转与农民林业专业合作社发展

（一）林权流转总量较小，没有向合作社的流转

在定点调查的农户中，仅有19户农户进行了林地流转，占被调查农户比例的3.8%，其流转面积1547.7亩，流转方式有抵押（5.26%）、转让（21.05%）、出租（73.69%），出租方式居多（表7-5）。其流转的对象主要是本村村民（31.58%）和企业（31.58%），调查对象中尚未有农户将林地流转给合作社（表7-6）。

同时，为防止流转中的投机行为，访谈了解到流转对象一般都是县域内的自然人或法人，对外来公司大规模流转相对比较谨慎。尤其样本中的林业大户均以土生土长的当地农户为主，是一群对林业感情深厚，以林业收入为生，将林业当成事业，有长远发展目标的农村能人，因此尽管有的大户暂时入不敷出或观望为主，但绝大多数林业大户仍在进行林业生产，对森林资源的有效管护都起到了积极作用。

林农流转土地的影响因素是多方面的，但是有36.84%的林农流转是因为缺乏生产过程中必要的资金，并且受到了示范效应的影响，看到其他林农流转的益处后，跟随流转。在流转过程中，政府部门积极宣传和引导，做了大量的工作，为盘活林地资源起到了积极作用。

表 7-5　林地流转方式及比例

流转方式	抵押	转让	出租	互换	入股	其他
户数（户）	1	4	14	0	0	0
比例（%）	5.26	21.05	73.69	0.00	0.00	0.00

表 7-6　林地流转对象

林地流转对象	户数	比例（%）
本村村民	6	31.58
外村村民	7	36.84
合作社	0	0.00
工商企业	6	31.58
城镇居民	1	5.26
其他	4	21.05

备注：流转对象为多选统计。

（二）农民林业专业合作社参与林权流转存在障碍

1. 农民林业专业合作社较难通过流转获得林地

由于林农自有资金缺乏，林地入股逐步成为农民林业专业合作社作价出资的重要方式，但是部分林地在流转过程中，并未办理产权转移手续，仅作为林农最终参与利润分配的凭据。因此，即使合作社流入林农林地建立基地或者扩大规模，都难以利用林权证

去办理抵押贷款。

2. 公益林流转的限制阻碍了资金筹集

为了促进林农增收，近年来政府鼓励发展林下经济。由于公益林相比经济林收入少，林农选择将部分经济作物如石斛、草果种植在公益林下。但是由于公益林可以入股不可以流转，即使林农将公益林入股到农民林业专业合作社中，也不能办理产权转让手续，合作社不能用林权证去办理抵押贷款，不能解决林农和林业合作社的资金问题，林下经济的发展面临较大困难。

3. 合作社参与流转也存在自身局限

目前，合作组织由于资金限制，其服务领域主要集中在生产服务和销售服务，部分合作组织维持现有生产过程中的技术指导和服务费用入不敷出，技术人员多为合作社发起人或者理事，他们并未从合作组织领取工资，义务为大家服务。有的合作社刚建立起来，号召林农种植的产品也未见效益，因为在销售环节也没有任何的收益。在不能对内盈利的情况下，合作社要组织流转服务存在一定难度。

二、农民林业专业合作社信贷需求旺盛，但却面临融资困境

各样本县都在积极推进以林业小额信用贷款、林权抵押贷款为主要内容的林业投融资体制改革，着力破解林农融资难等发展问题。经过几年的探索和实践，林权抵押贷款工作取得较大进展，有效地推动了林业发展。抵押贷款的金融机构由最初的农村信用合作社扩展到农业银行、邮政储蓄银行。目前，建设银行也正在积极筹划开展林权抵押贷款业务。从林业经营的实践看，对于林业投资者来说，林业金融问题直接表现为林业投资产生的资金需求。对于普通农户来说，非造林时期林业的资金投入规模比较小，林业资金投入支出占整个家庭支出的比例有时可以忽略不计，且正常年份家庭收入完全能够负担起林业生产经营的资金需求，因此，真正信贷需求旺盛的往往是林业企业、农民林业专业合作社、家庭林场和专业大户等新型林业经营主体。但是新型经营主体却面临融资困境。

首先，农民林业专业合作社的主体主要是林农，在设立过程中，林农出资额较小，合作经济组织也缺乏大型的、价值较高的固定资产，农民林业专业合作社的资金力量比较薄弱。其次，农民林业专业合作社在原则规定上有进出自由的特点，林农会以自身利益最大化而非合作经济组织利益的最大化作为进入或者退出的标准，个人最优难以达到集体最优，因此，其稳定程度不高，难以和金融机构开展合作；再次，农民林业专业合作社与其他类型的农业合作经济不同，林业的生产周期更长，因此金融机构面临的风险程度更大，在向金融机构融资的过程中，面临更大的贷款难度，若没有小额信贷或者农民林业专业合作社负责人自身的林权抵押贷款的支持，部分林业合作经济的资金运作将更困难。

麻栗坡县林沃草果农民种植专业合作社是由当地能人带动成立的合作社，成立初期，为了调动大家种植的积极性，合作社负责人将草果苗无偿送给老百姓种植，并且也未与老百姓签订任何草果收购协议。草果可以收获时，老百姓自己决定是否将草果交与

合作社销售，这些资金全部由合作社老板承担。而合作社在分配过程中，除了可以按照资金，林地分配收益外，还可以按照管护的劳动出工进行劳动股分配。去年本应是草果大量收货的年份，却遇上多次大雪，在极端恶劣的情况下，草果基本没有收成。合作社的资金链条受到较大影响，主要靠合作社负责人抵押房产的资金运作。

由于林木产权都归林农，多数合作社并不实际拥有森林资源资产，无法办理林权抵押贷款；又由于合作社的办公地点多在农村，农村的房产往往没有土地证和房产证，亦不能作为有效抵押物，使农民林业专业合作社的融资受到了很大限制。可喜的是，目前已有金融机构同意为合作社进行集体授信，可用全体社员的林权证作为抵押，所有成员共同享有贷款额度，这对于管理权相对集中的合作社来说，合作社的管理者或带头人实际上也就是资金的使用人，一定程度上缓解合作社资金压力，但这种方式成立的前提更为苛刻，且一旦发生不良贷款，资产处置更加困难。

三、惠农政策与农民林业专业合作社发展

（一）政策扶持方向分析

在《云南省人民政府关于推进林农专业合作社发展的意见》中，结合实际情况，提出了促进合作社发展的保障措施，主要有财政扶持、税收优惠、信贷支持、森林保险优惠、品牌创建、项目扶持、林权流转、用地和林产品运输、人才优惠等方面（表7-7）。

表 7-7 云南省对农民林业专业合作社发展的支持政策

政策类型	方向
财政扶持	各州市、县市区积极筹措资金，逐年加大投入，支持林农各专业合作社发展
税收优惠	税收部门要严格执行国家有关税收优惠政策，简化手续
信贷支持	对符合贷款条件的林农专业合作社优先给予贷款支持。对符合条件的林权抵押贷款，其利率原则是应低于同期信用贷款利率。对小额信用贷款、农户联保贷款等小额林农贷款业务，应给予一定的利率优惠。支持通过自有资产抵押或成员联保的形式办理贷款
森林保险优惠	鼓励和支持农民林业专业合作社参加森林火灾保险和其他政策性森林保险。支持合作社集体投保，对参加森林保险的合作社，保险部门给予最大优惠
品牌创建	鼓励合作社开展林产品商标注册、品牌创建、产品质量标准与认证、森林可持续经营认证活动。对获得省著名商标和国家驰名商标、省名牌产品和中国名牌产品，以及通过国家认证、获得绿色和有机食品认证的产品，给予优先扶持
项目扶持	积极支持农民林业专业合作社承担中低产林改造、中幼林抚育、天然林保护、公益林管护、速生丰产林基地建设、木本粮油基地建设、生物质能源林建设、碳汇造林等林业工程和山区经济发展建设项目。对符合林业贷款政策的贷款项目，优先给予贴息贷款
林权流转	积极引导农民林业专业合作社参与集体林地林木的流转
用地和林产品运输	农民林业专业合作社按照乡镇土地利用总体规划，在山区从事规模化林业种植和养殖的，所需林地按农用地管理，不需办理农用地专用审批手续。运输自产林产品的，比照国家有关运输农产品优惠政策执行
人才政策	把实施“一村一名大学生计划”工作同加强农民林业专业合作社建设有机结合，选派及培养优秀大学生到合作社工作。对到农民林业专业合作社工作的大学毕业生，执行国家助学贷款代偿政策

(二）政策落实情况分析

虽然省政府在促进林农合作社发展上给予了各方面的保障措施，但这些措施都是指导性的，各地在执行过程中缺乏具体的细则，以至于部分政策难以落实（表7-8）。

表 7-8　农民林业专业合作社支持政策实施情况

政策类型	实施情况
财政扶持	各地积极实施林业贷款中央财政贴息、国家造林补贴、木本油料产业发展专项资金、森林火灾保险、小额信贷政策
税收优惠	对于刚起步的合作社，大部分还处在引导林农生产环节，难以获得增值税抵免的优惠。能获得该优惠的合作社主要是企业带动型，但是该类型合作社的数量较少。企业在向合作社采购产品时，所占比例数量少，能够获得的税收优惠是有限的
信贷支持	林农在用林地入股时，由于公益林流转的障碍或场外交易的便利未办理或者不能办理产权转移手续，致使合作社无法使用林权抵押贷款，合作社负责人只能使用自有资产，或者用自有资产进行抵押贷款，信贷支持难落实
森林保险优惠	从调查对象看，尚未有合作社参加森林火灾保险和其他政策性森林保险。保险部门对合作社参与保险的优惠政策也未有具体的细则
品牌创建	合作社已经开始具备品牌意识，部分合作社已申请商标、并开始申请产品认证，政府对于品牌创建和产品认证都给予了一定的支持
项目扶持	目前，政府出台了很多扶持合作社发展的政策，但是合作社缺乏对现有扶持政策了解，对已有的扶持政策，自然没法去申请。对于一些知晓的扶持项目，由于缺乏相关工作人员，不知怎样去申请支持。对于已经申请的一些扶持项目，由于在开展过程中需要特定的技术人员或资金配套，在实施过程中存在一定的困难
林权流转	积极引导农民林业专业合作社参与集体林地林木的流转
人才政策	现有培训主要侧重种养殖技术等，对提升管理能力的课程开设不足，懂技术、会经营、会管理的新型农民培养力度不够 对选派优秀大学生到农民林业专业合作社工作，实施国家助学贷款代偿政策缺乏具体细则，大学生到合作社就业概率小

四、林业科技服务与农民林业专业合作社发展

(一）农民林业专业合作社为社员提供的服务力度较小

在被定点抽样的500户农户中，仅有42户加入了林业专业合作社，这42户农户加入合作社所享受的服务主要有生产服务和科技服务，多集中在生产环节（表7-9）。该部分林农表示，合作社主要是由村干部和能人大户牵头设立，林农在入股方式上以林地入股为主。47.61%和4.8%的林农认为合作社管理情况一般和较差，40.48%和11.90%的林农认为合作社的经营效果一般和较差。其原因主要有两个方面，一方面农民林业专业合作社的服务主要是为生产服务和科技服务，对林产品进行销售，目前的农民林业专业合作社也主要集中在经济林上。这种对产品集中销售的服务只是对社员寻找市场和提升收入有一定的帮助，但是初级产品的价格随市场波动的情况较大，因此要稳定价格，让收入有一定程度的保证，应该要对林产品进行深精加工，使其附加值提升，让林农的收入有足够的保障，才能增加林农对合作经济组织的归属感，提升对合作组织的评价。另一方面，部分村干部在认识到林业合作社的作用后，积极牵头设立了合作社，其合作社的主

要负责人、理事、监事多由村干部担任，由于群众对村干部的信任，加入合作社积极性较强，但是在合作社成立以后，由于缺乏资金、技术、人力方面的支持，合作社要存续下去有一定的困难，部分合作社的功能并未有预期发展的良好，甚至有的变成了空壳，只差进行注销登记。

表 7-9 林业合作社为社员提供的服务

服务类型	户数	比例（%）
生产服务	23	54.76
科技服务	21	50.00
仓储服务	3	7.14
运销服务	7	16.67
加工服务	1	2.38
贷款服务	5	11.90
三防	11	26.19

（二）科技服务人员帮扶政策难落实

农民林业专业合作社缺乏业务熟练的专业技术人员的指导。尽管有些样本县有鼓励公职人员驻点帮扶新型林业经营主体的相关文件，希望能利用这些人的专业知识、技术和人脉促进合作社的大力发展，但由于各部门业务工作量大，往往不愿派出本单位人员到合作社，使得政策执行受影响。

（三）科技服务的供给与需求不对称

从林业科技服务的供给看，在被调查的农户中，有41.20%表示接受过林业科技服务，林农能够接受的服务中森林抚育（23.40%）、种植养殖（22.40%）所占的比例最高，服务方式以会议宣讲（32.00%）为主，服务的机构主要为乡镇林业站（34.20%），由林业企业和合作社提供的服务仅占2.40%，并且服务的次数不多，一年接受过3次（包含3次）服务的林农仅占34.6%（表7-10～表7-13）。

表 7-10 林农接受的科技服务

林业科技服务种类	户数（户）	比例（%）
良种选育	95	19.00
森林抚育	117	23.40
种植养殖	112	22.40
森林经营方案	42	8.40
其他	27	5.40

表 7-11 林业科技服务的方式

科技服务方式	户数（户）	比例（%）
散发材料	87	17.40
会议宣讲	160	32.00
现场指导	93	18.60
其他	1	0.20

表 7-12 林业科技服务的机构

林业科技服务机构	户数（户）	比例（%）
乡镇林业站	171	34.20
县林业局	40	8.00
林业企业	7	1.40
合作组织	5	1.00
其他	2	0.40

表 7-13 林业科技服务的次数

林业科技服务的次数	户数（户）	比例（%）
只有 1 次	53	10.60
2 ~ 3 次	120	24.00
4 ~ 5 次	40	8.00
6 ~ 7 次	8	1.60
8 次以上	7	1.40

从林业科技服务的需求看，60.80%的农户都需要林业科技服务，其需要的技术服务类型主要有病虫害防治、林下种植以及造林方面的知识（表7-14、表7-15）。

表 7-14 林农对林业科技服务的需求度

需求程度	户数（户）	比例（%）
非常需要	188	37.60
一般需要	116	23.20
不太需要	68	13.60

表 7-15 林农对科技服务的需求类型

科技服务需求类型	户数（户）	比例（%）
造林	143	28.60
林下种植	120	24.00
病虫害防治	168	33.60
林产品储运	9	1.80
低产林改造	13	2.60
林下养殖	57	11.40
林产品加工	14	2.80
其他	19	3.80

从供给与需求的角度来看，相关部门能够提供的科技服务是有限的，林业站职员编制较少，林地管理人均面积较大，加上基层林业站软硬件设施建设严重滞后，林业站能满足林业工作开展的又属乡镇管理，给林业管理工作带来一定不便，给服务带来了一定的困难。农户对科技服务的需求却较大，存在着供需间的缺口。并且由于政府部门的职能较多，所需承担的工作量非常大，没有办法将精力集中在科技服务一件事情上，因此可以考虑科技服务市场化改革。例如，对于一些基础性的技能、管理培训，政府部门可以划定每年的培训服务经费和规定好要进行培训的内容，通过竞争的方式，将培训活动委托给中标的合作社或专业的科技服务公司去完成。随后，政府建立考评机制，根据受

训对象的评价和反馈，向服务提供商支付费用。

总的来看，由于林业专业合作社的规模化程度、管理能力、组织化程度相对于林农较高，因此在获取相关政策扶持时，较林农有更多的优势。政府对林农的部分服务职能可以向合作组织转移，给予政策支持由合作组织来完成，将使林权配套改革能得以更加顺利和高质量地完成。

云南省省级示范社动态监测结果分析

在集体林权制度主体改革基本结束后，为深化改革，加快发展农民林业专业合作社，云南省政府2010年10月下发了《关于推进林农专业合作社发展的意见》，提出了发展农民林业专业合作社的重要意义、发展目标、有关要求和保障措施。2012年2月，省林业厅、省财政厅、省供销合作社联合社联合下发了《云南省林农专业合作社省级示范社认定和管理办法》，决定开展示范社评定工作。每年，通过各州市林业局、财政局和供销合作社的精心组织，林农专业合作社自愿申报、州（市）初审推荐、省级复核审查、实地抽检考察、专家组会议评审、公示等程序产生省级示范社。截止2015年，已有4批次、共计472家合作社获得省级示范社称号（2012年137户，2013年123户，2014年99户，2015年113户）。

2015年，省林业厅、省财政厅、省供销合作社联合社联合下发了《关于开展林农专业合作社省级示范社申报及动态监测工作的通知》，对2012年12月以来经省林业厅、财政厅、供销合作社联合社联文认定的第一批137户农民林业专业合作社省级示范社，开展动态监测，要求各省级示范社上报监测表、由当地工商行政管理部门出具的农民专业合作社登记基本信息、省级示范社认定以来发展情况和州市意见等。截至目前，共有四批次的472家省级示范社通过云南省农民林业专业合作社综合管理信息平台，被纳入监测范围。

本次调研中，搜集了10个样本县共计37个省级示范社的动态监测数据，具体分析如下。

一、示范社基本信息统计

（一）注册时间统计

由表7-16可以看出，2010年《关于推进林农专业合作社发展的意见》的出台，对合作社的发展起到了推动作用，81.00%的示范社注册成立于2009－2013年。2012年开始的示范社评比，又推进了有持续发展能力的合作社的筛选。尤其在2015年第四批示范社的推选中，样本县仍有57.14%的示范社是在此期间内成立的。

表 7-16 样本县动态监测合作社注册登记时间统计

注册登记时间	2007 年	2008 年	2009 年	2010 年	2011 年	2012 年	2013 年	2014 年	2015 年	合计
比例（%）	2.70	5.40	13.50	16.20	16.20	16.20	18.90	8.10	2.80	100.00

（二）各地合作社发展力度不一

示范社的数量水平反映了各地推进合作社发展的力度。根据表7-17，样本县示范社的地区分布差异较大，保山市对该项工作的推动力度较大，占样本县示范社总量的59.50%，相比较而言，西双版纳、大理、曲靖等地区示范社数量较少，仅1家，楚雄、红河、文山和昭通仅2家。

表 7-17 示范社地区分布情况

分布地区	西双版纳	保山	楚雄	大理	红河	普洱	曲靖	文山	昭通	合计
比例（%）	2.70	59.50	5.40	2.70	5.40	10.80	2.70	5.40	5.40	100.00

（三）产业化水平是带动合作社发展的主动力

37家示范社中，剔除1家未填报外，其余36家中，主营产品主要集中在重楼等中药材种植、石斛种植、林下养殖、核桃、油茶、水果等6类（图7-3）。

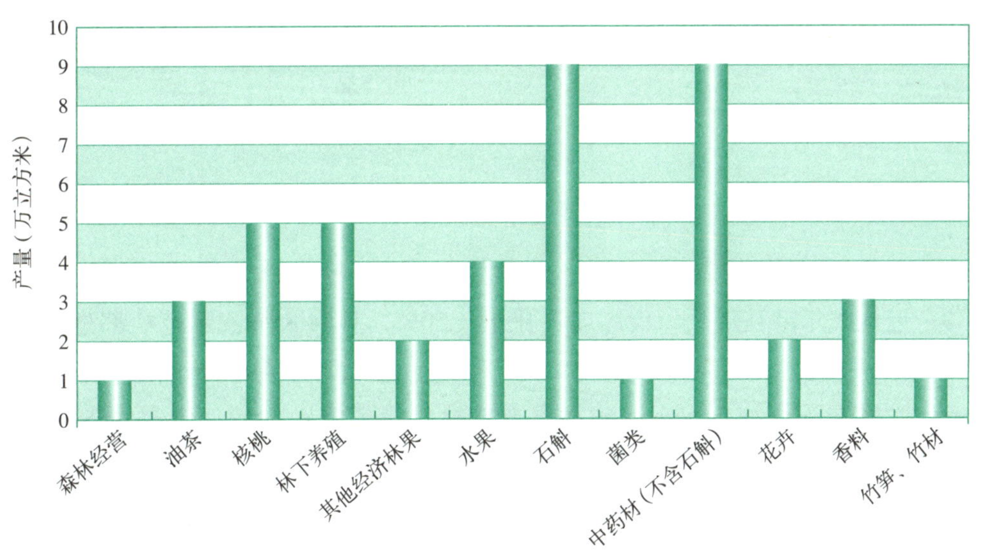

图 7-3 示范社经营产品类型

从上述分析可以发现，以森林经营、高山花卉等特色为主营业务的示范社开始出现，但仍以中药材、木本油料类合作社为主导。这从一个侧面反映了产业链分工、关联产业的发展水平是促进合作社发展的重要因素。合作社的优势在于初级产品（或原料）的生产组织，而企业的优势则在于产成品的研发、生产和销售。在云南，得益于云南白药集团等医药企业的带动，中草药种植合作社的发展最为蓬勃。下游产业的良好发育使得合作社的产品有明确而稳定的市场需求和去向，合作社成了企业原料的稳定供应商，既降低了合作社的经营风险，也降低了企业的交易成本。

（四）产品认证初见成效

在前三批次的30家示范社中，有5家通过了无公害产品认证，有1家通过欧盟有机食品认证，1家申请了产品商标认证，1家申请了花卉新品种认证，1家获得县科普示范基地称号。即23.33%的示范社获得了各类产品认证，说明示范社已开始有意识地通过规范化管理提升产品品质，形成和市场上同类产品的差异化竞争。

二、示范社资本情况统计

（一）林农出资比例高，但出资总额小

监测数据显示，60.00%的示范社出资额都在300万元以下，资本规模偏小。但林农出资比例的平均值达到了83.65%，总体高于《云南省林农专业合作社省级示范社认定和管理办法》中50%的条件设定，有65.71%的合作社，林农出资比例达到了100%（表7-18、表7-19）。但也存在少部分示范社林农出资比例未达要求。

表 7-18　示范社出资总额分布

金额（万元）	0-99	100 ~ 199	200 ~ 299	300 ~ 399	400 ~ 499	500 ~ 599	600 ~ 699	>700
比例（%）	31.43	20.00	8.57	8.57	2.86	11.43	2.86	14.29

表 7-19　示范社林农出资比例统计

金额（万元）	0	1 ~ 50	51 ~ 80	81 ~ 90	91 ~ 99	100
比例（%）	5.71	5.71	5.71	2.86	14.28	65.71

（二）示范社股权集中度低，盈余返还比例高

对有效填报数据的33家示范社进行分析发现，示范社中最大单股股金占比的均值为17.41%。近九成示范社最大单股股金占比低于50%，且84.85%的示范社都是小于20%的。股权高度集中的示范社只有3.03%（表7-20）。这说明绝大部分示范社经过1～3年的发展后，股权结构仍符合《云南省林农专业合作社省级示范社认定和管理办法》中“单个社员或者社员联合认购的股金最多不得超过股金总额的百分之二十”的规定，没有出现集中化趋势。

表 7-20　示范社单股股金所占比例

数量（家）	1 ~ 10	11 ~ 20	21 ~ 49	50 ~ 55	80
比例（%）	39.39	45.45	3.03	9.09	3.03

此外，37家示范社中，有32家对收益返还情况进行了有效填报。其中，有24家进行了收益返还，占有效填报总量的64.86%。8家未返还的示范社中，75.00%的是因为上年纯收益为0。在有收益返还的24家示范社中，返还收益占纯收益的比例均值为84.52%。其中，7家示范社实现了100%的收益返还（表7-21）。

表 7-21　示范社盈利返还情况分布　%

返还比例	100	99 ~ 80	79 ~ 60	59 ~ 50	49 ~ 30	<30
百分比	29.17	20.83	25.00	8.33	8.33	8.34

股权分散和高收益返还的特征，从另一侧面反映出绝大多数示范社的发展仍处于初级阶段。在这一阶段，合作社负责人主要想通过让利的方式吸引农户加入，形成规模经济，因此对股权占比的诉求不高，并通过高的盈余返还来稳定社员规模。

三、示范社经营规模分析

（一）经营面积偏小，林地使用少，但带动效果较好

从统计结果看，48.57%的示范社经营面积在1000亩以下，45.72%的示范社经营面积在1000～10000亩的区间，10000亩以上的有5.71%（表7-22）。也就是说，尚有近一半的合作社经营面积赶不上大户（以1000亩为标准），示范社的规模较小。

表 7-22 示范社经营面积分布

面积（亩）	500 亩以下	500 ～ 1000	1000 ～ 5000	5000 ～ 10000	10000 亩以上
比例（%）	31.43	17.14	37.15	8.57	5.71

37家示范社，仅有7家报告了经营用地中有林地。在这7家示范社中，林地面积占经营面积的比例平均为72.91%，这从一个侧面反映出，即便是发展林业项目，出于规模经济、成本投入、管理方便等原因考虑，农户也会率先使用农地。

虽然示范社经营面积小，但带动作用比较明显，带动比最高达9.83倍，最低0.09倍，带动比在0.5～5倍之间的合作社占比达68.57%（表7-23）。

表 7-23 示范社面积带动比例 %

带动比	未填	0.5 倍以内	0.5 ～ 1 倍	1.01 ～ 5 倍	5.01 ～ 10 倍	10 倍以上
百分比	5.40	22.86	31.43	37.14	2.86	5.71

（二）百人规模的示范社是主流

根据《云南省林农专业合作社省级示范社认定和管理办法》，要求示范社“入社人员50人以上，带动农户100户以上”。在37家示范社中，单社实有成员人数从15～781人不等，平均值约为140人。实有成员数分布呈倒U型，其中，51～100人的示范社有20家，占比最大，达54.05%，八成以上合作社人数在150人以内（表7-24）。一方面，合作社成员数的增加可以更好地发挥规模效应，但另一方面也会导致合作社决策的交易成本上升。从实践数据看，现阶段云南省林农专业合作示范社发展的理想规模是50～100人。合作社带动农户发展情况总体良好，九成示范社带动规模都在100户以上，且主要分布在100～200户和400户以上这两级。

表 7-24 示范社成员规模分布

项目	实有成员总数（人）				带动农户数（户）				
	50 以下	51 ～ 100	101 ～ 150	151 以上	100 以下	101 ～ 200	201 ～ 300	301 ～ 400	400 以上
频率	2	20	8	7	4	14	6	4	9
百分比（%）	5.41	54.05	21.62	18.92	10.81	37.84	16.22	10.81	24.32

四、示范社盈利规模分析

（一）示范社资产总额小，经营服务收入低

数据显示，54.06%的示范社资产总额在500万元以内，规模偏小。对于农、林、牧、渔业而言，营业收入2000万元以下的为中小微型企业。其中，营业收入500万元及以上的为中型企业，营业收入500万元及以下的为小型企业，营业收入50万元以下的为微型企业（表7-25、表7-26）。对照此标准，示范社基本属于小微企业范畴，经营规模和能力都较弱。

表 7-25　示范社资产总额分布

金额（万元）	100 万元以内	100 ~ 500	500 ~ 1000	1000 万元以上
比例（%）	21.62	32.44	21.62	24.32

表 7-26　示范社经营服务收入状况分布表

金额（万元）	0	1 ~ 50	51 ~ 100	101 ~ 500	501 ~ 1000	1000万元以上
比例（%）	10.81	24.32	21.62	21.62	13.51	8.11

（二）示范社经营纯收益少

37家示范社中，有8家纯收益为0，有纯收益的示范社中，最小纯收益为0.1万元，最大纯收益为1051万元。六成示范社纯收益在50万元以下（表7-27）。

表 7-27　示范社经营纯收益分布

金额（万元）	0	0.1 ~ 10	10.1 ~ 50	50.1 ~ 100	100.1 ~ 200	200.1 ~ 300	300.1 ~ 400	400.1 ~ 500	500.1 ~ 700
频数	8	7	8	5	5	2	0	1	1
比例(%)	21.62	18.92	21.62	13.51	13.51	5.41	0.00	2.70	2.70

对策建议

一、培育政策制定与实施需多部门联动，各级政策应有侧重点

农民林业专业合作社的发展涉及多个部门、多项政策，政策的实施需要依靠多部门的力量，因此，建立并维持多部门联动机制是促进农民林业专业合作社发展的较好保障。例如，国家层面的全国农民合作社发展部际联席会议制度，该联席会议成员单位包括农业部、发改委、财政部、水利部、国家税务总局、国家工商总局、国家林业局、银监会、全国供销总社等，联席会议工作之一便是国家农民合作社示范社评定。省级层面，如森林保险方面的联动机制，中国人民银行昆明中心支行、云南省财政厅、中国银行业监督管理委员会云南监管局、中国保险监督管理委员会云南监管局和云南省林业厅保持联动；林权抵押贷款方面，中国人民银行昆明中心支行、省林业厅、省政府金融办、云南银监局、云南保监局联动。部门间加强联动和沟通有助于相关政策的顺利落实。

同时，在国家级、省级、州市县三级层面政策体系构建中，应该思考政策侧重点的差异化，便于激励各级政府充分发挥主观能动性。建议国家层面政策多考虑发展方向等宏观方面的内容，省级层面能够更多进行自选动作，将政策真正结合本省情况加以落实，使其具备可操作性，州市县层面政策则更多为实施方案，这样层次分明，也利于政策最终落地。

二、依托产业发展规划制定扶持政策，注重数量扩张基础上的质量提升

从产业链的角度考虑，企业具有生产经营的专业化、商品化、规模化及组织化的优势，合作社具有提升农户组织化程度，降低交易成本，改善农户的市场对接等优势。因此，应准确定位合作社在产业链中的地位和作用，充分发挥其生产组织、服务中介的功能。同时，只有产业发育良好，合作社的产品才会有明确而稳定的市场需求和去向，才能保障合作社的可持续经营。因此，应结合云南省林业产业发展规划，把林间地头作为涉林企业原料的“自然生产车间”，把对林业产业原料生产的发展扶持项目，直接对接给合作社，以合作社作为项目实施主体，按农户是“自然生产车间”工人、合作社是“自然生产车间”管理者、企业是“自然生产车间”产成品接收者的思想构建发展扶持政策，实现企业—合作社—农户的逐级带动发展。

同时，若要有效发挥农民林业专业合作社的带动作用，应将政策制定侧重点从数量规模建设方面逐渐向质量扶持方面倾斜。可以从评优入手，进一步利用网络平台，提高农民林业专业合作社大数据搜集和利用工作，强化对优质合作社的扶持，并理顺合作社、示范社的退出程序，构建灵活的进退机制。

省级示范社的监测数据反映出，云南省农民林业专业合作社的发展还处在“小、散、弱”的阶段，一方面要通过示范社的评比和动态监测机制，促进合作社的规范和可持续发展，做强合作社。另一方面，应通过政策引导，鼓励发展联合社，促进合作社在更大的范围内实现规模经营。

三、抓住农村电商发展的有利时机，推进合作社互联网 + 建设

2015年，国务院办公厅下发了《关于支持农民工等人员返乡创业的意见》，并制定了鼓励农民工等人员返乡创业三年行动计划纲要，提出7项行动计划，其中“电子商务进农村综合示范行动计划”提出：全国创建200个电子商务进农村综合示范县，支持农林产品品牌培育和质量保障体系建设，以及农林产品标准化、分级包装、初加工配送等设施建设。

2015年，《云南省人民政府关于促进电子商务及跨境电子商务发展的实施意见》、2016年《云南省人民政府办公厅关于促进农村电子商务加快发展的实施意见》相继出台，在制定一系列建设目标的基础上，提出到2020年，建立覆盖全省的省、州市、县、乡四级农村电子商务综合服务体系，探索建立村级电子商务服务点；打造20个以上省级农村电子商务示范县；创建100个以上省级农村电子商务示范企业；发展1000个以上注册地在县乡的电子商务企业法人主体；发展乡村网店10000个以上；培训农村电子商务从业

人员15万人次以上；全省省级以上农业龙头企业电子商务应用率达100%，形成具有云南特色的农村电子商务发展模式。

林业专业合作社，尤其是省级示范社，应该以此为契机，从种植、养殖信息技术应用、生产管理标准化和分级化、物联网化、数字化等方面入手，推动生产端信息化改造，为进入产业互联网平台、上线交易创造条件。

四、多途径解决农民林业专业合作社融资困境

（一）拓宽林业合作社的资金来源

农民林业专业合作社应广开资金来源，综合运用货币和财税政策工具，引导金融机构建立健全针对林业合作社的信贷、保险支持机制，创新金融产品和服务，加大信贷支持力度，分散规模经营风险。鼓励把对林业专业合作组织法人授信和对合作组织成员授信结合起来，探索创新“林业专业合作组织+担保机构”信贷管理模式与林农小额信用贷款的结合，促进提高林业生产发展的组织化程度以及借款人的信用等级和融资能力。鼓励林区外的各类经济组织以多种形式投资基础性林业项目。整合扶贫资金用于林业合作社建设，以股份形式投入当地优势产业，并通过股份合作方式形成集体经济，使林业合作社有更多的资金来源，村集体组织有相对稳定的收入，形成双赢的格局。

（二）规范产权转移，为林木权证融资创造条件

林农用林木使用权与林地使用权进行出资入股合作社的，应该尽量办好产权转移手续，让合作社可以用林权证去进行贷款申请。同时，应推动林木权证融资产品的设计和实施，拓宽林农可抵押担保资产的范围，增强金融支持林业产业发展的积极性，提升农村金融服务水平。

五、与研究机构共建共享增强科研实力

林业合作社应该与林业推广机构和林业高等院校建立更紧密的联系，作为其实验推广基地，在品种选择与培育、种养技术及管理规范等方面获取更多的技术、资金、人员与政策支持。例如，可以邀请科研人员到合作社设立基层专家工作室、实验基地、共同申报研究课题等。

六、积极吸引返乡人员创办新型经营主体

各类返乡创业人员，尤其是返回农村创业的人员，往往既熟悉输入地市场又熟悉输出地资源的优势，还对借力“互联网+”技术发展现代商业有一定的认知和想法。如能吸引他们共创林业合作社等经营主体，无疑将提高林业专业合作社等的发展实力，通过对绿色林产品的挖掘、升级、品牌化，实现输出地产品与输入地市场的嫁接。同时，返乡创业人员往往怀有带领当地群众致富的朴素愿望，比外来企业和人员有更多的故土眷恋、融洽的人际沟通，因此可以利用非正式制度、隐性契约等降低交易和管理成本。

2016

集体林权制度改革监测报告

股份制家庭林场报告

《中华人民共和国农村土地承包法》第42条、中办国办2014年11月印发《关于引导农村土地经营权有序流转发展农业适度规模经营的意见》和2016年中央1号文件，都提出了鼓励农民自愿联合将土地承包经营权入股村集体经济组织、合作社、公司，进行规模化生产的有关政策，并指出要进一步完善农村土地承包经营权权能。截至2015年年底，全国以入股形式流转的土地达到0.28亿亩，占流转总面积的6.1%。一些地方在农民自愿前提下通过组建土地股份合作组织、兴办集体农场等方式发展农业规模经营，积累了许多有益的经验。

专栏 8-1　样本林场的概况

福建沙县富口沁园家庭林场位于富口镇白溪口村，由 5 个人出资 1033 万元，面积达到 7863 亩。通过投标空山、流转中幼林等方式获得林地，主要种植和生产杉松木材、毛竹、苦竹、珍贵树种楠木及林下经济细叶青蒌藤，进行专业化、规模化经营。于 2014 年 7 月注册登记为普通合伙企业，2014 年被评为县级示范家庭林场。林场以资金股为主，买入林权，雇工外包，家庭经营，是林权制度改革以后最典型的股份制家庭林场。林场只流转中、近成熟林的林地，进行专业化抚育、采伐、管理、营销，以较高市场价将林木变现，实现林木资产价值最大化。林木采伐后将林地交回村上，经营期短，风险小，收入可观。将林场收入一部分用于林业再投入，种植 500 亩细叶青蒌藤用以发展林下经济，种植珍贵树种楠树 230 亩，开发更具市场潜力和经济效益的新项目，使林场经济发展具有可持续性。

福建沙县富口镇吉瑞家庭林场位于沙县富口镇富口村与堆积村交界处，成立于 2013 年 3 月，林场总投资 1000 万元，总面积 1100 亩左右。吉瑞家庭林场坚持“种养结合，综合发展”的经营方针，建设集林业、农业、休闲、餐饮为一体的生态林场，形成多层次利用的立体生态林业。林场以资金、林地、林木为主要股份，保底分红，家庭经营，也是林权制度改革以后鼓励规模化经营背景下特征突出的股份制家庭林场。林场流转各类林地，进行专业化造林、抚育、管护，短期林业收入少，但是通过发展林下养殖、农家乐等林下经济产业项目，多种经营，以短养长，弥补了以林业基础产业环节为主的家庭林场在发展初期经济不可持续的短板，为林场的进一步发展打下基础。

陕西宁陕罗家沟股份制家庭林场位于宁陕县四亩地镇严家坪村罗家沟组。板栗园诞生于 1993 年，面积 1400 亩。历经 20 多年的风风雨雨，罗家沟股份制家庭林场展现出蓬勃生机，圆了村民们脱贫的梦想，集体林权制度改革的实施，进一步稳定了村民林地入股家庭林场的信心，形成了林地集约经营的“罗家沟模式”。起初，村组上多数农户既有林地股，也有劳动股。自 2013 年以后，劳动“工日”不再折股，采用临时雇工当日结算。村支部周书记作为最大股东，全权负责林场的经营管理，原来林场的董事会及监事会的组织机构依然保留，至此，板栗园林场的性质由股份合作集体林场转变成股份制家庭林场，说明了股份制家庭林场在决策机制、资源利用、经营效率上具有明显优势和替代效应。

林权制度改革以来，林地确权到户，要保持家庭承包责任制的基本制度不变，又能使农户在土地流转中有获得感和参与感，防控社会资本驱动的长期租赁经营的林地流转潜在风险，培育新型经营主体，股份制家庭林场是必然选择，是家庭承包责任制实现现代资产组织形式的有效途径。

家庭林场的发展刚刚起步，股份制家庭林场的数量很少。因此，调研中以股份制家庭林场的特征为依据，选取具有规模化、股份制、家庭主要经营管理、林改后成立这四个特征选取案例样本。选择林改后成立的股份制家庭林场，是因为这类案例对林改后确权到户的现实背景才具有实际意义。在条件及范围限制情况下，以福建沙县富口沁园、吉瑞两个股份制家庭林场以及陕西宁陕县的罗家沟板栗园股份制家庭林场为案例，分析股份制家庭林场的现状及问题。

家庭林场

一、家庭林场的定义

考虑到家庭林场以家庭成员经营为主、适度规模经营、需经林业部门认定、林业收入是家庭主要收入等特点，目前只能将家庭林场定义为：家庭林场是指以家庭成员为主进行经营管理，从事林业规模化生产、管护、经营，林业收入达到当地城镇居民人均可支配收入水平的新型林业经营主体。以后，可根据家庭林场发展进一步完善和改进[①]。

调研中主要依据规模化经营、股份制、家庭主要经营管理这三个指标选择家庭林场样本，在不能完全满足股份制家庭林场特征样本条件及样本太少的情况下，将样本扩展至集体股份、集体合作等其他经营方式的林场。

二、家庭林场产生的政策背景

2013年，党的十八届三中全会通过的《中共中央关于全面深化改革若干重大问题的决定》中强调：加快构建新型农业经营体系，坚持家庭经营在农业中的基础性地位。为了调动亿万农民发展林业的积极性、改善生态和民生，党中央、国务院做出了集体林权制度改革的重大决策。以明晰产权、承包到户为主要任务的主体改革或基础改革已经基本完成，但以林地流转、林权抵押贷款、培育新型林业经营主体、林业社会化服务等为主要任务的配套改革和深化改革进展缓慢，难以形成政策合力和良性发展机制。资源增长、生态良好的林改目标得到较好的实现，但农民增收、民生林业的经济目标没有明显的改变，要素聚集、要素流动还未得到有效激活。确权、分山、到户从制度上进一步强化了“统分结合”双层经营机制的“分”散经营，而无论是政府推动或市场培育的“统”一经营体系还相对滞后，缺少“统”的主体，要素的规模化和集约化还处在初步

① 《2015国家集体林权制度改革监测报告》——家庭林场。

探索阶段。林改后，林权单位变小与林业规模经营的矛盾进一步加剧，集体林权制度改革效果未完全显现。

三、家庭林场产生的实践背景

家庭农场得到快速发展。家庭承包责任制的政治和社会响应依然还在，但其增收、富民的经济效应随着社会转型、生产力发展却日益受限，成了农业发展方式转变、农业现代化的最大瓶颈。但农业特性、中外农业发展实践都证明家庭经营始终是农业生产的基础和主体。虽然国家对龙头企业和农民专业合作社等经营主体曾经进行了大力扶持，但没有带来农业生产主体组织现代化的根本改变。所以，如何打造农户家庭承包经营的升级版以契合经济社会发展阶段，引领适度规模经营，发展现代农业的有生力量，成了创新农业经营体系的突破口。2014年农业部发布《关于促进家庭农场发展的指导意见》。家庭农场作为最主要的新型农业生产主体，兼具家庭经营和组织现代化的特点，在解决“谁来种地”“如何种地”“如何组织”等问题上表现出了独特优势。2015年各地家庭农场呈井喷式增加。

四、家庭林场的发展

起步较晚。林地的确权登记工作比近两年才开展的农地确权登记工作要早3～4年，但家庭林场的研究、认定、培育、扶持、规范等工作起步较晚，远落后于农业部门发展家庭农场的进展，造成家庭林场起步晚、发展缓慢的工作局面，影响了家庭林场的整体发展。

理论不足。家庭林场概念模糊，没有专门针对家庭林场概念的实证研究，国内政策制定层面也无意区别家庭林场与家庭农场的不同，但由于国情、行业、专业的特殊性，使得家庭林场无论是从其概念、特征、发展路径、政策扶持，还是时空背景等方面都表现出了不同于家庭农场的特殊性，决不能用家庭农场一笔带过。由于没有认定家庭林场的科学依据和方法，许多地方没有认定标准而迟迟没有开展家庭林场认定工作，有的地方凭经验主观制定认定标准，对农村社会和家庭林场自身的后续发展产生不可预知的影响。发展家庭林场在如何定义、有何特征、如何认定、如何培育、如何规范等一系列新问题上缺乏应有的基本理论，尤其在深化林改过程中如何与其他配套改革进行结合形成合力，西部地区以公益林为主的集体林业如何发展家庭林场，这些更需要提早着手研究。

从调研情况看，福建省各地家庭林场发展很不平衡。有的家庭林场专业化程度高，已更名为公司，具有相对规范完整的公司章程和管理制度。有的家庭林场最初从事农业经营，因规模扩大，涉及林地、林木经营后，实际成为或变更为林场。从注册的名称看，有“林场”“果林场”“家庭农场”“生态（综合）农场”、公司等。

发展缓慢。由于成立时间短，多数家庭林场仍处于持续投入阶段，产出不多，多依靠林地的其他经营收入或林场以外收入维持，如林下经济开发、农业种养殖、种苗、珍贵树种、森林旅游等。资金链脆弱、经营管理粗放、社会化服务体系不完善和林业部门针对性的扶持政策少，这些都使得家庭林场在发展初期步履艰难。

股份制家庭林场

一、股份制家庭林场产生的背景

政策不断鼓励土地流转股份制形式。《中华人民共和国农村土地承包法》第42条、中办国办2014年11月印发《关于引导农村土地经营权有序流转发展农业适度规模经营的意见》和2016年中央1号文件，都鼓励农民自愿联合将土地承包经营权入股村集体经济组织、合作社、公司，进行规模化生产，进一步完善农村土地承包经营权权能。截至2015年年底，全国以入股形式流转的土地达到0.28亿亩，占流转总面积的6.1%。一些地方在农民自愿前提下通过组建土地股份合作组织、兴办集体农场等方式发展农业规模经营，积累了许多有益的经验。

对农地资产组织形式和经营方式，无论是理论、政策还是实践层面，各地一直都在进行土地流转多元化、承包权物权化、“公司＋农户”“合作组织＋农户”“批发市场＋农户”“一村一品”“三权分离”等多种改革和尝试，因未能突破集体所有、农户承包、权能分散且科层分布的农村经济经营制度，未利用现代产权制度建立起广泛的现代经营主体，所以农业规模化发展水平总体没有根本改变。要保持家庭承包责任制的基本特征不变，又能使农户在土地流转中既有获得感也有参与感，还要防控社会资本驱动的长期租赁经营的农地流转的潜在风险，股份制是必然选择，用工业化组织管理模式去经营管理农业。

随着工业化、城镇化发展，农地的生产资料功能转向社会保障，农民的家庭收入也不再主要依靠土地收入，更看重财产收入而非经营收入，这是股份制这种现代资产组织形式完善家庭承包责任制的有利时机。

二、股份制家庭林场的概念与特征

（一）股份制家庭林场的概念

股份制家庭林场是在家庭林场现有概念和特征的基础上发展而来的，他结合了股份制与家庭林场所具有的典型特征，是股份制与家庭林场的有机结合。基于对股份制和家庭林场的分析，将股份制家庭林场定义为：以林权、资本入股的方式建立现代资产组织形式，以家庭成员为核心的进行相对独立的经营管理，从事林业规模化生产、管护、经营，林业纯收入达到当地城镇居民人均可支配收入水平的新型林业经营主体。

（二）股份制家庭林场的特征

股份制家庭林场，从根本上说是用新的组织方式、新的生产方式和新的经营方式，推动林业生产力的再解放和再发展。其特征是由股份制特征和家庭经营特征共同决定的。

1. 股份特殊性

相对于资金等一般资产股份，林木资产股份的价值实现的周期长，风险大。相对于林木、资金等资产股份，林地承包经营权股份是一种权利价值股份，其用益物性、及物性并不随经营周期结束而降低或损耗，这为经济组织经营期限结束资产清算时股东追索其权利客体增加了可能，导致经济组织法人性不充分。目前，还没有相应的法律规定这种身份权利股份的流动和处理。

2. 组织制度的特殊性

一方面，现代公司制以董事会领导下的总经理负责制、股东代表大会的最高权力机构为法人治理结构，大大提高了现代经营机制对资源利用的效率贡献。另一方面，家庭林场是以家庭经营管理为主，家庭成员是主要决策者、管理者。家庭成员如何契合三权分置结构，权利如何分配，关系如何相互影响，以哪一方面为主，这些还没有理论和实践的探索和积累。

3. 林地获得方式的特殊性

相对于典型家庭林场通过租赁、转包等林地流转方式，股份制家庭林场大多通过出具股份权利证明获得林地，大大减轻了获得林地的资金压力。产权明晰，权利及风险动态调整，农户参与性增强，形成有效的激励与约束机制。农户林地承包经营股权所有，是继林地承包期限延长70年不变、林地确权颁证、抵押贷款之后，进一步强化了农户林地承包权的物权强度。

三、股份制家庭林场的性质

股份制家庭林场以资金、林木、林地为股份，一般情况下在一定的承包期限内股份不能从林场退出，若要退出，只能在股东之间进行转让，符合公司法人财产的性质。股份设置和筹集一般不公开，林场的资产负债表一般不予公开。林场内部机构设置简单灵活，股东为数不多、资产规模不大，适合注册成普通有限责任公司，以利于获得银行贷款。由于存在其他股份以及不能证明公司财产独立于家庭财产要承担连带责任，银行也不愿意贷款，所以一般不要、不能注册为一人有限责任公司。

股份制家庭林场和传统家庭林场、股份制合作社、股份公司虽然都可以以土地、资金等入股，进行资源整合和资源规模化利用，但他们之间存在明显的区别。相对于传统家庭林场，股份制家庭林场可以按照股份制整合外部优质资源，按照现代企业制度模式规范运行。相对于股份制合作社，股份制家庭林场的股东构成既可以是村集体范围内的部分社员，也可以有村集体以外的成员加入，只能注册成公司性质，没有合作的功能。相对于股份公司，股份制家庭林场成员间关系是共同发展的合作关系，而不是劳动雇佣关系。无论是资金股、林木股，还是林地承包经营权股，可不可以退出及如何退出目前都没有明确规定，具有家庭经营的相对独立性。

股份制家庭林场经营发展现状

小而分散的资本所有者缺乏应有的经营能力是早期私有制为主经济体制产生股份制的主要原因。随着市场经济不断成熟，所有者主体多元化，信用制度高度发达，资本联合、控制竞争、分散风险、代理经营是股份制进一步发展实现资产优化增值的现代需求。

小农户寻求资产联合以取得规模效益，无力或无意经营林地而需要代理经营，是家庭林场实行股份制的主要动因。

专栏 8-2 福建沙县富口吉瑞家庭林场实行股份制的动因

沙县以小吃业为主，外出打工的人较多，家里山上的地多数都荒芜，没人管理，村民又不敢出租林地，担心时间一长（二三十年）无法收回。在这种情况下，场主及其他五六位合伙人决定以股份制的形式流转他人的林地，有利一起分，有险一起担。外出打工的人在外有打工收入，家里的林地也能有一定收入，这才同意转出。解决了场主想进行林地规模化经营而个人能力有限、缺少资金技术的困难。

一、股份制家庭林场的创设

（一）背景

林权制度改革后，虽然明确了集体和个人责、权、利，但是随着农户外出从事其他行业导致林业生产粗放，经营效益不高，甚至林地荒芜。2012－2013年，沙县林业局、林业站大力宣传政府鼓励发展家庭林场政策，尤其是鼓励大户进行规模化经营，林业项目也向家庭林场方向倾斜，这对于想发展家庭林场的人来说是一个很好的契机。

专栏 8-3 创设背景

福建沙县富口沁园家庭林场。沙县富口镇白溪口村的杨某得知同村在外打工的4位村民，手里有一定的资金积累，有意投资林业。又赶上县林业局鼓励发展家庭林场的政策环境很好，于是，产生了联合投资创建股份制家庭林场的想法。

福建沙县富口吉瑞家庭林场。沙县富口镇富口村外出务工人数较多，因担心林地无法收回而不愿意长期出租，林地多数荒芜。场主注意到随着社会发展人们

（续）

对生活的要求有所提高，越来越注重养生和休闲。国家政策又鼓励发展家庭林场，扶持新型经营主体规模化、集约化经营。在个人能力有限的情况下，场主想联系几个合伙人以股份制的形式流转他人土地发展家庭林场。

陕西宁陕罗家沟股份制家庭林场。1983 年，林业“三定”后，罗家沟组农民虽然有了自己的责任山，但是，由于没有发展项目，山上依然杂草丛生，没有任何林木，生态环境较差。罗家沟组 20 户 76 人，户户有贷款，吃饭靠救济，是名副其实的贫困村，急需发展项目改变落后面貌。1993 年，时任区委袁书记外出考察回来后倡议村民发展板栗产业，罗家沟组长周某积极响应，下定决心要带领村民闯出一条脱贫新路。

（二）注册成立

股份制家庭林场是在家庭林场的基础上提出的，其在林业经营主体中出现的较晚，缺乏一定的经验。在林权制度改革以后发展股份制家庭林场尚处于摸索的阶段。工商部门和业主都不清楚应该把股份制家庭林场注册成什么商事主体。各地针对不同的具体情况，采取不同方式，注册的商事性质也有所差异，但都没有注册成具有股份制性质的商事主体。

专栏 8-4　注册成立

福建沙县富口沁园家庭林场。沙县富口镇白溪口村的杨某心想合伙人多，资金雄厚，政策鼓励，便倡议大家合伙建一个家庭林场。成立之初，5 位股东一起去林权交易中心，评估各组招标林地的价值，一致认可后，通过竞拍与村委签订流转合同。随后，在工商局注册了普通合伙企业性质的沁园家庭林场。

福建沙县富口吉瑞家庭林场。2013 年，沙县富口镇富口村开始建设家庭林场，先动员 5 个大户将林地入股，成立董事会。让大股东给村民宣传国家的鼓励政策，号召农户流转林地。持林权证、土地证等证件到工商部门登记注册有沙县富口村种植专业合作社及具有个体工商性质的富口吉瑞家庭林场。

（三）资金来源

家庭林场的建立初期需投入大量的资金，初始投入资金主要来源以股东自筹为主，以林权抵押贷款和个人信用贷款为辅。受个人资金积累能力制约，自筹资金非常有限，林权抵押贷款受程序复杂、评估价值低、金融机构意愿低等限制，很难获得。信用贷款受信用额度限制，贷款规模很小。相对于扩大林场规模的资金需求仍有很大缺口。

专栏 8-5 资金来源

福建沙县富口沁园家庭林场总投资 600 万～700 万元，其中，股份自筹约 500 万元；林权（中幼林）抵押贷款 100 万元；贴息贷款共 90（3 个人）万元。

福建沙县富口吉瑞家庭林场近几年投入资金 360 万左右，其中，股东投资 280 万元，林权抵押贷款 30 万元，个人信用贷款 50 万元左右。资金主要用于地租 300 万元左右，苗木 40 万元、抚育 14 万元、管护 6 万元。

陕西宁陕罗家沟股份制家庭林场。板栗园总投入 8.6 万元。其中，1993 年因成功建立板栗园得到县上奖励 5000 元，1994 年获得"富民兴村标兵"奖金 1000 元，同年，获区政府担保扶持贷款 8 万元。

贷款偿还主要使用林场收入和退耕补贴。林场收入一部分用于还贷款，一部分发放给农民；争取到 700 亩退耕还林补贴，按照每亩 40 元标准发放 2.8 万元，全部用于偿还贷款。

（四）林地获得

林权制度改革以后，林地权属进一步明确，农户可以将自己的林地以入股、出租的方式进行流转。这就使得相对分散的林地可以进行集中化、规模化、专业化经营，为股份制家庭林场的发展提供了基础条件。无论是从农户还是从村小组或村集体流转林地，协商都比较容易，几乎没有纠纷。流转过来的林权都可以进行抵押贷款。

专栏 8-6 林地获得

福建沙县富口沁园家庭林场。2008 年林改时，白溪口村的自留山分到了各家各户，绝大部分林地由小组集体经营。各村的林地在招投标之前都会完善各种手续，获得村民的同意，所以，场主在获得林地时直接与村委会协商，纠纷少，简单便利。林地流转后获得林地经营权证，可用于抵押贷款。沁园林场现有 20 多块林地，林地平均面积 100 多亩，最大 400 多亩，没有集中连片。

福建沙县富口吉瑞家庭林场。林场面积 1000 亩，其中：自有 300 多亩，入股林地 500 多亩，租赁 200 多亩。土地流转面积 700 亩，其中农田 200 亩，林地 450 亩，水库 50 亩，流转年限 20 年。和农户商量好之后去林权交易中心办理林地流转手续，获得林地经营权证，用于抵押贷款。林地流转顺利且纠纷少。

陕西宁陕罗家沟股份制家庭林场。1993 年建立板栗园时按照股份的形式将全组的土地集中经营。2008 年林改时，虽然对各家各户的林地进行了确权、勘界、发证，但板栗林场的股权份额、林地面积、经营方式没有发生变化，林权证由林场统一保管，保证了股份制板栗林场存续。

（五）股份设置

股份制家庭林场一般以资金股为主，林木资产一般折算成等值资金股，林地股很少，林地股可获得地租或进行保底分红。股东可以自愿退出，股权流转不受村集体范围限制。

专栏 8-7　股份设置

福建沙县富口沁园家庭林场。白溪口村沁园林场以资金股为主，林木股在流转林木时已经折算成资金股，林地股很少，80% 的林地以付租金的形式流转到林场，只有 20% 的林地是以入股合作造林的形式流转到林场，林木销售收入 30% 归农户，70% 归林场。股东可以自愿退出，股权流转不受村集体范围限制。

福建沙县富口吉瑞家庭林场。富口村吉瑞林场股份包括资金股、林地股、林木股。林木经市场价值评估后折算成股份，林地按照亩均股计算。股份目前没有分红，但资金股每年先要付息，林地股每年每亩先要付租 100 元，具有保底分红的功能。

陕西宁陕罗家沟股份制家庭林场。罗家沟板栗园林场创建时就实行股份制，设立劳力股、林地股、资金股。2013 年达到 2807 股，其中，林地 310 股，资金 20 股，劳工 2477 股。自 2013 年以后，劳动工日不再折股，采用临时雇工当日结算。村书记周某作为最大股东，全权负责林场的经营管理，原来林场的董事会及监事会的组织机构依然保留，至此，板栗园林场的性质由股份合作集体林场转变成股份制家庭林场。林场给各股东出具股权证明，允许股东退出及股权在集体组内流转。也发生过股权转让给本集体以外的债权人的情况。

二、股份制家庭林场的经营效果

目前，股份制家庭林场的经营发展处于初级阶段，无论是理论还是实践方面都缺乏相应的支持和经验，从而发展缓慢。同时，林业生产周期较长，资金周转较慢，且前期投入较大，致使股份制家庭林场的经营虽有盈利，但不足以成为场主和股东的主要收入来源，股份分红较少。

专栏 8-8　经营效果

福建沙县富口沁园家庭林场 2013 年林业毛收入 1200 万元，2014 年和 2015 年收入有所下降。林场种植的主要是毛竹和杉木。杉木采伐周期 22 年，第 1 年每亩投入 700 元，第 2～4 年每亩 300 元，之后每年每亩 100 元左右，资金利息 50 元 / 亩，收入每亩 6000～7000 元，纯利每亩 2000～3000 元。毛竹每亩纯收入大约 150 元。

将林业生产用工按照每人每天 150 元标准外包出去，用工承包人可挣得每人每天 20 元左右。

家庭收入：场主约 1/3 的收入来自林业，其余股东的林业收入占家庭收入的 20%～30%，林业不是其主要收入来源。

福建沙县富口村吉瑞林场目前正在投入前期，林场收入主要以农家乐和林下养殖为主，每年收入有 30万～40 万元，其次，林木收入有 6万～7 万元。林场

（续）

每年盈利 20 余万元，主要用于支付租金和利息，股东还未分红。

陕西宁陕罗家沟股份制家庭林场。1993－1994 年属于建设初期，树苗尚未嫁接，板栗没有经济效益，村民在种苗旁种植黄豆，每年有几千元的收入。1997－1998 年才开始分红，当时板栗园林场收入每年 7 万元左右，近几年发展较好，板栗价格较周围地区高一点，每年约 11 万元，最高时每年 13 万～14 万元。现在村民对板栗园的收益十分满意，生活条件及生态环境得以极大改善，每年采摘时节，村民都积极参与，每人每天有 400～500 元的收入，吸纳了当地的剩余劳动力，社会效益得以明显提升。

三、股份制家庭林场存在的问题与对策

（一）存在的问题

1. 理论层面

对股份制、家庭林场、股份制林场、股份制林业专业合作社的研究已经有一定基础，但对股份制家庭林场的概念、特征、作用、意义等还没有专门的研究。股份制家庭林场的商事性质应该是什么，林地股权有什么特殊性，林地股权是否具备法人财产属性，同时具有股份制和家庭经营的经济体应该具有什么样的组织规范和经营规范。这些都需要在理论上首先明确。

2. 实践层面

还没有充分认知股份制家庭林场，加之家庭林场在林改后在加强新型经营主体建设的背景下刚刚起步，发展缓慢，还没认知到建立股份制家庭林场的好处和作用，现有股份制家庭林场数量极少，以个例存在，规模较小，发展不规范。有些问题还没有完全显现，如林地股权到期可不可以撤回，林地股权转让可不可以转让到集体成员股东以外。若可以撤回，则林地股权就不具备公司法人财产属性，将严重影响股份制家庭林场的商事性质及注册许可；若不可以撤回或可允许转让林地股权到集体成员股东以外，则这种变化将冲击《农村土地承包法》和家庭承包经营的法律基础和制度基础，其影响不可预估。

专栏 8-9　样本股份制家庭林场的股权流转

福建沙县沁园家庭林场虽以资金股为主，林权股很少。但场主杨某表示股东可以自愿退出，股权流转不受村集体范围限制。

陕西宁陕罗家沟股份制家庭林场，主要由村书记周某家庭经营，多数村民持有林地股。林场给各股东出具股权证明，允许股东退出及股权在集体组内流转。也发生有村民将自己 50 股林地股权转让给本集体以外的债权人，以抵偿 3000 元的欠款，债权人可以长期获得股权分红。

3. 政策层面

虽然已认识到股份制对家庭林场的重要意义，并开始对股份制家庭林场进行调查和了解。但政策范围仅限于家庭林场和其他新型经营主体，没有针对股份制家庭林场的专门政策。森林生态效益补偿因公益林入股发生补偿对象和补偿标准等纠纷。新型经营主体和规模化经营的鼓励政策没有根据林地股权的特殊性，缺乏针对性。

专栏 8-10　财政扶持状况

福建沙县设立财政专项，扶持新型经营主体进行适度规模经营。从 2015 年起，连续 3 年，县财政每年预算安排县林业局 30 万元的专项资金，按经营面积发放扶持款项，每亩给予补助 10 元，补助总额最低 2000 元，最高 20000 元。主要用于商标注册、林产品质量标准与认证、品牌建设、生产条件及设施建设。

福建沙县沁园家庭林场相对于融资困难，利息成本高，杨某更担心种植阔叶林或珍贵树种将来被划入公益林，不能采伐，补贴到村不到户，公益林的政策风险及不确定性，大大降低了林场主扩大林场规模的意愿。

福建沙县富口村吉瑞林场有 100 多亩公益林入股，林场经营管护，没有得到任何补贴，补偿仍然是补到村上或原承包户。补偿对象错位大大影响了林场流转公益林的积极性。

陕西宁陕罗家沟股份制家庭林场近几年没有得到项目扶持。新型经营主体扶持政策没有惠及板栗园林场，板栗林没有纳入公益林，因此享受不到公益林补贴，退耕还林也即将结束。

（二）建议及对策

1. 以发展股份制家庭林场为主

理论上，股份制最大特点是通过出具财产权利证明，实现财产终极所有权分别与经营权、法人财产所有权的相对分离，实现产权明晰、来源分散多元、使用规模集中的法人财产组织机制。其次，三权设置的内部组织结构，保证了风险分散、财产独立、法人制度充分的经营机制，大大提高了资源配置与利用效率。股份合作制企业，是劳动合作和资本合作、按劳分配和按股分红的有机结合，劳动合作是基础，股东主要是本企业的职工，职工共同劳动，共同占有和使用生产资料，利益共享，风险共担，实行民主管理，是合作制发展到一定阶段的产物，是股份制的初级阶段，适合小型企业成长阶段过渡发展。

实践上，调查案例的林场都是以资金股为主，以自投和雇佣相结合的形式投入劳动力，劳动力不参与分配，按股分红。以股份制和家庭相结合的经营机制进行决策，而没有采取以人头合作为主的民主决策，这更符合股份制的特点而不是股份合作制的特点。所以，未来发展家庭林场的股份化，应以股份制家庭林场为主，而不是股份合作制家庭林场。

2. 大力宣传，提高认知

加大宣传力度，让管理部门以清楚的理论指导实践，让林场主和农户都要充分认知到股份制的好处。

3. 支持培育，规范典型

用公司制规范股份制家庭林场的组织、决策、分配制度。规范入股形式，发放股权证明。健全股东大会、董事会、监事会，保证股东大会和监事会正常运行及发挥作用。建立健全财务制度，规范股份分红形式。规范典型样本，发挥好示范带头作用。

4. 明确相关法律

需要修改《农村土地承包法》中股权退出受限及物性强的约束，扩大林地股权的流转范围，明确林权入股的法人财产属性，以消除林地股份注册公司的法律障碍。

5. 改变扶持政策的着力方向

各种扶持政策应指向通过入股放弃承包权物权的农户，而不是指向获得经营权物权的新型经营主体。

6. 开展林地经营权入股新型经营主体试点

开展试点工作，在股份制主体范围、入股载体形式、股份组织运行机制、政府部门政策创设等方面积极探索，鼓励在林地经营权入股的相关制度安排等方面进行大胆试验。

7. 鼓励工商注册有限责任公司

一般情况下，在一定的承包期限内林权股份不能从林场退出，若要退出，只能在股东之间进行转让，股份设置和筹集一般不公开，林场的资产负债表一般不予公开，股东数量有限，这些都符合公司性质。鼓励注册成普通有限责任公司，以利于获得银行贷款，开展商事活动。不能注册为一人有限责任公司或个体户。

四、思考与不足

（一）思考

1. 股份制家庭林场对农村的深远影响

在新时期国家倡导发展多种形式适度规模经营的新型经营主体，股份制家庭林场作为林业经营主体中的新型经营组织形式，对农村影响深远。

相比于外来资本（区域外的工商资本）对林地的利用，股份制家庭林场更具有规模化经营、综合开发利用、长期持续投入的在地优势。能将分散的林木资源进行集中化、专业化、规模化经营，实现林木资源市场价值最大化。留守林农通过持有股权参与林场的决策与经营，获得股权收入，增强了参与感和获得感，降低了农村资源有序流动的风险。外出打工农民可以将林地和林木入股林场，既不会荒废山林还可以获得一定分红，专注于在外做生意或务工，形成稳定预期。林场主通过创办林场，不仅实现了自己农村企业家的理想，也提高了经营林业的职业性、专业性和管理林业的先进性。股份制家庭林场既维持了农村家庭联产承包责任制长期不变的政策一致性，满足了国家维护农村社会、农民人心基本稳定的一贯要求，同时又为这一基本经营制度的改革创新以及农村发展适应新形势变化增添了活力。

2. 股份制家庭林场符合三权分离的改革方向

三权分离的改革有意将林地物权从承包权转移至经营权之上。转包和转让的流转形式多局限于集体内部，规模较小，形式不规范，集约效率不高。租赁虽可以扩展至集体外的主体，但农户参与程度不高，转入主体面临租约到期林地被抽回的巨大不确定性。股份制流转形式使农户获得股权证明和林权证，保证农户财产终极所有权，增加农户转出意愿及转出以后的参与感，同时，也可以增加转入主体占有和处置林地资产的独立性和长期预期稳定性，适应经营权物权化的改革意向。

3. 股份制家庭林场为林地家庭承包经营制度改革的终极去向提供了一条可依赖、可期盼的路径

长期看，无论林地流转和三权分离如何实施和变化，都只是林地制度改革的过程性存续，林地产权在集体、农户、经营主体之间分散化、割裂分布的状态不可能永远持续。现代股份制不管是对资本主义的私人所有制还是对社会主义的国家所有制都进行过有效的系统性改造，制度性分离所有权和经营权，实行多元混合所有制，达到了现代所有制的有效形式。随着将来林地股权流转范围从村集体到乡镇、县、省乃至全国的逐级开放以及股权流转市场的逐步形成，林地股份流转将为林地家庭承包经营制度的退出机制开创一个新路径。

（二）不足

1. 由于各种条件限制，未能在较大范围内选择案例样本

调查对象仅限于林场主，未能涵盖股东、农户、董事、监事、地方政府管理部门等多个主体，进行全方位的调查。这将影响现有研究的全面性和代表性。

2. 应对林地股权的属性和现状作进一步研究

需进一步了解林地股权如何确立，有没有期限限制，如何退出，有何规定，林权证和股权证的相互关系及功能等问题，深入研究股份制家庭林场的特殊性。

3. 应对不同林业功能区域的股份制家庭林场进行研究

如南方集体林区、东北国有林区、西北公益林为主的集体林区等，不同区域的林业生产功能、产业经营性不同，对建立股份制家庭林场的需求和方式也不同，分区将使研究更具针对性，建议对策更具体，特别是西部以公益林为主地区如何建立家庭林场及实施林地流转股份化，将更具价值和意义。

2016

集体林权制度改革监测报告

林地承包经营纠纷及调处报告

森林资源具有重要的生态价值和巨大的经济价值，是保护生态和农民增收的主要来源之一。实现林业产业健康有序发展、森林资源可持续利用，是我国一项重要的基础性事业。现阶段，全国集体林权制度改革已进入新的阶段，也取得了一定的成绩，但随着集体林权制度的不断变迁和改革的逐步深化，原有的利益分配格局逐步发生改变，林地承包经营过程中各种纠纷频繁发生，阻碍林业经济健康发展、制约农户林业增收，影响林地经营工作有序开展，进而影响区域社会稳定。由于纠纷涉及面广，成因复杂多样，其调处过程复杂、难度大，加之区域文化习俗、制度背景、森林资源特点等存在一定程度的差异，以及调处人员综合素质和业务水平的差异，都直接影响纠纷调处的效果。为此，课题组依托国家林业局"集体林权制度改革监测"项目，对监测中所涉及的7个省份的林地承包纠纷问题进行跟踪调查并分析研究。调查数据显示，截至2015年，7个样本省份共发生林地承包经营纠纷9.47万起，其中已调处9.21万起，调处率达到97.25%，涉及争议面积653.66万亩，累计调处面积590.81万亩，占总争议面积的90.38%。从农户纠纷发生层面看，在被调查的3499户样本农户中，有173户发生纠纷，占总样本农户数的4.94%，其中79户纠纷全部得到解决，26户部分解决，未解决68户，纠纷未解决农户占到纠纷涉及农户总数的39.31%。加之各省际间的差异，亟待解决的纠纷形势依然很严峻。

林地承包经营纠纷现状、类型及原因

一、林地承包经营纠纷现状

（一）纠纷主要发生在森林资源较丰富的区域

从调查的7个样本省份来看，林地承包经营纠纷主要集中在森林资源丰富、林业产值较高的区域，东北、东南地区森林资源丰富、资源利用程度高，林业产值相对较高，纠纷发生农户数也高于其他地区。从图9-1的调查统计数据来看，福建省林业总产值达617.50万元，居各样本省的首位，所调查的10个样本县中，除仙游县和仙泰县较低外，

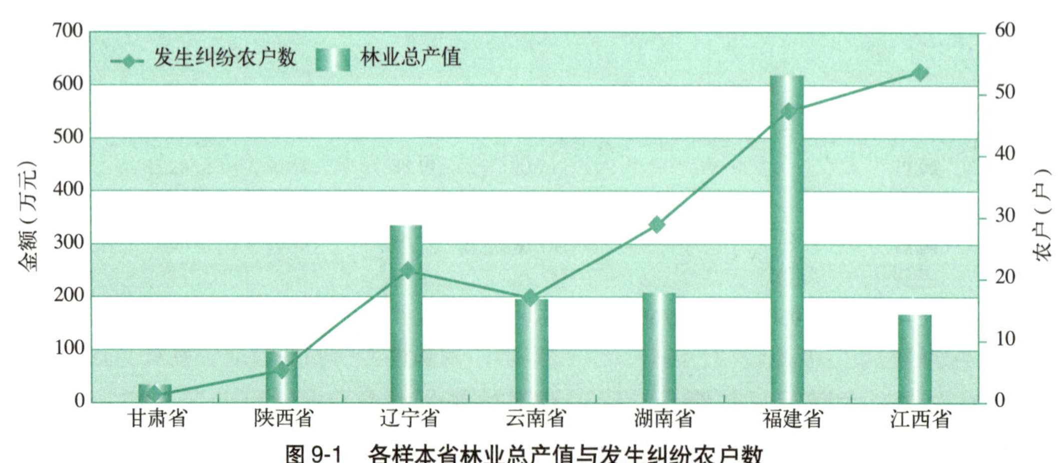

图9-1 各样本省林业总产值与发生纠纷农户数

其余8县的森林覆盖率均集中在73%～80%，有47户农户涉及纠纷，占各样本省涉及纠纷总农户数的27.17%；江西省10个样本县森林覆盖率均超过67%，其中8个县的森林覆盖率集中在70%～87%，有53户农户涉及纠纷，居各样本省首位，但因林下经济发展较缓，2015年其林业总产值为168.98万元，居各样本省第五位；而甘肃省森林面积较小，基础设施条件较差，且主要以生态公益林为主，森林覆盖率也最低，所调查的10个样本县的森林覆盖率均低于40%，甚至有3个县低于20%，林业经济发展缓慢，2015年林业总产值仅为33.54万元，居各样本省末位，仅有1户农户涉及纠纷。其余各样本省森林覆盖率和纠纷涉及农户数基本也呈现正相关。

（二）纠纷发生面与家庭林业收入相关度较高

本次调研共涉及7个省，各省选取10个样本县。其中，甘肃、陕西、辽宁和湖南省各抽取500户样本农户，云南、福建和江西省分别抽取样本农户501户、496户、502户，共3499户。从图9-2的调查统计结果来看，福建、江西两省林木森林资源丰富，林下经济发达，林业发展形式多样，是林业经济收入较高的区域，也是林地承包经营纠纷最为集中的区域。2015年福建省和江西省户均家庭林业收入分别为24717元和14926元，林地承包经营纠纷发生涉及的农户数分别为47户和53户，是7个样本省份中纠纷发生涉及农户数最多的两个省份；地处东北的辽宁省森林资源丰富、林木种类多，林业发展水平较好，2015年户均家庭林业收入为10035元，林业经济收入是7个样本省份的平均水平，同时有21户农户涉及纠纷，林地承包经营纠纷发生涉及户数也处于7个样本省份的中间水平；而地处西北的甘肃省和陕西省森林面积较小，基础设施条件较差，且主要以生态公益林为主，林业经济发展缓慢，林业收入水平低，林地承包经营纠纷发生面很小，2015年甘肃省和陕西省户均家庭林业收入分别为6812元和3607元，两省纠纷涉及农户数分别为1户和5户，是7个样本省中纠纷发生面最少的两个省份。

（三）纠纷涉及的林地面积虽然不广，但具有明显的县域集中性

总体上看，7个样本省涉及纠纷争议的林地面积为653.66万亩，仅占样本省总林地面积的3.08%，但从纠纷涉及林地面积的区域分布来看，具有明显的县域集中性，主要集

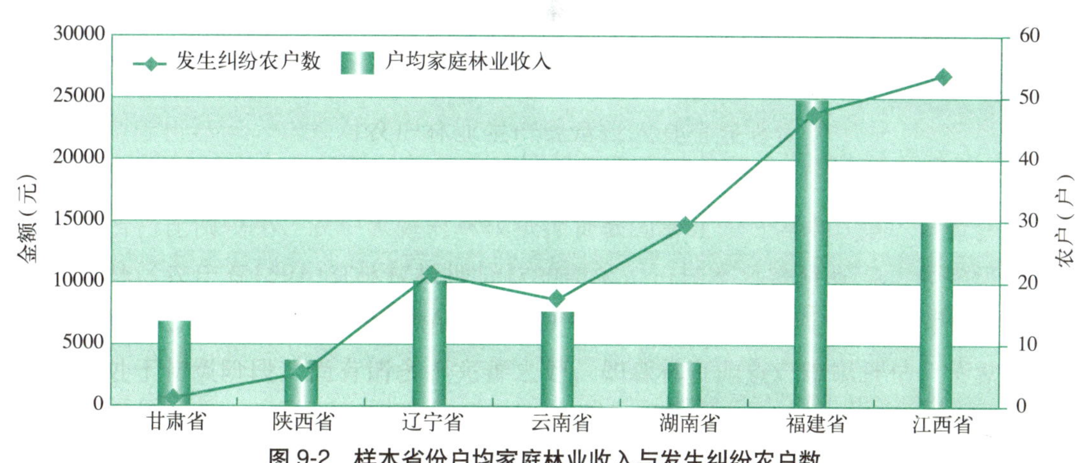

图 9-2　样本省份户均家庭林业收入与发生纠纷农户数

中在家庭林业收入水平较高的县区，如：截至2015年，福建省10个样本县涉及争议的林地总面积累计43.54万亩，而武夷山市一个县涉及争议的林地面积达10.55万亩，占福建省涉及争议林地总面积的比例高达24.23%，同时武夷山市家庭林业总收入为442.30万元，占福建省家庭林业总收入的36.08%，位居首位；辽宁省涉及争议的林地总面积累计为48.12万亩，其中新宾县涉及争议的林地面积为15.44万亩，占辽宁省涉及争议林地总面积比例高达32.09%，其家庭林业总收入为123.22万元，占省家庭林业总收入的24.56%，位列该省第二；江西省涉及争议的林地总面积累计为114.84万亩，仅崇义一县的争议面积就高达68.43万亩，占比59.59%，同样崇义县家庭林业总收入为248.16万元，占江西省家庭林业总收入比例高达33.11%，也位居该省首位。其余4个样本省情况基本类同。

二、林地承包经营纠纷主要类型

在7个样本省中，林地承包经营各个阶段均存在纠纷，主要包括不同法律主体之间林木林地权属边界纠纷、林地承包经营合同纠纷、林权流转合同纠纷和其他原因引起的纠纷（表9-1）。

表 9-1　样本省份发生各种类型纠纷农户数　户

项　目	辽宁省	福建省	江西省	湖南省	云南省	陕西省	甘肃省
林木林地权属边界纠纷	17	36	47	25	12	3	1
林地承包经营合同纠纷	1	4	2	0	1	0	0
林权流转合同纠纷	1	1	0	4	0	1	0
其他纠纷	2	6	4	0	4	1	0

（一）林木林地权属边界纠纷

这类纠纷主要指不同法律主体因林地所有、使用和林木所有权归属引发的问题而产生的纠纷。有可能是单位之间（如两个毗邻村的村委会）就林地所有权归属问题产生的纠纷，也有可能是单位与个人之间，或个人之间就林地使用权或林木所有权归属问题产生的纠纷，这类纠纷在调处实践中所占比例较大。2015年，7个样本省涉及纠纷的林地承包农户173户，其中141户涉及林木林地权属边界纠纷，占发生纠纷总户数的81.50%（图9-3）。各样本省中，江西省发生林木林地权属边界纠纷涉及的农户数最多，共47

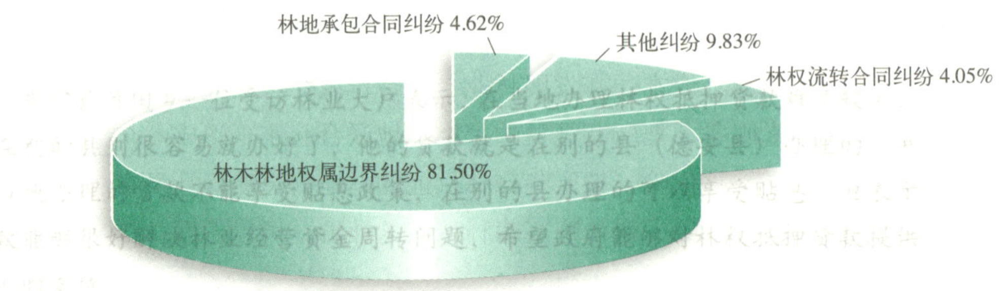

图 9-3　2015 年样本省份不同类型纠纷涉及户数占比

户，占总纠纷户数的33.3%，福建省36户农户纠纷发生在林木林地权属边界确认过程中，占总数25.5%，湖南省有25户涉及此类纠纷，占总数17.7%，地处西北地区的陕西省和甘肃省发生纠纷少，此类纠纷涉及农户数也少，分别为3户和1户。

（二）林地承包经营合同纠纷

林地承包经营合同纠纷主要指林地在被承包过程中，由于合同效力、承包期限、林地使用费及林地使用权登记、变更等引起的纠纷。2015年，7省受访农户中有8户因林地承包经营合同问题与他人发生纠纷，占纠纷总户数的4.62%，且主要集中在南方地区，其中福建省有4户，江西省2户，云南省和辽宁省各1户。

（三）林权流转合同纠纷

林权流转合同纠纷是指由于林地流转过程中流转合同效力、合同条款和流转期限确定等问题引起的纠纷。如图9-3，2015年，在各样本省涉及林地承包经营纠纷的173户农户中，属于因林权流转合同原因产生纠纷的仅有7户，占总数的4.05%，其中湖南省涉及4户，辽宁省、福建省和陕西省各1户。

三、引发林地承包经营纠纷的主要原因分析

（一）林地收益提升是林地承包经营纠纷的直接诱因

随着社会经济的发展和林权制度改革的不断深入，以及各级政府陆续出台的惠林政策，森林资源价值及衍生品价格不断上涨，森林经营给农户带来的经济收益逐渐增加，激发了农户从事林业经营活动的积极性，林地流转也随之加快，但在林地承包经营及流转过程中，因流转方式的不规范、流转服务机构的缺位，以及林权流转市场建设的滞后，作为林权流转弱势群体的农户权利容易受到侵害，经常出现林地流转估价不合理、资金发放不到位等现象，导致林业经济利益分配不合理，易引发相关利益主体之间的纠纷。

专栏 9-1　林地纠纷案例一

福建省邵武市杨家墟村现辖 8 个村民小组，农户 360 户，林业用地面积 1531.9hm^2。1960－1970 年，邵武市政府从杨家墟村划拨了 509.7hm^2 林地用于组建故县国有林场。划拨之初，因林地收入甚微，划拨时约定故县林场在木材采伐时按政府规定统一林价的 30% 支付给杨家墟村作为山林价格费。但随着山林价格上涨和林业经济的发展，使得农户所得利益相对比例不断下降。林改中，在杨家墟村村民强烈要求下，村民与故县国有林场以当前与预期林地价值为依据，最终达成新的协议：所有划拨的林地按采伐时的林木作价，村里对 509.7hm^2 划拨的林地收益重新进行了安排，使得农户的林地收益得到很大提升，纠纷得以解决。

（二）农民法律意识淡薄是引发林地承包经营纠纷的内在因素

由于农村社会相对封闭，教育程度落后，法律资源匮乏，使得农民这个群体整体上法律意识比较淡薄。同时，由于缺乏应有的契约精神和制度约束，一旦当林地资源因偶然性原因给承包经营户带来较高收益时，就会出现无视契约和制度约束所引发的纠纷问题。

专栏 9-2　林地纠纷案例二

2001 年 5 月，辽宁省普兰店市大高屯村委会与普兰店市民王某、郑某二人签订《砂场承包合同》，村委会将砂场承包给王、郑二人，承包期 1 年，承包金 3 万元。次年 3 月，大高屯村委会又与农户姜某某签订了《大高屯村林场承包合同书》。双方在合同中明确划定了承包地点、承包期限以及承包金额等细节。当姜某某准备进行经营活动时，发现王、郑二人已在大沙河东岸防护林一带（即是已发包给姜某某承包范围内的大沙河林地）开始建房，准备开采砂石。姜某某由于法制观念匮乏，无视王、郑二人签订承包合同在先的既成事实，同时也并未按正常的法律程序维护自己的权益，坚持在“纠纷林地”投资，种植速生杨、刺槐等幼林树苗近 200 万棵。而王某等人亦不顾姜某某的既成经济利益，依旧进行采砂活动，同时在近一年时间里违法毁掉了姜某某承包林场的柳树、速生杨等 400 余棵，挖坑取砂约 4 公顷，致使姜某某所承包范围内的大沙河东岸 4 公顷的护岸林带成为一片河坑。姜某某无奈只能上诉法院调处，至今尚无判决。

（三）历史原因引起林地承包经营权属纠纷

我国林地产权制度改革先后历经了土地改革、林业“三定”、新集体林权制度改革等长期的政策变动。林业政策不断地调整着林业生产关系，导致林地权属模糊和边界不清晰的情况普遍存在。作为本次调研纠纷案例占比最高的纠纷类型，林地权属纠纷常因历史久远使得证据已经散失或隐藏，很难完整找出事实的真相，在调处过程中存在一定的难度。

专栏 9-3　林地纠纷案例三

湖南省嘉禾县行廊农场建于 1958 年，主要经营茶叶生产、加工、销售。2012 年 12 月嘉禾县决定在行廊茶场内桂嘉路北面建造工业园区，行廊茶厂遂与毗邻的候寨村发生边界权属纠纷，主要原因是：由于候寨塘岭早在 2003 年已国土造地改成了梯土，曾作为双方林地边界标识的路段现已不可考证；候寨塘岭东是一口水塘，2008 年被非法洗锰用作尾沙池，已经填满了淤泥，而《国土局土地详查界线协议书》并未具体写明林地边界是以水塘南岸还是北岸；水塘南北各修有一渠道分别从一处废弃工厂南北通过，南面的渠道修于 1976 年，在 1984 年版地图上有标示，但现场已灭失；1985 年在北面又修了条渠道，现已多处被填埋种树，之前的多处边界标识已发生改变。相关部门介入调解后，希望通过重新划界来解决双方的纠纷，但行廊茶场坚持应以新渠道为界，候寨村则坚持应以老渠道为界，双方也没有可以准确参照的标识，这种早期边界的模糊导致纠纷解决困难重重。

(四)林地流转承包过程不规范引起纠纷

在集体林流转过程中，由于信息的不对称，使得农民对林地流转价格、预期收益、林地管理政策等方面的信息知之甚少。经常有在农民不知情的情况下，村委会通过暗箱操作与承包方私自签订林地承包合同，农民对合同内容不了解，也没有经过正常的公示程序，林地流转后就形成了争议或冲突。

专栏 9-4　林地纠纷案例四

2006 年 4 月，江西省白沙村、上坪村同农户左某某、刘某某签订了总面积 2000 余亩林地的《农村林地承包合同》，期限 50 年。从合同内容来看，两个村的 2000 多亩林地分别承包给了左某某和刘某某，但据了解，真正的承包方为两个村的村主任和几名私人老板。虽然村委会出具的材料都附有农户的手印，但农户强调，这些合同都是“伪造的”，乡、村和部分林业干部将林权证统一保管之后，在农户不知情的情况下擅自划到自己名下,使大面积山林从“流转”变成“占有”。对此，曲白乡政府在 2012 年 12 月的《曲白乡关于农民林木使用权被非法占有调查情况的汇报》中称：“合同签订属农户自愿签订，无违法行为，应维护合同的法律效力”。但农户坚持收回“被流转”的林地。永新县纪委介入调查曲白乡山林流转问题,上坪村村主任刘某某因“滥用职权”被公诉至法院,依据《公务员法》相关条例，被判处有期徒刑 2 年，缓刑 3 年。2013 年 2 月，林业局主持会议协调解决上坪村山林流转问题并达成意见：退还不愿流转的 8 户农户的林权证并集中到林业局进行原始状态恢复复核，纠纷才得以解决。

林地承包经营纠纷调处现状、问题及建议

一、林地承包经营纠纷调处现状

(一)林地承包经营纠纷累计调处率高

近年来，我国加大了林地承包经营纠纷调处的力度，在调处实践中依法调处、以情调处、公平解决纠纷，并采用多种调处手段，化解了多起矛盾纠纷，纠纷调处成功率高。调查的7个样本省中，累计发生纠纷9.47万起，累计纠纷争议面积653.66万亩，已调处9.21万起，调处面积590.81万亩，调处率达97.25%（图9-4）。其中，甘肃省纠纷累计发生1813起，纠纷涉及面积28.75万亩，全部得以调处。云南省累计发生纠纷38346起，涉及面积217.66万亩，居各样本省首位，近年来云南省抓实纠纷调处工作，累计调处38159起纠纷，调处率为99.67%，调处面积166.91万亩，占总争议面积的76.68%（图9-5）。

(二)农户林地承包经营纠纷调处办结率并不高

2015年，林地承包纠纷调处办结率不高，部分农户的纠纷未得到妥善解决。图9-6

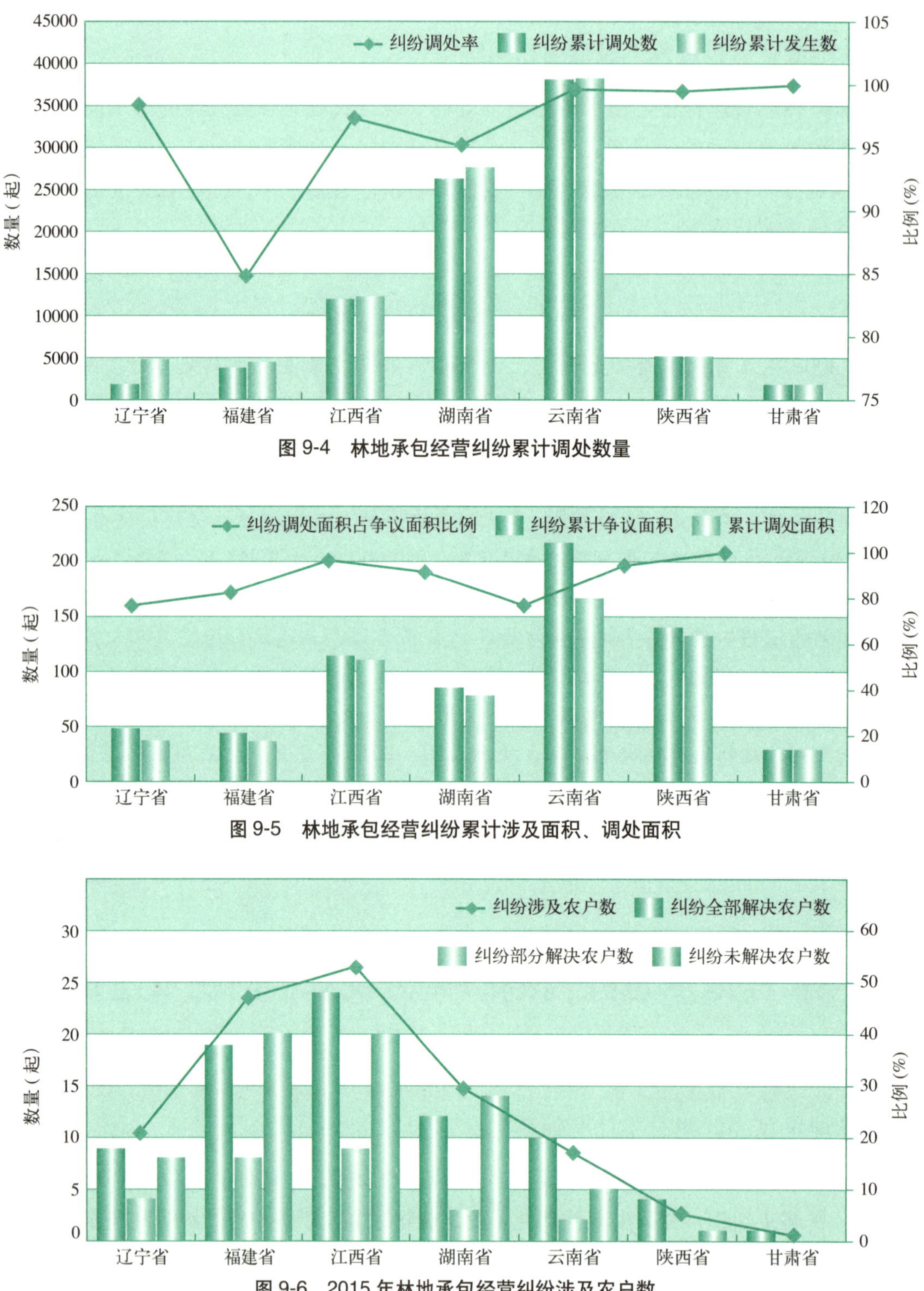

图 9-4　林地承包经营纠纷累计调处数量

图 9-5　林地承包经营纠纷累计涉及面积、调处面积

图 9-6　2015 年林地承包经营纠纷涉及农户数

的调查统计数据显示，7个样本省173户涉及林地承包经营纠纷农户中，79户纠纷全部得到解决，部分解决26户，未解决68户，纠纷全部解决农户数占总数的45.66%。其中，甘肃省纠纷涉及农户仅1户，已得到解决。陕西省纠纷涉及农户5户，4户的纠纷已完全解决，1户尚未解决。江西省涉及纠纷农户数最多，达53户，40%的纠纷未解决。

（三）仲裁机构在纠纷调处中的作用未充分发挥

我国的林地承包经营纠纷可通过多种方式解决，一般采用调解、仲裁、诉讼这三种方式。调查中发现多数农户在遇到纠纷时习惯于调解协商解决，很少会通过仲裁机构调处，仲裁机构在林地承包经营纠纷调处中的作用未充分发挥。

调查的7个样本省中，纠纷通过仲裁机构累计调处的数量为2483起，仅占纠纷累计调处数的2.70%（图9-7）。其中，湖南省累计调处纠纷26373起，通过仲裁机构调解1744起，占比为6.61%，处于7个样本省的首位。陕西省累计调处纠纷5138起，没有一起是通过仲裁机构调处的。云南省虽纠纷累计调处率高，但是通过仲裁机构解决的较少，仅调解25起。

调查中发现7个样本省中的大多农户对林地仲裁相关规定了解程度不高，且缺乏主动了解的意愿。2015年调查的3499户样本农户中，仅有16.91%的农户对林地仲裁规定非常了解或比较了解，83.09%的农户不太了解或很不了解仲裁规定，仅有12.44%的农户主动了解过仲裁问题。

（四）纠纷主要通过村民协商或经由村干部调处

我国大部分农户在林地承包经营纠纷发生时，更倾向于自己协商解决或求助于村干部，只有少部分农户会选择由乡镇林业部门、县级以上部门或公诉来解决。2015年，7个样本省中福建、江西、湖南、云南4省的农户在纠纷发生后选择自己协商解决或由村干部进行调处；甘肃省林地承包经营纠纷完全是由当地村干部来调处解决；辽宁省涉及纠纷农户则更多选择由村干部或乡镇林业部门进行纠纷调处（图9-8）。

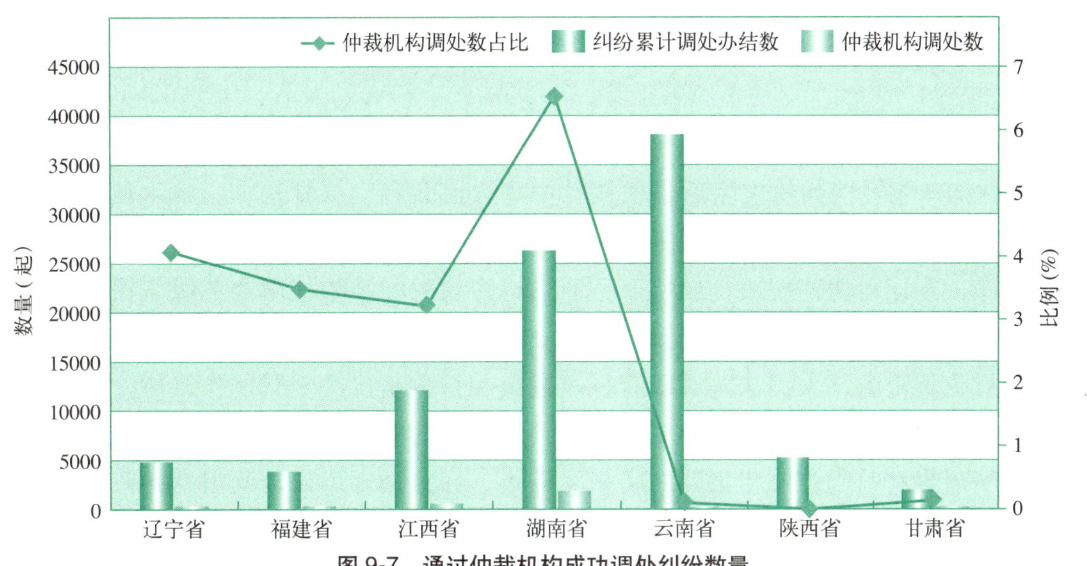

图 9-7　通过仲裁机构成功调处纠纷数量

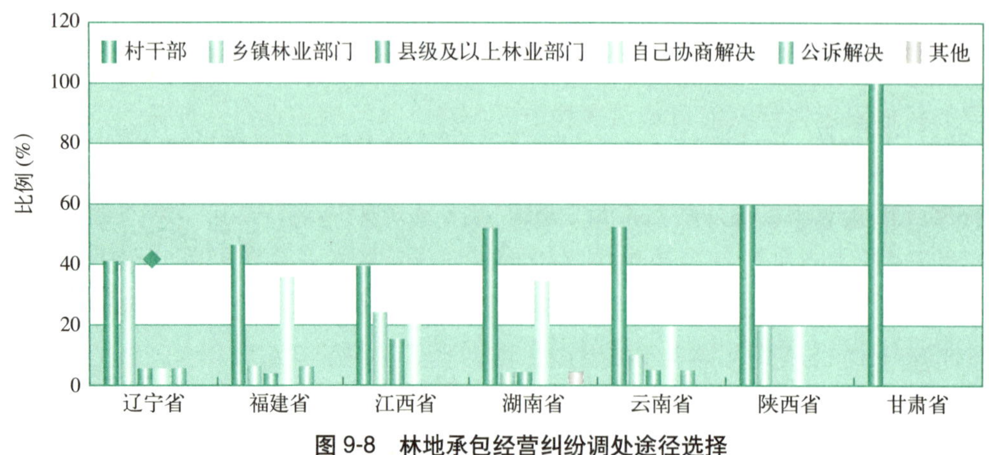

图 9-8 林地承包经营纠纷调处途径选择

二、林地承包经营纠纷调处中存在的主要问题

（一）历史事件取证艰难，调处难度增大

林地承包经营纠纷成因复杂，特别是一些历史事件，在调处取证过程中，很多用于林地界线的固定标志物和参照物因自然损毁变得模糊或丢失，并且大部分当时在场人、知情人都已过世或搬离，尚在的部分知情人因时间远久记忆也已模糊，难以准确、清楚地描述事件，另外很多档案资料保存不全或难以查找，群众手中的档案，因年久也毁损、遗失，给查证工作带来困难，导致此类纠纷调处难度加大。如南方某省陈某与刘某林地坐落在某村的山场，因落实山林责任制时没有标注明确界至，时间久远后双方均记忆模糊，都认为山场应属于自己，因此事两人多次发生口角。虽经村、组和乡林业工作站多次协调，但因双方各执己见，导致协商未果，纠纷未能彻底解决。

（二）调处环节繁杂，程序冗长拖沓

当林地承包经营纠纷发生后，根据《中华人民共和国森林法》《林木林地权属争议处理办法》以及《中华人民共和国行政复议法》的相关规定，当事人首先应当主动、互谅、互让地协商解决，经协商不能达成协议的必须依权限向各级人民政府申请处理，对政府行政裁决和行政复议决定不服的，当事人才可向人民法院提起行政诉讼。在行政诉讼中，人民法院对政府行政裁决和行政复议决定只能作维持、部分撤销或撤销的判决，而不能直接作变更判决，判决撤销的实际就是要政府“重做”。这种调处程序很容易引起政府和法院之间相互推诿，导致循环诉讼，既浪费行政和司法资源，又劳民伤财，增加了群众诉累。如，江西省铜鼓县关于某山林场归属权的纠纷，发生在同一行政村的A、B两个村民小组之间，原因在于B小组认为A小组所分到的甲山场包括在其小组的乙山场内。在解决的过程中，经历了行政调解、行政裁决、行政复议后，A小组不服将林地判归B小组，案件因此进入到了诉讼阶段，但因行政诉讼不能直接作变更判决，案件只能再次进入行政调解环节，此次纠纷由于调处程序复杂，前后

共经过长达8年的时间才勉强得到解决，调处过程中不仅耗时耗力，还造成了不好的社会影响。

（三）调处体制不顺，工作效率不高

目前各级政府都非常重视林地承包经营纠纷调处工作，但由于现行的调处体制不顺、调处经费紧张，制约了调处部门的职能发挥，使得一部分纠纷得不到及时解决。一些地区没有成立专门的调处办公室，没有明确的职责、分工和监督机制，遇到纠纷就临时从林业部门抽调人员，但抽调人员数量有限且身兼数职，大多缺乏相应的调处法律和专业知识，在很大程度上影响了纠纷调处工作的开展。有些地方山林权属纠纷调处机构和编制虽然设在地方调处办，但其主要职责由林业局临时成立的山林纠纷调处办公室履行，多数人员编制与职责分离，遇到纠纷时也是临时抽取调解人员，工作效率不高。另外，有些林地承包经营纠纷调处工作需要大量的人力、物力和财力，如果没有一定的工作经费作保证，要及时调处好纠纷有一定难度。

（四）权力保护主义抬头，群众权益难以保障

随着林地、林木经济价值的不断攀升，某些村干部为了自己既得的私利，滥用职权违规将农户的林地承包给承包方。当农户和村干部间的纠纷产生后，村委会或地方政府在纠纷处理过程中，有时会选择让私下进行和解，甚至会出现包庇村干部的现象，村民迫于压力多数选择忍气吞声。这种带有浓厚的权力保护主义色彩、不公开公正处理纠纷的做法，损害了农民的权益，也失去了以事实为依据的前提。如，福建省××村农民对村集体所有的两份林地转让合同存在质疑，两份转让合同的甲方签字日期为2004年，但作为乙方的村干部Z的签字日期却为2008年，在此期间林木林地价格大涨，Z却依旧按照涨幅前的价格交易，村民认为这两份转让合同没有在村民代表大会上进行讨论，村干部存在滥用职权、谋得私利的嫌疑，对自己的经营权和使用权造成损害，要求终止合同并收回山场，但调处人员在纠纷解决过程中受“大事化小、小事化了”的影响，希望干部和群众自行解决，群众利益难以得到保障。

（五）纠纷主体多样化，制约因素复杂化

过去的山林权属纠纷主体双方多为村民，往往通过说服教育的方式就能够解决。如今，随着经济的发展，纠纷的主体也不仅仅只牵扯到村民，更越来越多的牵扯到村小组、村委会、企业甚至乡镇政府等多个相关部门，纠纷的主体呈现多样化的趋势，当纠纷产生后，由于涉及的主体较多，有关部门在调处过程中容易受到多方面因素的制约，造成调处难度加大。

三、完善林地承包经营纠纷调处机制的建议

（一）强化合法维权意识的普及性宣传教育

尽管农村普法工作已开展多年，但法制宣传和教育工作仍然是薄弱环节。各级司法

行政机关、乡镇政府、人民法庭以及村委会应当联手进行普法宣传，充分利用电视、广播、报刊等媒体，积极开展各类培训宣传活动，使基层广大干部和群众充分了解林地承包经营各项政策，增强农民法制观念，提高依法维护权利的意识和能力，培育农民的契约精神，预防和减少农户在这方面的纠纷与矛盾；与此同时，对那些故意搅乱调处工作，煽动制造群体性事件的违法犯罪行为，要果断联合公安等执法部门，坚决依法处理，并进行公示警示，维护执法的严肃性，提高群众的法律意识。

（二）理顺林地管理体制，强化纠纷调处保障

一是要建立专职（常设）林地纠纷调处工作机构，把工作人员列入正式编制管理，以充分调动工作人员的工作积极性和主动性；二是加大资金投入，确保纠纷调处工作正常运转，将纠纷调处经费纳入各级财政预算，每年划拨一定的专项资金，加强基础设施建设，配备专门交通工具及办案设备；三是要加强专业人才队伍建设，重视专业人才引进，充实调处人员队伍，优化年龄结构和专业结构，定期或不定期地开展有关政策和法律法规的培训与学习，努力培养一支政治过硬、作风优良、纪律严明、业务精湛的林地承包经营纠纷调处队伍；四是完善考核制度，将调处任务层层分解，条条落实，对工作显著的单位给予表彰，对工作突出的工作人员给予奖励，提高纠纷调处的工作效率。

（三）加强档案管理，妥善处理好各种历史积案

通过设定专项工作经费的方式来鼓励各级林业组织对林地承包经营纠纷档案资料进行归纳和分析，对今后类似林地承包经营纠纷的处理提供参考，提高纠纷的处置效率。另外，要认真清理久拖未决的林权纠纷和涉林上访积案，深入调查问题根源，做细、做实调解工作，切实解决涉及群众利益的重大问题，针对已发生的纠纷，要认真处理并完善相关手续，调查取证时要耐心做好群众的工作，做到有理有据，标准统一。

（四）推进林地流转过程的规范化管理

在林地流转过程中，要以合同管理、规范经营为重点，不断完善林地流转的相关手续及程序，加强规范化管理，切实保障流转双方的合法权益。首先，从林地流转过程的规范化入手，如通过正规的渠道进行流转，按规定向相关部门进行登记，签订正式的合同等。其次，在林地流转过程中，政府及相关机构要起到监督、引导和服务的作用，如指导合同签订、监督合同兑现，向农户提供流转渠道和信息，帮助有流转意愿的农户进行林地流转等。

（五）讲究纠纷调处工作的方式方法

在处理纠纷时，要因地制宜地选取合适的方式方法。对于部分群众法律意识淡薄，且受经济利益驱使故意挑起事端，想趁机得到好处而产生的纠纷，要善于做解释和教育工作，采取“邻里劝教、亲情教化、友情感化”等方式，促使当事人转变思想，化解纠纷；对一些一方当事人事实清楚、证据充分，而另一方当事人明知道

自己毫无道理但不放弃的纷争，在做好解释和教育工作的前提下，严格按照相关规定对其进行处理；对村干部等身份敏感的当事人，要秉持公开、公正原则，不偏袒不包庇；对于涉及企业等诸多主体的纠纷要在充分了解情况的基础上选择适宜的方式来处理。

附录

附表1　2015年以来的重要政策、讲话和会议

类别	主要内容
重要政策文件	2015年2月1日，《中共中央 国务院关于加大改革创新力度加快农业现代化建设的若干意见》，明确深化集体林权制度改革
	2015年4月14日，农业部等四部委《关于加强对工商资本租赁农地监管和风险防范的意见》，要求坚持土地公有制性质不改变、耕地红线不突破、农民利益不受损三条底线。要加强工商资本租赁农地监管和风险防范，建立农村土地经营权流转分级备案制度，建立工商资本租赁农地资格审查、项目审核制度，对租赁期限和租赁面积要有明确上限控制。严禁工商资本借政府或基层组织通过下指标、定任务等方式强迫农户流转农地，凡是整村整组流转的，必须经全体农户书面委托。工商资本租赁农地应先付租金、后用地
	2015年4月25日，《中共中央 国务院关于加快推进生态文明建设的意见》，提出到2020年，生态文明重大制度基本确立，自然资源资产产权和用途管制、生态保护红线、生态保护补偿、生态环境保护管理体制等关键制度建设取得决定性成果
	2015年5月13日，《财政部 农业部关于调整完善农业三项补贴政策的指导意见》，提出从2015年调整完善农业"三项补贴"政策。在全国范围内调整20%的农资综合补贴资金用于支持粮食适度规模经营，支持对象重点向新型经营主体倾斜，并选择部分地区开展农业"三项补贴"改革试点，试点的主要内容是将农业"三项补贴"合并为"农业支持保护补贴"，政策目标调整为支持耕地地力保护和粮食适度规模经营
	2015年8月10日，《国务院关于开展农村承包土地的经营权和农民住房财产权抵押贷款试点的指导意见》，提出"两权"抵押贷款试点的任务：赋予"两权"抵押融资功能，维护农民土地权益；推进农村金融产品和服务方式创新，加强农村金融服务；建立抵押物处置机制，做好风险保障；完善配套措施，提供基础支撑；加大扶持和协调配合力度，增强试点效果
	2015年12月30日，《国务院办公厅关于推进农村一二三产业融合发展的指导意见》，指出："加快农业结构调整，……积极发展林下经济，推进农林复合经营。""支持龙头企业发挥引领示范作用，……培育壮大农业产业化龙头企业和林业重点龙头企业，引导其重点发展农产品加工流通、电子商务和农业社会化服务，建设标准化和规模化的原料生产基地，带动农户和农民合作社发展适度规模经营。""鼓励社会资本投入，……对社会资本投资建设连片面积达到一定规模的高标准农田、生态公益林等，允许利用一定比例的土地开展观光和休闲度假旅游、加工流通等经营活动。""鼓励发展股份合作，……以土地、林地为基础的各种形式合作，凡是享受财政投入或政策支持的承包经营者均应成为股东方，并采取'保底收益＋按股分红'等形式，让农户分享加工、销售环节收益。"
	2015年12月31日，《国家林业局关于严格保护天然林的通知》，要求从2016年起全面停止全国国有林场天然林商业性采伐，积极推进集体和个人所有的天然林协议停止商业性采伐，逐步实现全国天然林资源保护全覆盖
	2016年1月29日，《财政部关于取消、停征和整合部分政府性基金项目等有关问题的通知》指出，将育林基金征收标准降为零。该基金征收标准降为零后，通过增加中央财政均衡性转移支付、中央财政林业补助资金、地方财政加大预算保障力度等，确保地方森林资源培育、保护和管理工作正常开展

（续）

类别	主要内容
重要政策文件	2016年3月16日，《国家林业局关于进一步加强集体林地承包经营纠纷调处工作的通知》，要求健全集体林地承包经营纠纷调处工作制度，各地集体林地承包经营管理部门要建立健全纠纷调处工作规则和管理制度，积极推进县、乡、村林地承包经营纠纷调解仲裁体系建设，逐步建立健全乡村调解、县市仲裁、司法保障的集体林地承包经营纠纷解决机制。加快集体林地承包经营纠纷调解仲裁机构队伍建设，根据集体林地承包经营纠纷调解仲裁工作的实际需要，在集体林地面积较大的县（市、区），积极争取设立集体林地承包经营纠纷仲裁委员会，或在县（市、区）农村土地承包经营纠纷仲裁委员会下设立集体林地纠纷仲裁办公室，负责集体林地承包经营纠纷调解仲裁日常工作
	2016年4月28日，《国务院办公厅关于健全生态保护补偿机制的意见》提出：健全国家和地方公益林补偿标准动态调整机制。完善以政府购买服务为主的公益林管护机制。合理安排停止天然林商业性采伐补助奖励资金
	2016年7月29日，《国家林业局关于规范集体林权流转市场运行的意见》提出：严格界定流转林权范围，准确把握林权流转原则，切实规范林权流转秩序，严格林权流入方资格条件，努力完善林权流转服务，强化流转合同管理，加强林权流转用途监督，推进林权流转市场信用体系建设，搭建集体林权流转市场监管服务平台
	2016年8月8日，农业部 国家林业局关于印发《农村土地承包经营纠纷仲裁法律文书示范文本》的通知，对2010年印发的《农村土地承包经营纠纷仲裁法律文书示范文本（试行）》进行了修改完善，指导农村土地承包仲裁委员会使用
	2016年11月16日，《国务院办公厅关于完善集体林权制度的意见》提出总体目标："到2020年，集体林业良性发展机制基本形成，产权保护更加有力，承包权更加稳定，经营权更加灵活，林权流转和抵押贷款制度更加健全，管理服务体系更加完善，实现集体林区森林资源持续增长、农民林业收入显著增加、国家生态安全得到保障的目标。"并从稳定集体林地承包关系，放活生产经营自主权，引导集体林适度规模经营，加强集体林业管理和服务，加强组织保障几大方面提出了具体要求
重要讲话	2015年1月3日，赵树丛局长在《做好完善集体林权制度改革这篇大文章》中说，我国集体林权制度改革，是推进中国特色社会主义事业的标志性事件。在深化改革中，要把握好三个问题：一要坚持稳定巩固农民的林地承包经营权；二要培育发展新型林业经营主体；三要更好地发挥政府的作用
	2015年1月5日，赵树丛局长在全国林业厅局长会议上作了《主动适应新常态 实现林业新发展 为改善生态改善民生作出更大贡献》的讲话。赵局长说，新常态带来的新机遇是，为全面深化改革注入了新动力，为调整产业结构提供了新契机，为加强技术创新增添了新压力，为提升生态承载力提出了新要求，为改善生态环境腾出了新空间。林业要适应新常态、实现新发展，必须坚定不移地推进林业改革发展。赵局长强调要全面深化林业改革，着力转变林业发展方式，不断激发生态林业民生林业发展活力
	2015年8月29日，张建龙局长在全国深化集体林权制度改革现场会上作了《深化集体林权制度改革 提升经营发展水平》的讲话。张局长说，当前，全国集体林权制度改革已经进入新的阶段。如果说完成明晰产权、承包到户的改革任务，落实了农民的林地承包经营权，解决了公平问题，那么深化集体林权制度改革的主要任务就是解决发展问题，全面提升集体林业经营发展水平。张局长着重提出了抓好深化集体林权制度改革的七项主要任务：一要探索推行集体林地所有权、承包权、经营权三权分置；二要积极推进多种形式的适度规模经营；三要吸引各种资本进入林业；四要培育壮大新型经营主体；五要推进绿色富民产业发展；六要加强社会化服务体系建设；七要抓好改革试验示范区建设
	2016年1月10日，张建龙局长在全国林业厅局长会议上作了《深化改革创新 增进绿色惠民 全面开创林业现代化建设新局面》的讲话。张局长提出要以改革创新破解发展难题。完善集体林权制度，提升林业发展活力和效益，需要继续深化改革。各级林业部门要牢固树立创新发展理念，全力推进国有林区林场和集体林权制度改革，抓紧完善林业支持保护制度，着力解决制约林业发展的深层次问题，全面增强林业发展动力。并提出：继续深化集体林权制度改革。出台完善集体林权制度的意见，进一步放活经营权。积极培育家庭林场、股份合作林场、专业合作组织等新型经营主体，健全林业社会化服务体系，促进多种形式的适度规模经营
重要会议	2015年1月5日，2015年全国林业厅局长会议在北京举行。会上，赵树丛局长指出，要通过深化林业改革，创新林业的体制机制、经营方式、运营模式，更加注重生态保护，更加注重改善民生，更加注重质量效益，更加注重市场力量，努力实现改善生态与改善民生共同推进，增加总量与提高质量协调发展，政府投入与社会资本相得益彰，走出一条资源增长、生态良好、林业增效、职工增收、林区和谐稳定的林业发展之路

（续）

类别	主要内容
重要会议	2015 年 7 月 23 日，全国林业厅局长电视电话会议召开。会上，张建龙局长要求，各级林业部门要高度重视，集中力量，认真研究“十三五”林业改革发展问题。力争通过今后五年的努力，如期实现 2020 年各项林业改革发展目标，进一步提升我国林业现代化水平，为全面建成小康社会、建设生态文明和美丽中国做出新的更大的贡献
	2015 年 8 月 29 日，全国深化集体林权制度改革现场会在浙江省浦江县举行。国家林业局局长张建龙要求，深入学习贯彻习近平总书记关于“绿水青山就是金山银山”系列重要讲话精神，总结推广浙江等地的典型经验，继续深化集体林权制度改革，全面提升我国集体林业经营发展水平，为建设生态文明、促进农民增收和全面建成小康社会作出新的更大贡献
	2016 年 1 月 10 日，2016 年全国林业厅局长会议在湖南长沙召开。国家林业局局长张建龙强调，2016 年是“十三五”规划的开局之年，各级林业部门要重点抓好以下工作：全面深化林业改革；大力开展造林绿化；加大资源保护力度；做好灾害防控工作；加快发展绿色产业；增强科技支撑能力；提升依法治林水平；强化林业基础保障；抓好林业宣传工作；扩大对外开放合作；加强机构队伍建设
	2016 年 7 月 28 日，全国林业厅局长电视电话会议召开。国家林业局局长张建龙指出，各级林业部门要深入学习领会习近平总书记系列重要讲话精神实质和丰富内涵，准确把握中央对林业的新定位新要求，切实增强推进林业现代化建设的责任感和紧迫感，更加自觉地把思想和行动统一到中央的决策部署上来，坚定不移地推进林业现代化建设，全面提升林业改革发展水平，为服务国家大局、服务人民群众做出更大贡献

附表 2 样本县抽取结果

样本省	分布	样本县
辽宁	辽东	本溪县、桓仁县、开原市、铁岭县、宽甸县、清原县、新宾县
	辽中	辽阳县
	辽西	北票市、建昌县
福建	闽西北	永安市、尤溪县、漳平市、永定县、建瓯市、政和县、武夷山市
	闽东	屏南县
	闽南	长泰县、仙游县
江西	赣北	武宁县、宜丰县、德兴市、铅山县
	赣中	永丰县、遂川县、黎川县、乐安县
	赣南	崇义县、信丰县
湖南	湘中	茶陵县
	湘西	沅陵县、会同县、慈利县、凤凰县、花垣县
	湘南	新邵县、蓝山县、衡阳县
	湘北	平江县
云南	滇东北	大关县、罗平县
	滇西北	永胜县、腾冲县、弥渡县、禄丰县
	滇南	景谷傣族彝族自治县、建水县、麻栗坡县、景洪市
陕西	关中	户县、太白县、澄城县
	陕北	黄陵县、安塞县、佳县、定边县
	陕南	西乡县、宁陕县、丹凤县
甘肃	陇中	会宁县、通渭县、永靖县
	陇东	泾川县、灵台县、合水县
	陇南	清水县、宕昌县、康县、徽县
浙江	南部	开化县、龙泉市、庆元县
	北部	临安市

附表 3　70 个样本县基本情况

指标名称	单位	2015 年	2014 年	2013 年	2012 年	2011 年
总人口	万人	2944.32	2920.20	2923.96	2901.14	2891.79
地区生产总值	亿元	8278.89	8237.40	7717.73	7072.02	6026.17
财政收入	亿元	863.82	762.88	709.45	623.38	518.81
农村居民年人均纯收入	元 / (人·年)	8481.17	7558.46	7200.62	6312.59	5559.05
集体林地面积	万亩	16894.62	16922.96	17198.66	17103.16	17299.43
生态公益林面积	万亩	6606.53	7003.91	6722.34	6895.80	7147.25
森林蓄积	万立方米	64814.98	62977.06	—	59116.32	61739.68
林业产业总产值	亿元	1654.60	1640.15	1415.91	1308.97	1165.14

后记

集体林权制度改革监测工作得到了财政部、国家发展和改革委员会、国家统计局、国务院政策研究室、中央农村工作领导小组办公室等单位的大力支持，得到了北京林业大学、福建农林大学、江西农业大学、中南林业科技大学、西南林业大学、西北农林科技大学、甘肃农业大学和浙江农林大学8所高校师生的全程协助。

同时，辽宁、福建、江西、湖南、云南、陕西、甘肃和浙江省各级林业主管部门，特别是本溪、桓仁、开原、铁岭、宽甸、清原、新宾、辽阳、北票、建昌、永安、尤溪、漳平、永定、建瓯、政和、武夷山、屏南、长泰、仙游、武宁、宜丰、德兴、铅山、永丰、遂川、黎川、乐安、崇义、信丰、茶陵、衡阳、会同、新邵、蓝山、平江、慈利、凤凰、花垣、沅陵、大关、罗平、永胜、腾冲、弥渡、禄丰、景谷、建水、麻栗坡、景洪、户县、太白、澄城、黄陵、安塞、佳县、定边、西乡、宁陕、丹凤、泾川、合水、徽县、康县、宕昌、会宁、灵台、清水、通渭、永靖、开化、龙泉、庆元、临安县（市）林业局的密切配合，为本项工作的顺利开展提供了有力支持。

集体林权制度改革监测是一项开拓性的工作，还需要不断完善，不断开拓创新。敬请广大读者提出宝贵意见。

我们的联系方式：

地　址：北京市东城区和平里东街18号，100714

国家林业局经济发展研究中心

国家林业局农村林业改革发展司

国家林业局发展规划与资金管理司

电　话：010-84161267，84238538，84238422

E-mail：gjlyjdys@sina.com

编著者

2017年5月